Norbert Lohfink/Erich Zenger

Der Gott Israels und die Völker

D1727158

# Stuttgarter Bibelstudien
# 154

Herausgegeben von
Helmut Merklein und Erich Zenger

Norbert Lohfink/Erich Zenger

# Der Gott Israels und die Völker

Untersuchungen zum Jesajabuch
und zu den Psalmen

Verlag Katholisches Bibelwerk GmbH
Stuttgart

Die Deutsche Bibliothek – CIP-Einheitsaufnahme

*Lohfink, Norbert:*
Der Gott Israels und die Völker : Untersuchungen zum
Jesajabuch und zu den Psalmen / Norbert Lohfink/Erich Zenger. –
Stuttgart : Verl. Kath. Bibelwerk, 1994
  (Stuttgarter Bibelstudien ; 154)
  ISBN 3-460-04541-8
NE: Zenger, Erich:; GT

ISBN 3-460-04541-8
Alle Rechte vorbehalten
© 1994 Verlag Katholisches Bibelwerk GmbH, Stuttgart
Gesamtherstellung: Pustet, Regensburg

*Für Rolf Rendtorff*

# Inhaltsverzeichnis

Vorwort . . . . . . . . . . . . . . . . . . . . . . . . . . . . . . . . . 9

I.  Theologischer Kontext: Das neue Verhältnis Kirche – Israel . . . . 11

II.  Der Begriff »Bund« in der biblischen Theologie . . . . . . . . . . . 19
(Norbert Lohfink)

III.  Bund und Tora bei der Völkerwallfahrt (Jesajabuch und Psalm 25) 37
(Norbert Lohfink)

IV.  Die Bundesformel in Psalm 33 . . . . . . . . . . . . . . . . . . . . 84
(Norbert Lohfink)

V.  Zion als Mutter der Völker in Psalm 87 . . . . . . . . . . . . . . 117
(Erich Zenger)

VI.  Das Weltenkönigtum des Gottes Israels (Ps 90-106) . . . . . . . . 151
(Erich Zenger)

VII.  Theologische Relevanz: Die Dramatik der Bundesgeschichte . . . . 179

Literaturverzeichnis (zitierte Literatur) . . . . . . . . . . . . . . . . . 186

Autorenverzeichnis . . . . . . . . . . . . . . . . . . . . . . . . . . . . 207

Bibelstellenverzeichnis (in Auswahl) . . . . . . . . . . . . . . . . . . 210

# Vorwort

In den letzten drei Jahrzehnten ist es in beinahe allen christlichen Kirchen zu einem Umdenken über die theologische Würde des nachbiblischen Judentums gekommen. Das hat praktisch zu einem ökumenischen Konsens geführt: Gott hat seinen Bund mit Israel nicht aufgekündigt. Die Kirche ist nicht an die Stelle Israels getreten. Angesichts der Wiederentdeckung dieser biblischen Wahrheit stellt sich die Frage nach dem Verhältnis von Juden und Christen neu.

Wir wollen mit den hier vorgelegten Untersuchungen eine bibelwissenschaftliche Vorarbeit zur Klärung dieser Frage leisten, in der Hoffnung, daß sie insbesondere von der systematischen Theologie in ihren ekklesiologischen Entwürfen weitergeführt wird. In methodischer Hinsicht greifen wir Anliegen der kanonischen Exegese und der neueren Rezeptionshermeneutik auf, weil sie für eine theologische Lektüre der biblischen Texte besonders geeignet sind.

Wir freuen uns auch über die schöne Zusammenarbeit, zu der es bei diesem Buch zwischen uns gekommen ist. Auch Kapitel, für die jeweils einer von uns allein verantwortlich zeichnet (vgl. das Inhaltsverzeichnis), hat jeweils der andere gegengelesen, und wir haben voreinander nicht mit Kritik und Anregungen gespart. Angaben über eigene Veröffentlichungen, auf die wir zurückgreifen, finden sich am Anfang der Kapitel.

Wir widmen dieses Buch Rolf Rendtorff. Er hat das christlich-jüdische Gespräch wesentlich inspiriert und die kanonische Schriftauslegung in der deutschen Exegese als einer der ersten praktiziert. Unsere Studien verdanken ihm viel. Sie wollen ihn zu seinem 70. Geburtstag (im kommenden Jahr) herzlich grüßen.

Bei der Fertigstellung des Manuskriptes, des Literaturverzeichnisses und der Register haben Ulrike Homberg, Benedikt Jürgens, Resi Koslowski, Johannes Rienäcker, Katharina Töns und Bettina Wellmann (allesamt Münster) in bewährter Weise geholfen. Ulrike Stehling (ebenfalls Münster) hat die reprofähige Druckvorlage angefertigt. Ihnen allen danken wir sehr herzlich.

Oktober 1994                                         Norbert Lohfink
                                                     Erich Zenger

# I.
# Theologischer Kontext:
# Das neue Verhältnis Kirche – Israel

Im Januar 1933 hat Martin Buber bei dem öffentlichen Religionsgespräch, das zwischen ihm und dem Neutestamentler Karl Ludwig Schmidt im Jüdischen Lehrhaus in Stuttgart stattfand, denkwürdige Sätze gesprochen, die in den letzten Jahrzehnten oft zitiert wurden:

> Ich lebe nicht fern von der Stadt Worms, an die mich auch eine Tradition meiner Ahnen bindet; und ich fahre von Zeit zu Zeit hinüber. Wenn ich hinüberfahre, gehe ich immer zuerst zum Dom. Das ist eine sichtbar gewordene Harmonie der Glieder, eine Ganzheit, in der kein Teil aus der Vollkommenheit wankt. Ich umwandle schauend den Dom mit einer vollkommenen Freude. Dann gehe ich zum jüdischen Friedhof hinüber. Der besteht aus schiefen, zerspellten, formlosen, richtungslosen Steinen. Ich stelle mich darein, blicke von diesem Friedhofgewirr zu der herrlichen Harmonie empor, und mir ist, als sähe ich von Israel zur Kirche auf. Da unten hat man nicht ein Quentchen Gestalt; man hat nur die Steine und die Asche unter den Steinen. Man hat die Asche, wenn sie sich auch noch so verflüchtigt hat. Man hat die Leiblichkeit der Menschen, die dazu geworden sind. Man hat sie. Ich habe sie. Ich habe sie nicht als Leiblichkeit im Raum dieses Planeten, aber als Leiblichkeit meiner eigenen Erinnerung bis in die Tiefe der Geschichte, bis an den Sinai hin.
>
> Ich habe da gestanden, war verbunden mit der Asche und quer durch sie mit den Urvätern. Das ist Erinnerung an das Geschehen mit Gott, die allen Juden gegeben ist. Davon kann mich die Vollkommenheit des christlichen Gottesraums nicht abbringen, nichts kann mich abbringen von der Gotteszeit Israels.
>
> Ich habe da gestanden und habe alles selber erfahren, mir ist all der Tod wiederfahren: all die Asche, all die Zerspelltheit, all der lautlose Jammer ist mein; aber der Bund ist mir nicht aufgekündigt worden. Ich liege am Boden, hingestürzt wie diese Steine. Aber aufgekündigt ist mir nicht.
>
> Der Dom ist, wie er ist. Der Friedhof ist, wie er ist. Aber aufgekündigt ist uns nicht worden.[1]

Nach der Schoa ist der Satz »Aber aufgekündigt ist uns nicht worden«, gesprochen gegenüber einer monumentalen Kirche, Anklage und Gebot zugleich. Und es hat viel zu lange gedauert, bis die Kirchen nach 1945 begonnen haben, die Wahrheit dieses urbiblischen Satzes neu zu buchstabieren.

Immerhin: Es war wie ein Echo auf Martin Buber, als Papst Johannes Paul II. am 17. November 1980 in Mainz, also auch in der Nähe von Worms und von Bubers seinerzeitigem Wohnort Heppenheim, die Juden das »Gottesvolk des von Gott nie gekündigten Alten Bundes«[2] nannte. Damit beendete er die jahrhundertelange kirchliche Lehrtradition von Israel als dem verworfenen Gottesvolk. Er tat dies bekanntlich in ausdrücklicher Aufnahme der von Paulus in Röm 9-11 (vgl. besonders Röm 11,29) entfalteten Lehre – und in Anknüpfung an die vom Zweiten

---

[1] Buber, »Kirche, Staat«, 569.

[2] Vgl. Rendtorff/Henrix, *Die Kirchen*, 75.

Vatikanum am 28. Oktober 1965 verabschiedete Erklärung »Nostra Aetate« über das Verhältnis der Kirche zu den nichtchristlichen Religionen. Die Bedeutung des 4. Artikels dieser Erklärung sah der Papst bei seinem historischen Besuch der Synagoge in Rom am 13. April 1986 darin, daß »mit diesem kurzen, aber prägnanten Abschnitt die entscheidende Wende im Verhältnis der katholischen Kirche zum Judentum und zu den einzelnen Juden eingetreten«[3] ist. Daß das Konzil nach ungeheuer dramatischen Diskussionen sich schließlich doch zu dieser Erklärung durchrang, hing nicht zuletzt mit der Erkenntnis zusammen, daß es bei dieser Frage um das biblisch grundgelegte und geschichtlich zu verantwortende Selbstverständnis der Kirche geht.

Genau dies ist auch der Einstiegspunkt des 4. Artikels von »Nostra Aetate«: »Mysterium Ecclesiae perscrutans, Sacra haec Synodus meminit vinculi, quo populus Novi Testamenti cum stirpe Abrahae spiritualiter coniunctus est«. Das heißt: Indem und wenn die Kirche sich auf ihr ureigenes Geheimnis besinnt, stößt sie unweigerlich auf ihre Bindung zum Judentum. Um es mit den Worten Johannes Pauls II. (aus seiner Rede in der Synagoge von Rom) zu sagen: »Die jüdische Religion ist für uns nicht etwas ›Äußerliches‹, sondern gehört in gewisser Weise zum ›Inneren‹ unserer Religion. Zu ihr haben wir somit Beziehungen wie zu keiner anderen Religion. Ihr seid unsere bevorzugten Brüder und, so könnte man gewissermaßen sagen, unsere älteren Brüder.«[4] Das Gespräch der Kirche mit den Juden und mit der jüdischen Tradition, das seit dem Konzil auf vielen Ebenen begonnen hat und das trotz der immensen »Sprachprobleme« fortgesetzt werden muß, ist als konstitutives Element kirchlichen Lebens ein Akt der Rückkehr zu den Wurzeln — *und* eine Suche nach Weggemeinschaft mit dem zeitgenössischen Judentum. Wer hier oberflächlich, unverständig oder zynisch von theologischem Philosemitismus redet oder nur das schlechte Gewissen der Kirche am Werk sieht, hat die Tiefendimension des Bandes nicht erfaßt, das die Kirche und das Judentum unauflöslich verbindet (das Konzil gebraucht mit »vinculum« einen Begriff des Eherechts!) und das die Kirche »zum Dialog mit der jüdischen Gemeinschaft verpflichtet«, wie Johannes Paul II. am 28. Oktober 1985 vor den Teilnehmern der Jahresversammlung der internationalen Kommission für die Beziehungen zwischen der katholischen Kirche und dem Judentum formulierte.[5]

Mit der Konzilserklärung von 1965 hat die Kirche mutig begonnen, Schutt und Schmutz aus der Geschichte ihres Verhaltens gegenüber dem Judentum abzutragen und neue Wege der geforderten Solidarität mit dem jüdischen Volk zu bahnen. Das plakative Wort von der ecclesia semper reformanda ist gerade hier angemessen, wie

---

[3]  Vgl. ebda. 108f.

[4]  Vgl. ebda. 109.

[5]  Vgl. ebda. 106.

der Papst in der eben zitierten Rede erkennen läßt: »Es wurde wiederholt gesagt, daß der Inhalt dieses Abschnitts... bahnbrechend war, die bestehende Beziehung zwischen der Kirche und dem jüdischen Volk verändert und eine neue Ära in dieser Beziehung eröffnet hat. Es freut mich, zwanzig Jahre später hier versichern zu können, daß die Früchte, die wir seit damals geerntet haben..., die diesen Behauptungen zugrunde liegende Wahrheit bestätigen. Die katholische Kirche ist immer bereit, mit Hilfe der Gnade Gottes alles in ihren Haltungen und Ausdrucksmöglichkeiten zu revidieren und zu erneuern, von dem sich herausstellt, daß es zu wenig ihrer Identität entspricht... Sie tut das nicht aus irgendeiner Zweckmäßigkeit, noch um irgendeinen praktischen Vorteil zu gewinnen, sondern aus einem tiefen Bewußtsein von ihrem eigenen ›Geheimnis‹ und aus einer erneuerten Bereitschaft, dieses Geheimnis in die Tat umzusetzen.«[6]

Die Hauptaussagen des Konzils sind eine Abkehr von dem, was jahrhundertelang im Mund christlicher Theologen, in den Verordnungen kirchlicher und staatlicher Institutionen, aber auch im Denken und Reden des sogenannten einfachen Volkes zu finden war. Die »neuen« Aussagen über die Juden und über das Verhältnis der Kirche zu den Juden lassen sich in zwei Grundthesen zusammenfassen:

1. Kirche und jüdisches Volk sind vielfältig miteinander verbunden – bis heute! Insbesondere hat die Kirche jüdische Wurzeln: Sie darf nie vergessen, daß sie »genährt wird (Präsens!) von der Wurzel des guten Ölbaums, in den die Heiden als wilde Schößlinge eingepfropft sind.«

2. In ausdrücklicher Absage an falsche Lehren der Christentumsgeschichte, vor allem in Katechese und Predigt, wird ausdrücklich eingeschärft, es widerspreche der biblischen Wahrheit, wenn gesagt wird, die Juden seien »von Gott verworfen oder verflucht«. Im Gegenteil bekräftigt das Konzil mit Zitat von Röm 11,28, daß die Juden »weiterhin von Gott geliebt werden«, der sie mit einer »unwiderruflichen Berufung« erwählt hat.

Im Raum der evangelischen Kirchen kündigte sich die Revision des theologischen und kirchlichen Denkens schon früher an. Die EKD-Synode in Berlin-Weißensee formulierte bereits 1950 wegweisend: »Wir glauben, daß Gottes Verheißung über dem von ihm erwählten Volk Israel auch nach der Kreuzigung Jesu Christi in Kraft geblieben ist.« Auf diesem Weg sind seither zahlreiche Gliedkirchen der EKD gefolgt. Und die EKD selbst hat zwei von ihrer Studienkommission »Kirche und Judentum« verfaßte Studien »Christen und Juden I« (1975) sowie »Christen und Juden II« (1991) publiziert, die über den bislang erreichten Konsens hinaus den Fragehorizont abstecken, in dem künftig weiter gearbeitet werden muß.[7]

---

[6] Vgl. ebda. 104.

[7] Einen ausgezeichneten Überblick bietet Rendtorff, *Hat denn Gott*, sowie nun auch die Studie der EKD: *Christen und Juden II*, 9-19.

Wenn das »neue« Denken, das ein für allemal alle Varianten (auch die subtilen und »frommen«!) der kirchlichen Lehre von der Verwerfung Israels positiv überwinden will, zugegebenermaßen etwas pathetisch, als »Wende«, »Umdenken« und »Umkehr« bezeichnet wird, kommt in der Tat zum Ausdruck, daß sich heute diesbezüglich ein Bruch in der Christentumsgeschichte vollziehen muß – ein Paradigmenwechsel. Wer sich hier a priori und aus welchen Gründen auch immer dem Gedanken eines »Bruchs« widersetzt, sollte sich bewußt machen: Die Lebendigkeit des Christentums hat sich nicht zuletzt in ihren kleinen und großen Unterbrechungen, Brüchen und Abbrüchen erwiesen. Theologisch wäre das Verharren auf den als falsch erkannten Positionen genau das, was das Neue Testament »Sünde gegen den Heiligen Geist« nennt. Der Widerstand gegen das »neue« Denken gerade in breiten Kreisen der wissenschaftlichen Theologie ist zwar einerseits verständlich, wenn man um die lange Tradition der theologisch motivierten Judenfeindschaft weiß. Aber es ist andererseits unverantwortlich, wenn man die fatalen Folgen der Entfremdung und Verfeindung bedenkt; daß die theologische Diskriminierung der Juden *eine* der Wurzeln des neuzeitlichen Antisemitismus war, dürfte heute kaum noch jemand ernsthaft bestreiten können.

Was das Verhältnis der Kirche zum Judentum betrifft, stehen wir damit vor einem theologischen Neuanfang: Die »Wiederentdeckung« der bleibenden theologischen Würde Israels fordert gegenüber der traditionellen Lehre von der Kirche (Ekklesiologie) einen gewaltigen Perspektivenwechsel, den R. Rendtorff treffend so charakterisiert hat: »Es gilt..., die Identität Israels unverkürzt festzuhalten. Das theologische Problem kehrt sich damit um: Es geht nicht mehr darum, von der christlichen Theologie aus Israel zu definieren und damit einen Platz für Israel im christlichen Denkgebäude zu finden, sondern vielmehr darum, angesichts des Weiterbestehens des biblischen Israels die Kirche zu definieren, ohne dabei mit den biblisch begründeten, unverändert gültigen Aussagen über Israel in Konflikt zu kommen.«[8]

Es darf nicht mehr um das gehen, was bisweilen als »christliche Theologie des Judentums« auftritt und das Judentum dann mit vermeintlich »christlichen« und dem Jüdischen fremden Kategorien »bewerten« möchte.[9] Die kann es letztlich nicht geben, weil das weder der geschichtlichen noch der theologischen Wahrheit entspräche. Gefordert ist vielmehr eine Reflexion und nach Möglichkeit auch eine auf die gemeinsame Wurzel zurückgehende Begriffswelt, in denen einerseits Juden sich *als* Juden wiederfinden *und* in denen andererseits die Kirche sowohl das sie vom Judentum Unterscheidende (also ihr sogenanntes Proprium Christianum) als auch

---

[8]  Rendtorff, *Hat denn Gott*, 114.
[9]  Vgl. hierzu den kritischen »Trendbericht« bei Kirchberg, *Theo-logie*, 64-72.

das sie mit diesem Verbindende festhält.[10]

Das scheint die Quadratur des Kreises zu sein. Und sie ist es doch nicht, wenn wir uns auf den geforderten *und* möglichen Perspektivenwechsel einlassen, der bereits dort – sowohl in kirchenamtlichen wie in theologischen Stellungnahmen – begonnen hat, wo Verhältnisbestimmungen mit Hilfe von Begriffen und Metaphern versucht wurden, die der Juden und Christen *gemeinsamen* biblischen Tradition, dem Tanach, entstammen.

Daß auf der Suche nach einem neuen Verständnis der Beziehung Israel – Kirche einerseits der Rückgriff auf Sprach- und Denkmuster der jüdischen *wie* christlichen Bibel notwendig ist, wird niemand bestreiten. Als hilfreich dürften sich besonders solche Kategorien anbieten, die sowohl im Tanach als auch in den deuterokanonischen Schriften und im Neuen Testament zur (Selbst)Bezeichnung Israels und der Kirche begegnen. Andererseits ist das Problem nicht in biblizistischer Manier zu lösen, da es das Problem in der terminologischen Präzisierung *Israel – Kirche* (und Juden – Christen) im Tanach noch nicht geben kann und da es auch im Neuen Testament höchstens in dessen spätesten Schichten aufscheint und dort teilweise in historisch bedingter Polemik verhandelt wird – was wir heute ja gerade überwinden wollen. So muß es zunächst genügen, nach biblischen »Modellen« zu suchen, die so entfaltet werden können, daß sie eine für Juden und Christen nachvollziehbare Umschreibung ihres Verhältnisses erbringen, die Israel und Kirche ihre jeweilige Identität beläßt und sie dennoch so aufeinander bezieht, wie es ihrem jeweiligen biblischen Zeugnis gemäß ist. Wir sehen eine solche »Schriftgemäßheit« vor allem in zwei biblischen Text- und Themenbereichen: in der biblischen Bundestheologie und in jenen Texten, die Israels Verhältnis zu den Völkern bzw. das Verhältnis des Gottes Israels zu den Völkern reflektieren. Beiden Themenbereichen sollen die hier versammelten Einzelstudien so nachgehen, daß sich als Ergebnis der exegetischen Untersuchungen systematisch-theologische Perspektiven für eine Verhältnisbestimmung Kirche – Israel ergeben, die man als schriftgemäß bezeichnen kann.

Die Bundestheologie drängt sich für unsere Fragestellung zuallererst von der *christlichen* Bibel her auf. Die Bundeskategorie scheint uns für die Diskussion unverzichtbar, weil sie insbesondere in Aufnahme der biblischen Rede vom »Neuen Bund« ein konstitutives Element in der sich biblisch legitimierenden Definition der

---

[10] Vgl. dazu auch Brocke, »Von den Schriften«, 594: »Womöglich ist... ein Weg begehbar, der... die Unterschiede markiert, sie nicht unbedingt (oder jedenfalls nicht ausschließlich) trennend wahrnimmt, und nach konstruktiven Wegen sucht, die Grenzen und Abgrenzungen mit positivem Sinn zu füllen, mit einem Ja zueinander trotz der Unterschiede - eingedenk der Tatsache, daß vor etwa zwei Jahrtausenden ein gemeinsamer Ausgangspunkt vorhanden war.« Gerade für das Christentum kommt es derzeit darauf an, auch das Proprium Iudaicum in seiner *besonderen* Dignität zu erkennen *und* anzuerkennen. Erst im Respekt vor dem jeweiligen *Gegenüber* wird dann das Verbindende sichtbar werden können.

Kirche darstellt. Daß hier für eine christliche Theologie, die zugleich um Erneuerung des christlich-jüdischen Verhältnisses bemüht ist, allerdings aktueller Diskussionsbedarf besteht, sollen drei Voten zum Thema illustrieren, die in jüngster Zeit publiziert worden sind.

Im 1993 erschienenen Band III seiner »Systematischen Theologie« widmet W. Pannenberg der Frage »Kirche und Israel« einen eigenen Abschnitt. Er kritisiert dabei ausdrücklich die These von der Partizipation der Christen am Bund Gottes mit Israel: »... genügt es... nicht, mit der Erklärung der Rheinischen Synode 4 (4) zu sagen, die Kirche sei ›durch Jesus Christus in den Bund Gottes mit seinem Volk hineingenommen‹ worden...; denn damit entsteht der Eindruck, daß die Kirche in den alten Bund mit aufgenommen sei, und die für das Dasein der Kirche konstitutive Differenz des neuen zum alten Bund wird dabei nicht angemessen beachtet.«[11] Von Röm 9-11 her meint Pannenberg vielmehr folgern zu müssen:»Der neue Bund, dessen Israel nach Röm 11,27 bei der Wiederkunft Christi teilhaftig werden soll, ist kein anderer als der nach 1. Kor 11,25 im Blut Christi geschlossene Neue Bund, an welchem der beim Herrenmahl gereichte Kelch Anteil gibt. Das heißt: Die in der Mahlgemeinschaft mit Jesus zur Einheit seines Leibes zusammengeschlossene Kirche hat schon jetzt Anteil an dem Neuen Bund, der dem Volke Israels als ganzem (Röm 11,26) bei der Wiederkunft Christi als der von Israel erwarteten Ankunft des eschatologischen Erlösers gewährt werden wird. Erst von dieser eschatologischen Bestimmung her, auf der Basis des eschatologischen Neuen Bundes, lassen sich Juden und Christen als Teile ein und desselben Gottesvolkes verstehen. Die Einheit des Gottesvolkes beruht also nicht darauf, daß die Völkerwelt in Gestalt der Christenheit eingegliedert wird in die Bundesgeschichte Israels von Mose her. Sie beruht vielmehr darauf, daß in dem von der jüdischen Prophetie verheißenen Neuen Bund, der das Bundesverhältnis des jüdischen Volkes zu seinem Gott erneuern wird, das alte Gottesvolk vereint sein wird mit der Kirche Jesu Christi, die durch ihre Gemeinschaft mit Jesus Christus schon gegenwärtig an diesem neuen Bunde teilhat. Dabei ist nach Paulus nicht nur für die Christen, sondern auch für das jüdische Volk der neue Bund auf Jesus Christus gegründet, der sich bei seiner Wiederkunft seinem Volk als der von ihm erwartete Messias erweisen wird.«[12]

---

[11] Pannenberg, *Systematische Theologie III*, 511 Anm. 100; zum Text des 1980 verabschiedeten Synodalbeschlusses der Evangelischen Kirche im Rheinland vgl. Rendtorff - Henrix, *Die Kirchen*, 593-596.

[12] Pannenberg a.a.O. 512f. Vgl. auch die »klassische« Position von Käsemann bei seiner Kommentierung von Röm 11,27: »Während die Christenheit bereits gegenwärtig im neuen Bund lebt, wird Israel das erst in der Parusie zuteil, und zwar durch den Geber Christus und mit der ... Gabe der Sündenvergebung«(HNT 8a, Tübingen ³1974, 304).

Auch der 1993 promulgierte Weltkatechismus der Katholischen Kirche greift ausdrücklich bundestheologische Kategorien auf, um das «Verhältnis der Kirche zum jüdischen Volk« zu beschreiben:»Indem die Kirche, das Gottesvolk im Neuen Bund, sich in ihr eigenes Mysterium vertieft, entdeckt sie ihren Zusammenhang mit dem jüdischen Volk, ›zu dem Gott, unser Herr, zuerst gesprochen hat.‹ Im Unterschied zu den anderen nichtchristlichen Religionen ist der jüdische Glaube schon Antwort auf die Offenbarung Gottes im Alten Bund... Blickt man auf die Zukunft, so streben das Gottesvolk des Alten Bundes und das neue Volk Gottes ähnlichen Zielen zu: Die [sic!] Ankunft (oder die Wiederkunft) des Messias. Auf der einen Seite wird die Wiederkunft des gestorbenen und auferstandenen Messias erwartet, der als Herr und Sohn Gottes anerkannt ist; auf der anderen Seite erwartet man für das Ende der Zeiten das Kommen des Messias, dessen Züge verborgen bleiben – eine Erwartung, die freilich durch das Drama der Unkenntnis oder des Verkennens Jesu Christi begleitet wird.«[13]

Wie massiv bisweilen in der christlichen Theologie die Kategorie des neuen Bundes zur Dissoziierung von Kirche und Israel benutzt wird, zeigt die 1993 (posthum) publizierte »Biblische Theologie des Alten Testaments« von A.H.J. Gunneweg. Dieser verkürzt die Bundestheologie von Ex 19-34 und überzeichnet die angeblichen semantischen Differenzen in der neutestamentlichen Abendmahlsüberlieferung gegenüber Jer 31,31-34 und Ex 24,8. Beides muß beweisen, daß vom Neuen Testament her an diesem Punkt Israels Selbstverständnis zerstört wird:»Mit Hilfe von einigen dem Alten Testament – der Heiligen Schrift – entnommenen Begriffen wird das Gegenteil des mit ihnen ursprünglich Gemeinten ausgesagt! Wer diese Art des Umgangs mit Texten als heute historisch-methodisch unstatthaft tadelt, sollte sein historisches Bewußtsein erweitern und noch schärfen und auch noch die damalige Auslegungspraxis geschichtlich verstehen: Gängige und im Kontext des Alten Testaments als der Heiligen Schrift wichtige Begriffe werden mit einem gänzlich neuen Inhalt gefüllt, der die ›alten Schläuche‹ sprengt und in voller Absicht sprengen soll. Durchbrochen wird die Exklusivität des Gottesbundes mit Israel (und Juda), und an die Stelle des genealogisch und national definierbaren Bundesvolkes tritt die Inklusivität der Vielen, für die Jesu Blut vergossen wird.«[14] Sogar Röm 9,4 liest Gunneweg gegen Israel:»... beachtenswert ist, daß die Aufzählung von

---

[13] Katechismus Nr. 839 und 840. Vgl. auch Nr. 674:»Das Kommen des verherrlichten Messias hängt zu jedem Zeitpunkt der Geschichte davon ab, daß er von ›ganz Israel‹ (Röm 11,12) anerkannt wird, über dem zum Teil ›Verstockung liegt‹ (Röm 11,25), so daß sie Jesus ›nicht glaubten‹ (Röm 11,20) ... Der Eintritt der ›Vollzahl‹ der Juden (Röm 11,12) in das messianische Reich im Anschluß an die ›Vollzahl der Heiden‹ (Röm 11,25) wird dem Volk Gottes die Möglichkeit geben, das ›Vollmaß Christi‹ (Eph 4,13) zu verwirklichen, in dem ›Gott alles in allen‹ sein wird (1 Kor 15,28).«

[14] Gunneweg, *Biblische Theologie*, 73.

Israels Vorzügen die alten Verheißungsinhalte Land und Nachkommenschaft (Volkwerdung und nationale Existenz) mit Schweigen übergeht und mit keinem Wort von einem exklusiven Bund Gottes mit Israel spricht«.[15] Weil Gunneweg die biblischen Bundestexte so (gegen den Strich) liest, verwundert es nicht mehr, daß er, der 1980 zu den Initiatoren der Bonner Kritik an der Rheinischen Synode gehörte, folgert: »Angesichts dieses Befundes erweist sich die gelegentlich auch kirchenamtlich vertretene Auffassung, der Neue Bund beinhalte die Einbeziehung der Heiden in den Israel-Bund als eklatante Häresie. Das Gegenteil der ›deutsch-christlichen‹ Ketzerei mit ihrer Ariererklärung für Jesus und der geforderten Abrogation des Alten Testaments ist selbst ebenso offenbar Irrlehre – auch vom Standpunkt des authentischen Judentums, für das Proselyten nicht durch das Bundesblut Jesu in Israel integriert werden.«[16]

Inwiefern »Bund« als »kanonische« Kategorie den grundlegenden Horizont abgeben kann, in dem die dynamisch-dramatische »Bundesgenossenschaft« von Israel und Kirche als zweier Instrumente Gottes für das Kommen SEINES Reiches beschreibbar wird, zeigt die erste der hier versammelten Einzelstudien »Der Begriff ›Bund‹ in der biblischen Theologie« (N. Lohfink). Daß diese »Bundesgenossenschaft« sich als »Völkerwallfahrt zum Zion« konstituiert, wird in den sich anschließenden beiden Studien »Bund und Tora bei der Völkerwallfahrt zum Zion« (N. Lohfink) und «Die Bundesformel in Psalm 33» (N. Lohfink) entfaltet. Wie intensiv die biblische Tradition den Zion als Lebensquelle für die Völker und als Offenbarungsort der universalen Gottesherrschaft JHWHs, begreift, wird sodann in den Studien »Zion als Mutter der Völker« (E. Zenger) und «Das Weltenkönigtum des Gottes Israels» (E. Zenger) herausgearbeitet.

In methodischer Hinsicht nehmen unsere Einzelstudien das Anliegen der kanonischen Exegese und der neueren Rezeptionshermeneutik auf. Sie lehnen die historisch-kritische Fragestellung nach der Entstehung der Texte nicht ab, greifen gegebenenfalls auch darauf zurück, aber sie bemühen sich um ein produktives Gespräch mit dem nun als »Endtext« vorliegenden »Werk« und dessen theologischer Sinnwelt, um in diesem Gespräch zu *für heute* relevanten Perspektiven zu gelangen, die im Schlußkapitel VII angedeutet werden sollen.

---

[15] Ebda. 74.
[16] Ebda. 73.

# II.
# Der Begriff »Bund« in der biblischen Theologie[1]

Indem Papst Johannes Paul II. 1980 in seiner Mainzer Ansprache dem »Gottesvolk des von Gott nie gekündigten Alten Bundes« das Gottesvolk »des Neuen Bundes« gegenüberstellte,[2] sprach er von zwei »Bünden« und von zwei »Gottesvölkern«. Ist dieser Sprachgebrauch biblisch? Zumindest die Doppelheit von »altem« und »neuem« Bund ist es. Die Rede von zwei »Gottesvölkern« dagegen schwerlich[3]. Da es im folgenden um »biblische« Theologie geht, sei deshalb nur das Stichwort »Bund« aufgegriffen. Es soll gefragt werden: Wie kann man, speziell auch im Blick auf den jüdisch-christlichen Dialog, mit dem Begriff »Bund« nach dem jetzigen Stand der Bibelwissenschaft theologisch arbeiten?

Die christlichen Theologen haben, da sie die Bibel kannten, stets nicht nur vom »alten« und vom »neuen« Bund gesprochen, sondern auch von mancherlei anderen »Bünden« – etwa vom Bund Gottes mit Noach, Abraham oder David. Der »alte« Bund war für sie oft der Sinaibund. Die anderen »Bünde«, von denen die Bibel Israels spricht, sind mit ihm aber nicht einfach identisch.

Man hat auch bald versucht, die verschiedenen »Bünde« in ein System zu bringen. Schon innerhalb der hebräischen Bibel, ja ihrer Vorstufen, waren die priesterschriftliche Zweiheit von Noachbund und Abrahamsbund oder die jeremianische Entgegensetzung von gebrochenem Exodus-Bund und verheißenem »neuen« Bund so etwas wie Systematisierungen. Noch weiter ging dann Jesus Sirach in seinem »Lob der Väter« (Sir 44-47).[4] Er periodisierte die Geschichte Israels durch sieben »Bünde« – wobei im griechischen Text zwölfmal das Wort διαθήκη steht. Es sind die

---

[1] Dieses Kapitel wurde auf einer Fachtagung im August 1990 in Nemi bei Rom vorgetragen. Das damalige Referat ist veröffentlicht als Lohfink, »Begriff ›Bund‹«. Für dieses Buch wurde der Text neu bearbeitet.

[2] Ansprache an den Zentralrat der Juden in Deutschland und die Rabbinerkonferenz am 17. November 1980 in Mainz: »Die erste Dimension dieses Dialogs, nämlich die Begegnung zwischen dem Gottesvolk des von Gott nie gekündigten [Anmerkung: Vgl. Röm 11,29] Alten Bundes und dem des Neuen Bundes, ist zugleich ein Dialog innerhalb unserer Kirche, gleichsam zwischen dem ersten und zweiten Teil ihrer Bibel.« Text nach Rendtorff/Henrix (Hg.), *Kirchen*, 75.

[3] Es gibt einige wenige Texte, die sich einer solchen Aussage nähern, wie Jes 19,25, Sach 2,15; 9,7; Ps 87,4-7 (vgl. dazu unten im 5. Kapitel). Daß sie als schwierig empfunden wurden, zeigen die Manipulationen an ihnen, die die alten Übersetzungen aufweisen: Vgl. Groß, »Die Religionen der Nicht-Israeliten«, 38f. Doch selbst die masoretische Fassung wird man – aus je verschiedenen Gründen – nicht im Sinne mehrerer nebeneinander existierender »Gottesvölker« verstehen können.

[4] Hierzu zuletzt Marböck, »Bundesgeschichte«. Dort ältere Literatur.

»Bünde« mit Noach, Abraham, Isaak,[5] Jakob, Aaron, Pinchas und David. Das Gewicht liegt auf dem Bund mit Aaron und Pinchas. Den »neuen Bund« von Jer 31 erwähnt Jesus Sirach ebensowenig wie den von diesem ja vorausgesetzten mosaischen Sinaibund (das Sinaigeschehen ist zumindest im hebräischen Sirach einfach Gesetzgebung)[6]. Die Geschichtsperspektive ist ausgesprochen »priesterlich«, und das dargestellte System der »Bünde« strukturiert nicht gleichmäßig die ganze Geschichte, sondern eher eine Art Gründungsepoche. Trotzdem könnte das »Lob der Väter« dadurch, daß es überhaupt Geschichte durch »Bünde« charakterisierte, als biblische Anregung zu späteren heilsgeschichtlichen Bundestheologien gedient haben. Vergleichbare, wenn auch im einzelnen anders angelegte Entwürfe finden sich dann im Jubiläenbuch und in den *Antiquitates Biblicae* des Pseudo-Philo (1. Jh. n. Chr.).

Die meisten Christen, die im jüdisch-christlichen Dialog engagiert sind, denken wahrscheinlich in solchen Heilsgeschichtsentwürfen. Deshalb sei kurz auf einiges hingewiesen, was bei derartigen Denkfiguren von den biblischen Aussagen nicht gedeckt ist.

Oft wird ein Bund Gottes mit »Adam« angenommen. Den kennt die Bibel nicht. Der biblische Moabbund (vgl. Dtn 28,69) bleibt dagegen oft unerwähnt, ebenso der Aaron- und Levibund. Ferner trägt man oft evolutionistische Kategorien ein, etwa den Gedanken einer kontinuierlichen Konzentration Gottes auf immer kleinere und ausgewähltere Gruppen. Das steht sogar im Widerspruch zur Bibel. Denn nach ihr liegt zum Beispiel der auf eine Dynastie beschränkte Davidsbund (2 Samuel 7) erst zeitlich nach dem sich auf das ganze Volk Israel erstreckenden Sinaibund. Aber im Davidsreich lebten auch nichtisraelitische Bevölkerungsgruppen, und Jes 55,3f bezieht den Davidsbund genau auf diesen Sachverhalt. Er ist also gegenüber dem Sinaibund eher eine Ausweitung als eine Eingrenzung.

Doch das sind punktuelle kritische Beobachtungen an der Theorieoberfläche. Die Probleme, die sich heute, will man über den »Bund« sprechen, von der Bibelwissenschaft her stellen, sitzen tiefer. Sie hängen mit den methodischen Ansätzen der modernen Bibelwissenschaft zusammen.

Deshalb soll in einem ersten, forschungsgeschichtlichen Teil über die Probleme berichtet werden, die die Bibelwissenschaft mit dem Begriff »Bund« hat. In einem zweiten Teil sei dann angedeutet, wie man vielleicht auf eine bibelwissenschaftlich vertretbare und dem jüdisch-christlichen Dialog nützliche Weise bibeltheologisch vom »Bund« sprechen könnte. Alles läuft darauf hinaus, daß man nach der »kanonischen Bundestheologie« fragen müßte.

---

[5]  Hier fehlt das Wort »Bund«. Doch 44,22 הקים ἔστησεν »er errichtete«, zusammen mit dem Rückverweis auf Abraham, dürfte die Sache meinen. Nur wenn diese Deutung richtig ist, wird von sieben Bünden gesprochen.

[6]  Im griechischen Sirach werden jedoch in 45,5 חקיו »seine Gesetze«, die Mose lehrt (so der erhaltene hebräische Text), zu διαθήκη »Bund«.

# I. Der »Bund« in der modernen Bibelwissenschaft[7]

*1. »Heilsgeschichtliche« Denkvorgaben*

Heilsgeschichtsentwürfe, die sich durch Gottesbünde strukturieren, lagen der modernen Bibelwissenschaft schon voraus. Genau von solchen Konzeptionen hat sie sich distanziert. Im evangelischen Raum, wo vor allem sie im vorigen Jahrhundert entwickelt wurde, kannte man große Theologen, die die Heilsgeschichte durch »Bünde« strukturiert hatten: etwa Coccejus oder Johann Christian Konrad von Hofmann.

Bei solchen Entwürfen wird die Bibel als ein einziges, zusammenhängendes Geschichtsbuch genommen. Widersprüche werden auf der Handlungsebene harmonisiert. Dann wird diese vermeintliche »Geschichte« durch verschiedene, aufeinander folgende, von Gott ausgehende »Bünde« in Perioden geteilt.

Die Bibelwissenschaft fragt demgegenüber streng historisch und literaturwissenschaftlich.[8] Deshalb kann sie zum Beispiel »Adam« oder »Noach« nicht als historische Gestalten bestimmen. Man kann keinen der beiden punktuell auf der Zeitlinie eintragen. Sie gehören zur Gattung »Urgeschichte«. Die mit Hilfe dieser Gestalten gemachte Aussage geht auf anderes als auf punktuelle Historie. Falls Abraham eine historische Gestalt sein sollte, ist doch der Abrahamsbund dadurch noch kein historisches Faktum.[9] Die Sinaitradition hat ursprünglich wohl nur von einer Theophanie erzählt. Die Themen »Bund« und »Gesetz« traten frühestens in der Königszeit in sie ein. Welche Ereignisse am Anfang der Sinaitradition standen, ist schwer auszumachen. Ein historisches Faktum »Bund am Sinai« ist unwahrscheinlich. Auch der Bund Gottes mit den aaronitischen Priestern ist eine späte Konstruktion. Nicht anders der Moabbund des Buches Deuteronomium.

Mit solchen Feststellungen ist jeder als historisch gemeinten Aufreihung von »Bünden« der Boden unter den Füßen weggezogen.

---

[7] Zur Ergänzung sei ausdrücklich auf Zenger, »Bundestheologie«, hingewiesen.

[8] Zur Geschichte der Bundesaussagen in Israel vgl. Lohfink, Art. »Bund«, 345-347. Dort weitere Literatur.

[9] Daß die Tradition vom Abrahamsbund sehr alt sei, habe ich einst in einer Monographie zu Gen 15 vertreten (Lohfink, *Landverheißung als Eid*). Ich bin dafür häufig kritisiert worden, zum Teil mit erwägenswerten Gegenargumenten. Ich stimme den heutigen Tendenzen zur extremen Spätdatierung von Gen 15 keineswegs zu. Trotzdem wäre ich jetzt mit Thesen zum hohen Alter des Textes vorsichtiger.

## 2. »Bund« als späte Deutungschiffre

Die klassische Gegenthese zu solchen bündeaufreihenden Heilsgeschichtsentwürfen findet sich bei Julius Wellhausen. Nach ihm wurde erst in der ausgehenden Königszeit und im Exil vom »Bund« gesprochen. Damals habe Israel begonnen, sich am »Gesetz« zu orientieren. Man habe aber über keine Theorie des »Gesetzes« verfügt. So habe man seinen Verpflichtungscharakter durch einen frei eingegangenen Vertrag zwischen Israel und seinem Gott erklärt. Das sei dann narrativ in die Frühzeit zurückprojiziert worden. Der »Bund« oder die »Bünde« waren also nicht historische Fakten, sondern historisiert auftretende theologische Deutung.[10] Diese These konnte sich aber nicht halten, auch nicht unter Historikern.

## 3. Die Theorie einer historischen Bundesinstitution

Zum Beispiel wurde der Kodex Hammurabi gefunden. Also hatte es lange vor Israel schon eine hohe Rechtskultur gegeben, dazu Rechtstheorien, die keinerlei Idee eines »Vertrags« mit einer Gottheit enthielten. Der Begriff des »Bundes« war daher auch in Israel nicht nötig gewesen, um zu erklären, wieso Recht verpflichtet. Es drang auch ein neues Verständnis für kultische Institutionen durch. Ethnologie und Soziologie lieferten neue Verstehensmodelle für Israels Frühzeit.

So kehrte in der ersten Hälfte unseres Jahrhunderts und etwa bis 1970 die ältere »heilsgeschichtliche Bundestheologie« völlig verwandelt zurück. Sie war nun historisch-hoffähig geworden: als eine Art Religions- und Kultgeschichte Israels, für die die Kategorie »Bund« regulative Funktionen ausübte. Das war zwar keine durch »Bünde« strukturierte »Heilsgeschichte«. Aber immerhin hätte es nach ihr in der Geschichte des Gottesvolkes auf gesellschaftlich-kultischer Ebene stets eine »Bundesinstitution« gegeben.

Man baute auf der Annahme, Israel habe als ein »Bund von Stämmen« begonnen, der sich zugleich als ein »Bund mit Gott« verstand, und sein Gottesdienst sei im Kern eine Zelebration dieses doppelten »Bundes« gewesen.[11]

Der Noachbund wäre dann zwar eine theologische Rückprojektion. Vielleicht auch der Abrahamsbund. Überhaupt »Bünde« im Sinne direkter göttlicher Offenbarungseingriffe. Aber wenigstens hätte es von dem Augenblick an, als es den Stämmebund Israel gab, durch die ganze Geschichte hindurch bis in die Zeit Jesu auch eine »Bundesinstitution« mit Teilelementen wie »Bundeskult«, »Bundesfest«, »Bun-

---

[10] Neueste und gute Forschungsgeschichte, auch für das Folgende: Nicholson, *God and His People*, 3-117. Dort Quellenverweise.

[11] Hauptauslöser für die neue Sicht scheint Max Weber gewesen zu sein. Zu ihm vgl. Schäfer/Lichtenberger, »Nebensatz«.

desurkunde«, «Bundeserneuerungen«und »Bundestheologie« gegeben. Das Selbstverständnis Israels wäre von all dem entscheidend geprägt worden. Israel hätte deshalb auch die Knotenpunkte seiner Geschichte als »Bünde« interpretiert. Walter Eichrodt konnte seine »Theologie des Alten Testaments«[12] als eine »Bundestheologie« entwerfen. Diese Theorie war als historisch nachprüfbare Annahme gemeint. Im Endeffekt hat sie der historischen Nachprüfung nicht standgehalten. Eine kurze Zeit schien es, als würde sie glänzend bestätigt durch die sprachliche und formale Nähe biblischer Bundestexte zu altorientalischen Staatsverträgen aus dem zweiten Jahrtausend. Aber bei genauerem Zusehen kehrte sich das ins Gegenteil. Was herauskam, war eher ein Zusammenhang der deuteronomischen Bundestheologie mit neuassyrischem Lehns-, Eid- und Vertragswesen: also ein literarisches und theologisches Phänomen in der ausgehenden Königszeit.[13]

## 4. Wieder bei einer theologischen Deutungschiffre?

Heute gilt wohl: Es läßt sich faktisch nicht nachweisen, daß es von den Anfängen Israels an eine alles tragende »Bundesinstitution« gab. Vieles spricht eher dagegen – mögen selbst bestimmte privilegrechtliche Vorstellungen vom Gottesverhältnis Israels alt sein, einige Bundesrituale früh existiert haben und der innere Kern des ganzen Selbstverständnisses Israels, die »privilegrechtliche« Konzeption des Gottesverhältnisses, ebenso auf die Frühzeit zurückgehen.[14]

Eine den ganzen Gottesdienst Israels umspannende, kultisch konkretisierte »Bundesinstitution« hat es sogar in Spätzeiten wohl nie gegeben. Die in Dtn 31,10-13 angeordnete periodische öffentliche Proklamation des deuteronomischen Gesetzes, über deren Durchführung wir keinerlei zeitgenössische Zeugnisse besitzen, genügt für eine solche Annahme kaum.[15] Die einzige Ausnahme war vielleicht die Gemeinde von Qumran: Die »Gemeinderegel« enthält am Anfang (1QS 1f) ein Ritual des »Eintritts in den Bund«. Aber selbst in Qumran kann (in den »Hodajot«)

---

[12] Erste Auflage: Leipzig 1933.

[13] Vgl. vor allem McCarthy, *Treaty and Covenant*.

[14] Zu dem, was sich inzwischen sagen läßt, vgl. Lohfink, Art. »Bund«, 345f. Das Ende der Bundesinstitutionstheorie wurde vor allem herbeigeführt durch Perlitt, *Bundestheologie*. Das Buch sollte allerdings kritisch gelesen werden: Vgl. Lohfink, »Bundestheologie«.

[15] William L. Holladay glaubt, eine Reihe »deuteronomistischer«Prosatexte im Jeremiabuch als sich im Stil anpassende prophetische Reaktionen auf diese Proklamationen des Deuteronomiums erklären zu können. Er rechnet mit solchen Verlesungen in den Jahren 615, 608, 601, 594 und 587. Vgl. ders., »Proposal«; ders., *Jeremiah 2*, 27. Doch bleibt das höchst hypothetisch, und für das Deuteronomium selbst gibt es noch einmal einen Unterschied zwischen dieser Gesetzesverlesung und dem eigentlichen Kult Israels.

das Wort »Bund« auch einfach den »Glauben« im Herzen des einzelnen Menschen bedeuten. Und dann gab es natürlich (mit jüdischen Augen von damals gesehen) die Anhänger Jesu von Nazaret, die ihren zentralen Ritus, das »Brotbrechen«, als die Gegenwärtigsetzung des im Tode ihres Stifters gegebenen »neuen Bundes« betrachteten.

In den Schriften Israels zeigt sich das Wort ברית = διαθήκη = »Bund« wiederum, wie schon bei Wellhausen, als eine sekundäre, theologische, Vergangenheit und Gegenwart deutende Chiffre. Es trat erst am Ende der Königszeit und im Exil in den Vordergrund, wahrscheinlich in der intellektuellen Auseinandersetzung mit dem neuassyrischen Kulturdruck.[16] Selbst nachher hat der Begriff »Bund« in Israel niemals allein das Feld des theologischen Denkens beherrscht.

Wir sind trotzdem nicht wieder einfach bei Wellhausen. Seine Annahme, die Idee eines Gottesbundes sei ein erster Versuch, das nach damaliger Sicht neue Phänomen nationalen Rechts zu legitimieren, ist überholt.[17] Mit der Vorstellung des »Bundes« sind vielmehr entscheidende heilsgeschichtliche Erfahrungen Israels gedeutet worden.

Eine Zeitlang ist viel über die Semantik der Wörter ברית und διαθήκη gearbeitet worden,[18] ferner über die theologischen Entwürfe, in denen diese Wörter eine Rolle spielen.

Zur Semantik: Sowohl ברית als auch διαθήκη *bedeuten* nicht »Vertrag, Bund«, sondern »Verpflichtung« oder »Bindung«, oft auch »Eid«. Es sind auch Wörter der Normalsprache, nicht etwa nur theologische Fachausdrücke. Sie werden jedoch in manchen Belegen in *Referenz* zu einem vorausgesetzten privilegrechtlichen oder vertraglichen Verhältnis zwischen Gott und Israel oder bestimmten Personen in Israel benutzt. Auch die Referenz zu Vertragsverhältnissen und Vertragsabschlüssen war schon normalsprachlich vorgegeben. Wann sie vorliegt, muß in den Belegen in jedem Einzelfall gesondert geklärt werden.

An anderen Stellen scheint ברית eine Bezeichnung für den Dekalog oder für dessen erstes Gebot, das Gebot der alleinigen JHWHverehrung, zu sein.[19] Das

---

[16] Vgl. Lohfink, »Theologie als Antwort«.

[17] Auch wenn ihr etwa Lothar Perlitt sehr nahesteht. Wellhausen behält insofern recht, als in Israel die Bundesvorstellung in dem Augenblick die Funktion der Rechtsbegründung übernahm, als die älteren Begründungssysteme den sich in höhere Komplexität wandelnden gesellschaftlichen Verhältnissen nicht mehr standhielten. So Eckart Otto in neueren Arbeiten.

[18] Vor allem in zwei Monographien Ernst Kutsch (*Verheißung* und *Neues Testament*) und vielen vorauslaufenden Artikeln desselben Autors. Das Problem all dieser Analysen besteht allerdings darin, daß offenbar nicht zwischen »meaning« und »reference« unterschieden wird.

[19] Vgl. Braulik, »Ausdrücke für Gesetz«; ergänzend Lohfink, »Bundestheologie«, 338-340.

Wort בְּרִית ist kein Synonym von תּוֹרָה »Lehre, Weisung, Gesetz«.[20]
An manchen späten Stellen ist das Wort abgeblaßt. Es meint ungefähr das, was wir meinen, wenn wir von »Religion« reden oder vom »Glauben« – vor allem im Danielbuch.

In den verschiedenen theologischen Entwürfen der Hebräischen Bibel wird בְּרִית sehr unterschiedlich eingesetzt. Die Entwürfe stehen zum Teil auch bewußt gegeneinander. So ist die priesterschriftliche »Bundestheologie« eine Theologie der unkündbaren göttlichen »Verheißungen«. Indem sie dafür das Wort בְּרִית gebraucht und es im Geschichtsverlauf nicht am Sinai, sondern bei Abraham anbringt, will sie Korrektur der deuteronomistischen בְּרִית-Theologie eines »Vertrages« zwischen Gott und dem Volk Israel sein.[21] In diesem Gegensatz zweier Literaturwerke und ihrer theologischen Grundpositionen bahnt sich die (paulinische) Rechtfertigungsproblematik an.

In späten Texten der Bibel Israels und ebenfalls im Neuen Testament bestimmt sich die mit dem Wort בְּרִית gemachte Aussage oft durch Anspielung. In diesem Fall wird auf die Aussage einer schon kanonischen Grundstelle verwiesen. So ist im Neuen Testament die Rede vom »neuen Bund« wo sie vorkommt, oft eine Anspielung auf Jer 30-31. Zumindest implizit wird dann auch behauptet, die dortige Verheißung habe sich erfüllt. Andere Texte des Neuen Testaments spielen mit dem Wort διαθήκη auf andere Stellen an, etwa auf die Verheißungen an Abraham. Dann hat das Wort natürlich eine andere Bedeutungsschattierung und eine andere Referenz als da, wo auf Jer 31 angespielt wird.[22]

Wenn man also bei historisch und literaturwissenschaftlich verantworteter Bibelauslegung nicht davon ausgehen kann, daß überall, wo in der Bibel die Wörter בְּרִית oder διαθήκη stehen, von der gleichen Sache geredet wird – was läßt sich dann bibeltheologisch noch tun?


## 5. Die Frage nach nächsten Schritten

Der systematischen Theologie steht es natürlich immer frei, eine bestimmte Sache, in diesem Falle das besondere Verhältnis Gottes zu seinem auserwählten Volk, mit einem irgendwie in Frage kommenden biblischen Wort, in diesem Fall dem Worte »Bund«, zu bezeichnen und mit dem bei seiner Einführung vielleicht sogar genau

---

[20] Nur die Parallelismen in Jes 24,5; Hos 8,1 und Ps 78,10 könnten dafür angeführt werden. Doch sie müssen im Licht anderer, differenzierterer Stellen gelesen werden. Vgl. vor allem Lev 26,45f; Dtn 29,20; 31,9.26; Jos 24,25f; 2 Kön 17,34f.37f; Jer 31,33; Mal 2,5-10; Esra 10,3.

[21] Vgl. Zimmerli, »Sinaibund«.

[22] Versuch eines ausführlichen Nachweises: Lohfink, *Niemals gekündigter Bund*, 29-47 (III. Ein Hilfsbegriff, nicht mehr als das).

definierten Begriff zu arbeiten. Vielleicht kann man dann nicht alle Texte der Bibel heranziehen, in denen ברית oder διαθήκη stehen. Andererseits muß man vielleicht viele Stellen heranziehen, in denen diese Wörter fehlen.[23] Aber das Unternehmen ist legitim.

So etwas ist zweifellos schon bei der von Zwingli initiierten und dann vor allem durch Coccejus zu einem Höhepunkt geführten sogenannten Föderaltheologie geschehen,[24] und es hat großen geistlichen Einfluß auf die pietistischen Bewegungen gehabt. Auch in Täuferkirchen spielt die Bundestheologie eine große Rolle.[25]

Eine solche Bundestheologie ist mit der modernen Exegese vereinbar. In einem bestimmten Sinn kommt auch eine »biblische« Theologie niemals daran vorbei, in eine neue »Sprache« zu übersetzen, sie muß zur Systematik werden. Niemand kann sie dabei hindern, biblische Wörter zu benutzen, auch wenn diese dann (zumindest insgeheim) neu definiert werden. So könnte man derartige systematisch-theologische Entwürfe sogar als »biblische« Theologie bezeichnen. Doch wären sie nicht »biblische Theologie« im Sinne einer in der Bibel selbst schon vorfindbaren Denkfiguration. Oft wird nun aber erst die auf so etwas zielende historisch-deskriptive Untersuchung als »biblische Theologie« bezeichnet. Im jüdisch-christlichen Dialog wäre vielleicht vor allem etwas Derartiges gefragt.[26]

Dafür scheinen auch innerhalb der modernen, historisch und literarisch orientier-

---

[23] Dies wird zum Beispiel deutlich erkennbar, wenn man Focant/Wénin, »Alliance ancienne«, analysiert. Die Belege für die eher priesterschriftliche Bundeskonzeption gehen in diesem Aufsatz praktisch unter, und aus dem Neuen Testament werden viele Texte herangezogen, in denen das Wort »Bund« gar nicht steht. Insofern ist dieser Aufsatz von seiner Art her als »systematisch« zu betrachten, auch wenn er fast nur eine Verkettung von biblischen Aussagen zu sein scheint. Ähnliches gilt von Beauchamp, »Propositions«, nur daß hier nicht ein Wort, sondern eine Form-Struktur den Maßstab abgibt – letztlich die der hethitischen Vasallenverträge, die in einigen deuteronomistischen Bundestexten bekanntlich erhellend wirken. Auch hier ist wohl von einem – durchaus legitimen – systematischen Entwurf zu sprechen.

[24] Vgl. neuerdings Asselt, *Covenant Theology* (dem Verfasser leider noch nicht zugänglich).

[25] In diesen Gemeinschaften scheint das Wort »Bund« bei der Übersetzung von 1 Petr 3,21 συνειδήσεως ἀγαθῆς ἐπερώτημα εἰς θεόν eine wichtige Rolle zu spielen. Luther übersetzt zum Beispiel: »der Bund eines guten Gewissens mit Gott«. Diese Übersetzung liegt nicht so fern: ἐπερώτημα könnte (als Abfragung der Parteien bezüglich der einzelnen Verpflichtungen) *pars-pro-toto*-Bezeichnung eines Vertragabschlusses sein. Dann wäre vor allem das Taufgelöbnis, das in der frühen Kirche ja abgefragt wurde, im Blick. Luther selbst hat in der Randglosse der Ausgabe von 1545 geschrieben: »stipulatio / das Gott sich vns mit gnaden verpflicht vnd wirs annemen«. Hier dachte er vielleicht an Gen 9.

[26] Ich habe in meinem Buch *Der niemals gekündigte Bund* die Auffassung geäußert, der Begriff des »Bundes« sei für das Gespräch mit dem rabbinisch geprägten Judentum nicht besonders hilfreich, weil er dort kaum eine Rolle spiele. Ich habe mich inzwischen von jüdischen Gesprächspartnern korrigieren lassen. In der rabbinischen Literatur ist der Begriff in der Tat nicht sehr wichtig. Doch ist das anders in Liturgie und Gebetsleben. Vgl. Segal, »Covenant«.

ten Bibelwissenschaft trotz aller geschilderten Probleme noch Türen offen zu stehen. Obwohl bisher kaum ins Auge gefaßt, scheint es in der Bibel eine Art »kanonischer Bundestheologie« zu geben, welche alle mit dem Begriff »Bund« arbeitenden, untereinander disparaten biblischen Einzeltheologien überwölbt. Natürlich können die folgenden Seiten dazu wirklich nur einige erste Beobachtungen bieten, eher ein Programm als eine Durchführung.

## II. Beobachtungen zur »kanonischen« Bundestheologie

### 1. Die Idee einer »kanonischen« Bundestheologie

Eigentlich wird die Exegese mit der Auslegung des kanonischen Textes ja überhaupt erst zur Theologie. Erst der Sinn, den die biblischen Texte innerhalb der Einheit der Schrift gewinnen, ist ihr inspirierter und irrtumsloser Sinn. Von ihm allein hat Theologie auszugehen, alles andere ist, wenn auch noch so wichtige und unentbehrliche, Vorstudie.[27]

Diese christliche Sicht entspricht im übrigen dem traditionellen jüdischen Umgang mit der Hebräischen Bibel. Auch dort wird, wenn auch mit anderer Kanonabgrenzung, die Bibel immer als Einheit gelesen, also synchron. Insofern wird die moderne Exegese bei dieser Fragestellung auch für den jüdisch-christlichen Dialog interessanter.

Natürlich kann man auch den Kanon noch mit verschiedenen Methoden angehen, auch mit solchen, die die moderne Exegese nicht akzeptieren würde. Doch ihre eigenen Methoden sind für die Frage nach kanonischen Aussagefigurationen durchaus geeignet. Nur ist diese Art von Frage unter den Exegeten ungewohnt, wie sich

---

[27] So Vaticanum II., Konstitution »Verbum Dei«. Vgl. Lohfink, »Irrtumslosigkeit«; ders., »Weißer Fleck«. Gerstenberger, »Buch und Sammlung«, 8, schreibt zwar: »Die Endredaktion kann ... gegenüber den vorhergehenden Redaktionen keinerlei besondere Dignität beanspruchen«, und nach Ausweis der beigegebenen Fußnote hat er speziell mich im Visier. Er möchte demgegenüber »die verschiedenen Stadien der Überlieferung unterscheiden« und sie dann alle miteinander einschließlich der Endredaktion »auch theologisch ... würdigen« (ebd. 9). Das tue und möchte ich zwar auch, und die zwischen den Zeilen schwebende Insinuation, die Ergebnisse der Endtextanalysen von mir und anderen Kollegen seien Produkte von »rückprojizierendem theologischem Interesse« (ebd. 8), möchte ich als eine aus dem Eifer des Gefechts kommende und deshalb verzeihliche kleine Entgleisung betrachten. Nur halte ich eine historisch berichtende, in einer Sprechakttheorie als »narrativ-assertive« Äußerung zu bezeichnende »theologische Würdigung« von allerhöchstens ehemals gesellschaftlich funktionalen, weithin außerdem auch nur hypothetisch rekonstruierten Texten durch einen Historiker und Literaturwissenschaftler noch nicht für den Sprechakt eigentlicher »Theologie« im Sinne der christlichen Tradition. Dieser setzt Glaubensgemeinschaft und deren akzeptierte Heilige Schriften voraus. In diesem Sinne allein spreche ich an dieser Stelle meines Textes von Theologie.

an der Reaktion zeigt, die das Programm eines »Canonical Criticism« von Brevard S. Childs hervorgerufen hat.[28] Das ist aber ein Interessen-, nicht eine Methodenproblem.

## 2. »Kanonische Bundestheologie« – eine Faktenfrage

Nun muß die kanonische Gesamtaussage der Schrift nicht aus irgendeiner apriorischen Notwendigkeit heraus »Bundestheologie« sein. Ob der synchron gelesene Kanon eine »Bundestheologie« anbietet, ist eine Faktenfrage und muß *a posteriori* festgestellt werden.

Man könnte naiv sagen, der Fall sei doch klar, die Bibel trete als »Altes« und »Neues Testament« vor uns. Doch dadurch ist gar nichts klar. Denn es handelt sich nicht um eine Selbstbezeichnung der Bibel, sondern um eine – wenn auch recht früh – von Theologen geschaffene und dann von der christlichen Tradition benutzte Charakterisierung. Dabei wurde zwar auf biblische Wörter zurückgegriffen. Aber diese Wörter bezeichnen in der Bibel selbst noch nicht die beiden Teile des Kanons der heiligen Bücher. So bleibt die Faktenfrage.

## 3. Im »Neuen Testament« ist »Bund« nicht die Leitkategorie

Für die christliche Lektüre der Bibel bewirkt das Neue Testament die letzte Sinnstiftung. Wenn also das Neue Testament die Gesamtbotschaft der Bibel als »Bund« präsentieren würde, wäre bei christlicher Lektüre auch der ältere Teil der Bibel so zu lesen, gleichgültig, wie oft und auf welche Weise dort davon die Rede ist. So ist die erste Frage die, ob das Neue Testament »Bund« als eigentliche Leitaussage hat.

Es will scheinen: Nein. Die Stellen mit διαθήκη sind der Zahl nach gering. Sie sind verschiedenartig und nicht gerade miteinander vernetzt. Neben ihnen stehen andere Texte mit anderen Kategorien, denen mindestens das gleiche Gewicht zukommt, etwa »Reich Gottes« oder »Gerechtigkeit«. Wenn die Botschaft des Neuen Testaments überhaupt auf ein einziges Wort gebracht ist, dann auf einen Namen: Jesus, der Christus.

Es kommt hinzu, daß da, wo von der καινὴ διαθήκη, dem »neuen Bund/Testament« gesprochen wird, dies zunächst einmal stets eine Anspielung auf Jeremia 31 ist, nicht auf die Gesamtheit der Schriften Israels. An den beiden Stellen, wo vom Begriff der καινὴ διαθήκη aus auch der Begriff einer »alten« oder »ersten«

---

[28] Als letzte größere Diskussion des Problemkreises vgl. Stemberger/Baldermann (Hg.), *Problem des biblischen Kanons.*

διαθήκη entwickelt wird – in 2 Korinther 3 und im Hebräerbrief[29] –, wird diese nicht etwa mit der Gesamtheit unserer alttestamentlichen Bücher, sondern nur mit einem Teil derselben identifiziert. 2 Korinther 3 spricht nämlich von den Büchern, die in der jüdischen oder judenchristlichen Synagoge gelesen werden – und das war nur der Pentateuch, vielleicht noch die »Propheten« (als Haftara), doch die »Schriften« gehörten nicht dazu. Der Hebräerbrief bezieht sich allein auf die Kultordnung des Pentateuch, nicht auf alle Schriften Israels.

Das Neue Testament zwingt also nicht dazu, die Schriften Israels als Gesamtzeugnis eines »alten« oder »ersten Bundes« zu sehen. »Bund« ist eine Deutungskategorie unter mehreren. Sie steht allerdings an wichtiger Stelle, in der Abendmahlstradition. Als eine schon im Neuen Testament bedeutsame Kategorie ist διαθήκη »Bund/Testament« später von der christlichen Theologie und Tradition aufgegriffen und in manchen Systemansätzen zur Zentralkategorie gemacht worden. Doch vom Neuen Testament her kann man die Sache, von der es spricht, auch unter ganz anderen Begriffen beschreiben.

Nun könnte es natürlich sein, daß zwar das Neue Testament für das Verständnis des Gesamtkanons die Bundeskategorie nur als eine Möglichkeit unter mehreren anbietet, daß »Bund« jedoch zumindest für den Kanon der heiligen Schriften Israels (den palästinensischen oder den alexandrinischen) in dieser oder jener Umschrei-

---

[29] Der Begriff πρωτη διαθηκη »erstes Testament« im Hebräerbrief bahnt sich vielleicht schon im Septuaginta-Text von Lev 26,45 an: και μνησθησομαι αυτων της διαθηκης της προτερας οτε εξηγαγον αυτους εκ γης Αιγυπτου εξ οικου δουλειας εναντι των εθνων του ειναι αυτων θεος »Ich werde mich des früheren Bundes mit ihnen erinnern, als ich sie aus dem Land Ägypten, dem Haus der Sklaverei, herausführte, angesichts der Völker, um ihr Gott zu sein.« Allerdings steht hier nicht πρωτη »erste«, sondern προτερα »frühere, ältere«. Der griechische Text hat gegenüber dem uns bekannten hebräischen die Aussage neu konzipiert. Dort lesen wir: »Ich werde mich zu ihren Gunsten erinnern des Bundes mit den Vorfahren (ראשנים ברית), die ich aus dem Land Ägypten herausgeführt habe, angesichts der Völker, um ihr Gott zu sein.« Im hebräischen Text kann durchaus an den Sinaibund als einen mit dem Exodus gekoppelten Gesamtvorgang (im Sinne des schon mehr oder weniger definitiven Pentateuchs) gedacht sein, der ergänzend zum Väterbund von Lev 26,42 hinzutritt (gegen Kutsch, *Verheißung und Gesetz*, 126). Im griechischen Text handelt es sich um einen früher einmal mit dem jetzt im Exil befindlichen Israeliten geschlossenen Bund. Der angeschlossene Temporalsatz kann sich auf diesen Bundesschluß beziehen. Dann verweist er wohl ebenfalls auf den Sinaibund. Er gilt dann als mit der jetzt lebenden Generation geschlossen. Doch ist nicht ausschließbar, daß an den Väterbund der priesterschriftlichen Texte gedacht ist (vgl. »um ihr Gott zu sein«) und der Temporalsatz auf ein früher schon, im Zusammenhang mit der Herausführung aus Ägypten geschehenes Bundeserinnern Gottes hinweist (vgl. Ex 6,5). In der hebräischen Bibel ist im übrigen die Formulierung ראשנים(ה) ברית einmalig. Jer 11,10 läßt sich kaum vergleichen, da dort die »früheren Väter« gerade nicht jene »Väter« sind, mit denen der Bund geschlossen wurde. In Lev 26,45 ist der »frühere Bund mit ihnen« auf jeden Fall keinem neueren oder jetzigen Bund sprachlich entgegengesetzt, wie es der »erste Bund« im Hebräerbrief ist, und insofern kann höchstens eine lockere Formulierungsanregung vorliegen, nicht jedoch ein Sachbezug.

bung die maßgebende Deutungskategorie ist. Dann wäre vielleicht dennoch ein Grund dafür da, den Terminus »Bund« bei der theologischen Auslegung des Neuen Testaments bevorzugt zu verwenden. Ist das so?

## 4. Gegen »Bund« als Leitkategorie der Schriften Israels

Zunächst: Diese Frage ist der vieldiskutierten Frage nach der »Mitte des Alten Testaments«[30] zwar benachbart, aber nicht mit ihr identisch. Denn die Frage nach der »Mitte des Alten Testaments« ist mindestens bei denen, die sie bisher gestellt haben, nicht als Frage an den synchron gelesenen Kanon gemeint gewesen. Auch suchte sie nicht notwendig ein in den biblischen Schriften selbst herausgestelltes Stichwort. Um beides geht es aber hier.

Das im Tanach selbst herausgestellte Signalwort für die kanonische Einheit ist allerdings nicht »Bund«, sondern »Tora«. Das Wort תורה »Tora« ist zwar seltener als das Wort ברית »Bund«.[31] Aber der Pentateuch wird schon innerbiblisch als תורה oder νόμος »Gesetz« betrachtet. Schon wenn die Chronik von der »Tora Moses« spricht, hat sie den ganzen Pentateuch vor Augen.[32] Wenn im Neuen Testament zum Beispiel in Röm 3,21 ὁ νόμος »das Gesetz« den Pentateuch bezeichnet, dann, wie die vorangehenden Zitate zeigen, in 3,19 sogar alle Schriften Israels. Die »Propheten« des hebräischen Kanons sind in der Tat am Anfang und am Ende (Josua 1 und Maleachi 3) durch einander entsprechende Tora-Motive literarisch gerahmt und präsentieren sich so als eine Art prophetischen Kommentars der Tora, gewissermaßen als die Durchführung der Verheißung des deuteronomischen Prophetengesetzes (Dtn 18,15-18). Der Psalter wird durch einen Tora-Psalm eröffnet, der durch Stichwörter mit Maleachi 3, ja auch mit dem Ende der Tora selbst verkettet ist.[33] Das charakterisiert ihn als ganzen. Die »Weisheit« wird durch Dtn 4,6-8 dem Feld der Tora zugeordnet[34] und dürfte sich schon in Sprichwörter 1-9 mit ihr verhalten identifizieren.[35] Das sind literarische Signale. Hinter ihnen steht kanoni-

---

[30] Vgl. Reventlow, *Hauptprobleme*, 138-147. Leider nicht erreichbar war mir Odendall, »Covenant«, wo nach *OTA* 12 (1990) 79 die These verteidigt wird, die Mitte des Alten Testaments sei der Bund.

[31] Die wortstatistischen Einzelheiten sind jetzt bequem zugänglich bei Andersen/Forbes, *Vocabulary*. Für ברית vgl. S. 295, für תורה S. 444.

[32] Vgl. demnächst Steins, *Chronik als Abschlußphänomen*.

[33] Zu letzterem verweist schon der Midrasch Tehillim auf den Zusammenhang des letzten Moseworts (Dtn 33,29) mit dem ersten Psalterwort (Ps 1,1) durch die Form der Seligpreisung. Vgl. Zenger, »Psalter als Wegweiser«.

[34] Vgl. Braulik, »Weisheit im Buch Deuteronomium«.

[35] Vgl. Braulik, »Innerbiblischer Umgang«.

scher Aussagewille. Im Septuagintakanon wird am Höhepunkt einer neu hinzuge-
kommenen Schrift die Identität der göttlichen Weisheit mit der Tora Moses ausdrücklich behauptet (Sir 24,23)[36].

Das mit literarischen Mitteln herausgestellte theologische Schlüsselwort für die
kanonisch gelesenen Schriften Israels ist also eher »Tora« als »Bund« – auch wenn
dadurch ein bestimmtes Thema der biblischen Schriften, das literarisch nur eines
unter mehreren ist, auf Kosten anderer, wie etwa »Geschichte« oder »Verheißung«,
in den Vordergrund geschoben wird. Genau das wäre ja eine »kanonische« Entscheidung: ein bestimmtes Thema an die Spitze zu rücken.[37]

Eine vergleichbare rahmende und die einzelnen Bücherkomplexe akzentuierend
deutende Rolle wie das Wort תורה hat das Wort ברית im hebräischen Kanon nicht.

Natürlich gehören »Bund« und »Tora« eng zusammen. Man könnte sagen: Der
hebräische Kanon will eine im Kontext von »Bund« ergehende »Tora« sein.[38] In
diesem Sinne könnte man dann vielleicht das Alte Testament als ganzes *auch* als
»Zeugnis vom Bund« bezeichnen. Dieser »Bund« wäre vom Berg Sinai her zu
denken. »Bund« als Verheißung, »Bund« als Gnadenhandeln Gottes, der Bund Gottes
mit Noach (und der ganzen Menschheit) blieben nachgeordnete Aussagen.

Dem entspricht allerdings nicht die Weise, wie das Neue Testament das Stich-
wort »Bund« aufgreift. Es denkt keineswegs nur an den Sinaibund und das Gesetz.
Im Galaterbrief zum Beispiel greift es unter Benutzung des Wortes διαθήκη auf den
Abrahamsbund zurück, und das sogar in Entgegensetzung zum »Gesetz«.[39] Hat das
Neue Testament also gerade eine an der Konkurrenz der Wörter תורה und ברית
sichtbar werdende alttestamentliche Kanonentscheidung revidiert?

Man darf die Möglichkeit *a priori* nicht ausschließen. *A posteriori* ist alles anders.
Die Akzentuierung von Israels Kanon als תורה bleibt. Doch dient der Zusammenhang
mit dem Stichwort ברית dazu, auf der Ebene des Kanons dem Stichwort Tora einen
umfassenderen Horizont zu geben. Zugunsten dieser These jetzt einige Beobachtungen.

---

[36] Dort steht zwar auch βίβλος διαθήκης. Ex 24,7 und Dtn 33,4 werden kombiniert. Doch dürfte
der Gesichtspunkt »Tora« im Vordergrund stehen. Mehr noch: Da διαθήκη in Sirach zwei
hebräische Wörter wiedergibt, ברית »Bund« und חק »Gesetz«, für 24,23 aber kein hebräischer
Text erhalten ist, wissen wir noch nicht einmal, ob hier ursprünglich das Wort ברית gestanden
hat. Der Befund in 45,5 spricht eher für חק. Vgl. Marböck, »Geschichte Israels«, 186. Für
weitere Literatur vgl. ebd., Anm. 40. Zu Sir 24,23 im ganzen vgl. ferner Bar 4,1.

[37] Man könnte hier einwenden, der Begriff der Tora umfasse sowieso auch Geschichtserzählung.
Das ist richtig – doch gerade an den hier in Frage kommenden Stellen wird doch die Gebotsauf-
erlegung ins Zentrum des Begriffs gerückt.

[38] Als Schlüsseltext hierzu vgl. neben Ex 19,3-8 vor allem Dtn 28,69. Dort wird vom Bucherzähler
»berichtend« auf den Begriff gebracht, was sich vorher und nachher in narrativer »Darstellung«
durch performative Sprachhandlungen Moses, der Ältesten und der Priester vollzieht. Hierzu
Lohfink, »Fabel und Bundesschluß«.

[39] Vgl. Lohfink, *Niemals gekündigter Bund*, 39-45.

## 5. Für »Bund« als Leitkategorie der Schriften Israels

Nicht nötig ist hier wohl ein Nachweis dessen, was für alles folgende die Basis darstellt: daß zumindest im deuteronomistischen Schrifttum תורה und ברית engstens zusammengehören. Israel empfängt die תורה gerade im Zusammenhang der ברית. Die gleiche תורה wie in dem zur Zeit des Exodus gestifteten Bund wird auch in der verheißenen neuen ברית gelten. Es sei sofort gezeigt, daß dieser zunächst deuteronomistische Zusammenhang im kanonischen Werdeprozeß mit allem anderen, was sonst in den Schriften Israels am Wort ברית hängt, zusammengeschmolzen worden ist. Wie in anderen Fällen ist auch hier Deuteronomistisches besonders kanonprägend geworden.

Alle Schlüsseltexte stehen schon im Pentateuch. Das ist deshalb wichtig, weil im jüdischen Verständnis der Pentateuch ja gewissermaßen den »Kanon im Kanon« darstellt. Das erlaubt es im folgenden, die relevanten Stellen im restlichen hebräischen Kanon nur beiläufig zu streifen und auch auf die Umordnungen im Septuagintakanon nicht weiter einzugehen.

Was hängt thematisch alles am Wort ברית »Bund«? Das Wort knüpft – um es ganz knapp zu sagen – mehrere entscheidende andere Themen der biblischen Schriften zusammen. Durch Noach- und Abrahambund und durch andere »Bundesschlüsse« im Lauf der Geschichte verbindet es sich mit der gesamten *Heilsgeschichtsdarstellung*. Durch die Sinaiperikope und das Deuteronomium verbindet es sich mit der gesamten *Tora*. Durch Jer 30-31 und die Paralleltexte wird es zu einem Stichwort der »messianischen« *Verheißungen*. Als Bezeichnung des Dekalogs oder seines ersten Gebots evoziert es den Kern des *Gottesverhältnisses*.

Das eine Wort ברית gehörte dabei, wie oben schon gesagt, zu disparaten, ja zum Teil bewußt gegeneinander stehenden Aussagesystemen. Doch ist an diesem Sachverhalt schon auf dem Weg der einzelnen Schriften zur kanonischen Einheit hin einiges verändert worden.

Im Buch Deuteronomium zeigt der Kerntext 26,17-19, daß das deuteronomische Gesetz sich als wirklichen »Vertrag« zwischen Gott und Israel versteht.[40] Als »Bund im Lande Moab« ist es in 28,69 als Ergänzung zu einer ersten ברית, dem Dekalog vom Horeb, deklariert. Das dann folgende Kapitel 29 bringt Texte des Vertragsrituals;[41] und das Kapitel 28 enthält die breit entfalteten, bedingten Segens- und Fluchtexte des Vertrags.[42]

Doch schiebt sich im jetzigen Buch in den Kapiteln 7-8 ein anderer ברית-Begriff ein: der mit keiner Bedingung verbundene Landverheißungsschwur an die Erzväter

---

[40] Vgl. Lohfink, Dt 26,17-19.
[41] Vgl. Lohfink, »Bundesschluß im Land Moab«.
[42] Vgl. jetzt Steymans, *Deuteronomium 28*.

erhält jetzt diese Bezeichnung (vgl. Dtn 7,9.12; 8,18).[43] Kapitel 4 faßt ausdrücklich das exilische Eintreten des Fluchs ins Auge, blickt auf den Erzväterbund und verheißt für die Zeit danach die erneute Zuwendung Gottes zu seinem Volk (Dtn 4,31).[44] Kapitel 30 verhält sich in der Buchkomposition zum Kapitel 4 spiegelbildlich.[45] In 30,1-14, auf die es hier ankommt, fehlt zwar das Wort ברית, doch der Text spricht vom nachexilischen Neuerbarmen Gottes, indem er die Prophetenaussagen über den »neuen Bund« aufgreift.[46] Im Deuteronomium selbst ist also die deuteronomische Bundestheologie schon von der priesterlichen und prophetischen umhüllt worden.

Etwas ähnliches geschah mit der ganz auf unkonditionierte Verheißung gestimmten priesterschriftlichen Bundestheologie im Segen- und Fluchtext des Heiligkeitsgesetzes. In Lev 26,3-13 werden nämlich die in Genesis 17 ohne jede Bedingung gegebenen Setzungen des Abrahambundes zu Segensinhalten, deren Eintreten oder Weiterdauer von Israels Gesetzesgehorsam abhängt.[47]

Allerdings wird im gleichen Kapitel der Fluch dann futurisch historisiert. In verhaltener Parallele zur prophetischen Verheißung vom Neuen Bund kündet Gott selbst am Sinai an, nach Israels Bundesbruch (Lev 26,15) und dem Eintreten aller Bundesflüche (26,25) werde er des alten Patriarchenbundes und des Bundes mit der Exodusgeneration gedenken (26,42-45)[48]. So bleibt der priesterliche Bund trotz seiner »Deuteronomisierung« eine ברית עולם, ein »ewiger Bund«.

Sogar ein letztes Thema, mit dem sich das Wort ברית im Jesajabuch und im Psalter auf zum Teil recht sublime und indirekte Weise verbindet,[49] kommt noch im Pentateuch selbst zur Sprache: die Hoffnung auf die eschatologische Völkerwallfahrt zum Zion. Denn Ex 19,3-6, das erste Gotteswort der ganzen Sinaiperikope, deutet den »Bund«,[50] der Israel aus den Völkern heraushebt, als Priestertum gegenüber allen Völkern.[51]

---

[43] Vgl. Lohfink, *Hauptgebot*, 88f und 167-218.

[44] Vgl. Lohfink, *Höre, Israel!*, 87-120 = Ders., *Studien zum Deuteronomium I*, 167-191 (Verkündigung des Hauptgebots in der jüngsten Schicht des Deuteronomiums [Dt 4,1-40]); Braulik, *Mittel deuteronomischer Rhetorik*.

[45] Vgl. Knapp, *Deuteronomium 4*, 154-157 – doch unter Beachtung der ausführlichen Kritik durch Braulik, »Einrahmung von Gemälden«.

[46] Vgl. Vanoni, »Geist und Buchstabe«; Braulik, *Deuteronomium II*, 216-220.

[47] Vgl. Lohfink, »Abänderung«.

[48] Vgl. oben Anm. 28.

[49] Für Genaueres vgl. das nächste Kapitel dieses Buches.

[50] Es bleibe offen, ob hier allein proleptisch vom bald zu schließenden Sinaibund oder – schon auf Pentateuchredaktionsebene– vom existierenden, aber inzwischen schon als konditioniert aufzufassenden Abrahambund die Rede ist, der jetzt am Sinai seinem Höhepunkt zugeführt werden soll.

[51] Die wichtigere ältere Literatur nennt Childs, *Exodus*, 340. Ferner vgl. Cazelles, »Royaume de prêtres«; Ders., »Alliance de Sinaï«; Mosis, »Ex 19.5b 6a«; Muñoz León, »Reino de sacerdotes«; Lacocque, *But as for me*; Sandevoir, »Royaume de prêtres«; Le Roux, »Holy Nation«; Ellis, *Covenant Promises*; Fuhs, »Heiliges Volk Gottes«, 154-160; Dozeman, *God on the Mountain*, 106-113; Barbiero,

Hier rückt also schon im Pentateuch selbst der am Sinai gestiftete Israel-Bund in einen Zusammenhang mit der universalen Gottesherrschaft, die ja voll erst der Endzeit zuzuordnen ist. Wie es zu ihr kommt, stellen die Prophetenbücher und die Psalmen vor allem unter dem Bild der Völkerwallfahrt dar. Diese wird in einem ihrer wichtigsten Belegtexte ebenfalls mit der Kategorie »heilig – profan« interpretiert (Jes 61,4-9),[52] und auch hier in Nachbarschaft zum Wort ברית.[53]

Das führt an den Punkt, von dem aus der spezifische Charakter der schon im Pentateuch selbst bewerkstelligten kanonischen Synthese aller so verschiedenartigen ברית-Aussagen der älteren Schriften hervortritt. Es handelt sich nicht um eine nachträgliche Behauptung, die jeweils in sich stehenden Aussagensysteme der verschiedenen biblischen Schriften, in denen vom Bund die Rede ist, seien nun doch ein einziges und als solches logisch in keiner Weise mehr widersprüchliches Aussagensystem, man dürfe halt nur nicht so genau hinsehen. Auch nicht, es sei gewissermaßen ein nun in sich in jeder Hinsicht stimmiger »kanonischer« Gesamttext konstituiert worden.[54] Vielmehr ist der Kanon mit seinen verschiedenen und untereinander durchaus zu unterscheidenden Aussagensystemen für eine bestimmte und einzige Hörsituation zusammengebaut. Er soll zu der nachexilischen, auf die kommende Gottesherrschaft harrenden Judenheit sprechen.

Sie lebt noch in der Zerstreuung oder wieder in Jerusalem, das aber keineswegs eschatologisch strahlt. Sie hat den Bundesbruch und den Eintritt des Fluches schon am eigenen Leib erfahren. Sie glaubt an Gottes Treue und an seine Verzeihung, blickt aber noch auf deren Verwirklichung voraus. In dieser Situation können ihr verschiedene Bundestheologien zugleich zugesprochen werden. Die deuteronomische, weil sie der Schuld überführt und jene Tora anbietet, die auch am Ende gelten wird. Die prophetische und ins Universale ausgreifende, weil sie die Hoffnung enthält. Die priesterschriftliche, weil sie den letzten Grund der Hoffnung angibt: Gottes durch keine menschliche Untreue aufhebbare ewige Treue.

Es kommt für Israel alles darauf an, daß es sich neu der ihm gegebenen Tora zuwendet. Insofern bleibt תורה das entscheidende Wort des ganzen Kanons. Doch dieses Wort glänzt erst, weil es vom Wort ברית in all dessen verschiedenen Färbungen beleuchtet ist.

Daß diese Hörsituation konstituierend für den Pentateuch ist, liegt auf der Hand. Denn am Ende der fünf Rollen befindet sich Israel nicht etwa im verheißenen Land. Es steht an dessen Schwelle. Hier lesend angekommen bricht man in der Synagoge

---

»mamleket koh<sup>a</sup>nîm«; Blum, *Komposition des Pentateuch*, 51f; Renaud, *Théophanie*, 142-155; Dohmen, »Sinaibund«, 70-72; Ska, »Ex 19,3-8«.

[52]   Zum Zusammenhang mit Ex 19,3-6 vgl. Fuhs, »Heiliges Volk Gottes«, 159f; Blum, »Israël à la montagne de Dieu«, 288-290.

[53]   Vgl. Jes 61,8. Zum Verständnis von Jes 61,4-7 vgl. Lohfink, Art. »יָרֵשׁ«, 985.

[54]   Dies scheint die Implikation zu sein bei Rendtorff, »Bund als Strukturkonzept«; Dohmen, »Sinaibund«, 76-81.

die Lektüre ab und beginnt von vorn. Auch viele innere Baustrukturen des Werkes erklären sich von daher. Etwa, daß schon sofort zu Beginn der Wüstenwanderung ein Passus über den Gesetzesgehorsam und Israels Erprobung steht (Ex 15,23-26)[55] oder daß die Sinaiperikope von der Abfolge »Bund – Bundesbruch – Verzeihung und Bundeserneuerung« geprägt ist, was in der Urgeschichte, wie Rolf Rendtorff gezeigt hat, schon seine gesamtmenschheitliche Vorabspiegelung hat.[56]

Im hebräischen Kanon wird diese Grundsituation, in die auch der ganze Kanon hineinspricht, auch am Ende noch einmal deutlich gemacht. Der letzte Satz des letzten Buches ist das Wort des Kyros: »Jeder unter euch, der zu seinem Volk gehört– JHWH, sein Gott, sei mit ihm – der soll (nach Jerusalem) hinaufziehen!« (2 Chr 36,23). Direkt davor war durch eine Anspielung auf Lev 26,34f auf den Schluß des Heiligkeitsgesetzes Bezug genommen worden (36,21), wo ja alle Bundestheologien im Zentrum der Tora selbst zentral verknotet sind.

## 6. Das »Neue Testament« angesichts der kanonischen Bundestheologie des »Alten Testaments«

In einer vergleichbaren Hörsituation agiert nun auch das Neue Testament. Es wird allerdings von einem neuen Standpunkt aus gelesen und gehört. Es heißt nicht mehr: »Gottes erhofftes, volles Erbarmen wird kommen, und damit sein neuer und ewiger Bund.« Vielmehr wird gesagt: »Sie sind gekommen.« Doch es geht ums gleiche. Nur eine neue Perspektive ist da.

Deshalb ist das Neue Testament auch nicht genötigt, sich nun ganz als eine Theologie des »neuen Bundes« zu stilisieren und διαθήκη gewissermaßen zum univoken Zentralbegriff zu machen. Es kann vielmehr in voller Freiheit, so wie es den Anliegen seiner einzelnen Schriften entspricht, einmal diese, einmal jene Gestalt der alttestamentlichen Bundesaussagen aufgreifen und mit ihnen argumentieren. Es eröffnet damit der christlichen Theologie die gleiche Freiheit. Die einzige Bedingung ist, daß jetzt vom Standpunkt der eschatologischen Erfüllung aus gesprochen werden sollte.

Im jüdisch-christlichen Gespräch dürften die christlichen Beteiligten allerdings nie vergessen, daß das eigentliche kanonische Leitwort in der Bibel ihrer Gesprächspartner nicht ברית »Bund«, sondern תורה »Tora« heißt. Da die תורה nach Jer 31,31-34 im neuen Bund die gleiche bleibt wie im alten, dürfen wir Christen uns auch nicht scheuen, gerade sie auch für uns wieder zum Thema zu machen.

Die Tatsache, daß das Alte Testament unter der doppelten Chiffre »Bund – Tora« zusammengefaßt werden kann, berechtigt auf jeden Fall dazu, auf der Ebene des christlichen

---

[55] Vgl. Lohfink, »Jahwe, dein Arzt«.

[56] Vgl. Rendtorff, »Bund als Strukturkonzept«.

Gesamtkanons auch im dort letztlich kanonbestimmenden Neuen Testament der Chiffre »neuer Bund« ein größeres, ja das entscheidende Gewicht zu geben. Mindestens scheint es so. Hier würde auch eine Schriftbasis dafür sichtbar, daß sich der Sprachgebrauch »Altes – Neues Testament« im christlichen Sprachgebrauch und in der christlichen Theologie durchgesetzt hat.[57]

Mit allen in diesem Kapitel vorgelegten Ausführungen ist natürlich nur geklärt, *daß* es möglich ist, biblische Theologie des »Bundes« zu erheben. Wo sie ansetzen und wie sie aussehen könnte, hat sich höchstens in allerersten Umrissen gezeigt. Die folgenden Kapitel sollen hier mehr ins einzelne gehen. Allerdings nur unter einem einzigen Aspekt: dem des Rechtes, die Kategorie des »Bundes« nicht nur im Blick auf Israel, sondern auch im Blick auf die »Völker« zu verwenden. Dies ist der schwierigste Aspekt. Doch zugleich muß vor allem von ihm im jüdisch-christlichen Gespräch gehandelt werden.

---

[57] Diese Überlegung würde genau so gelten, wenn die abwertenden, ja diffamierenden Konnotationen, die aufgrund des heutigen evolutionistischen Lebensgefühls beim Wort »alt« leicht aufkommen, dazu führen sollten, daß das Begriffspaar »Erstes Testament – Neues Testament« das traditionelle Begriffspaar »Altes Testament – Neues Testament« im Sprachgebrauch ablöst. Es ist im Neuen Testament ebenfalls belegt: im Hebräerbrief – dort durch den Zusammenhang allerdings noch viel eher negativ beladen als das übliche Begriffspaar »Altes Testament – Neues Testament« an seinem Herkunftsort im 2. Korintherbrief.

# III.

## Bund und Tora bei der Völkerwallfahrt
## (Jesajabuch und Psalm 25)[1]

In der Hebräischen Bibel gibt es ein Aussagensystem, in dem zwei »Bünde« Gottes einander zugeordnet sind, ein erster mit allen Menschen und Tieren, ein zweiter mit Israel allein. Es findet sich in der »priesterlichen Geschichtserzählung«. Die beiden »Bünde« sind der »Noachbund« (Gen 9,1-17) und der »Abrahamsbund« (Gen 17,1-22). Doch von dieser Doppelung abgesehen scheint »Bund« in der hebräischen wie in der alexandrinischen Bibel eine Prärogative Israels zu sein. Das gilt auch von der »Tora« im Sinne des Sinaigesetzes. Es ist nicht einmal anders beim »neuen Bund«, der in Jer 31,31-34 für »bald kommende Tage« verheißen wird:

> Es sind Tage am Kommen — Spruch des Herrn —, wo ich mit dem Haus Israel und dem Haus Juda einen neuen Bund schließen werde (Jer 31,31).

Auch für jene andrängende Zukunft spricht Jeremia also nur von Israel.[2] Von den Völkern ist keine Rede. Das ist auch nicht der Fall in den parallelen Texten Jer 32,37-41; 50,4-5; Ez 16,59-63; 34,23-31; 37,21-28, die ebenfalls von einem zukünftigen Bund handeln.

Auch der zweimal überlieferte Haupttext über die Völkerwallfahrt (Jes 2,2-5; Mi 4,1-4) klingt so, als werde von den Völkern, die in der Zukunft (in »späteren Tagen«[3]) zum Zion ziehen werden, nur erwartet, daß sie dort den Gott Israels verehren und daß sie auf dem Zion lernen, untereinander Frieden herzustellen. Letzteres könnte man durchaus dem priesterschriftlichen Noachthema zuordnen. Ein

---

[1] Dieses Kapitel geht auf einen Vortrag bei der christlich-jüdischen Theologischen Tagung der Sions-Schwestern im Januar 1991 in Ammerdown, England, zurück. Er wurde gedruckt als Lohfink, »Covenant«. Die Abschnitte über die Völkerwallfahrtstexte und den Psalter sind in Kurzfassung auf deutsch schon erschienen als Lohfink, »Neuer Bund und Völker«. Die hier vorliegende Fassung ist wesentlich erweitert und gründlich überarbeitet.

[2] Genau genommen handelt es sich sogar um die beiden Staaten des geteilten Reiches (»Haus« dürfte hier die Bedeutung »Staat« haben): Israel und Juda. Entgegen dem textkritisch sinnlosen »add« des Apparats der BHS bei יהודה ואת־בית »und mit dem Haus Juda« ist der überlieferte Text eindeutig. Seine Vorgeschichte ist nicht Sache der Textkritik. Die Doppelgröße Israel-Juda ist hier wohl eingeführt, weil der Hauptredaktion des Textes Orakel über Israel und Orakel über Juda vorlagen, von ihr auch in den Text aufgenommen wurden und von 31,31 an weitergeführt und interpretiert werden sollten. Die Doppelgröße Israel-Juda wird dann in 31,33 in die zukünftige Größe eines einzigen, beide genannten Größen umschließenden ישראל בית »Haus Israel« überführt. Vgl. Thiel, *Jeremia 26-45*, 21f.

[3] Während in Jer 30-31 von באים ימים, »Tagen«, die (bald) »kommen« werden, gesprochen wird, lautet die Zeitangabe in Jesaja 2 und Micha 4: הימים באחרית »in späteren Tagen«. Das ist weniger imminent, aber nicht notwendig eschatologisch im üblichen Sinn. Vgl. zuletzt Schwienhorst-Schönberger, »Zion«, 115f.

»Bund« wird nicht erwähnt.[4]

Wo der jüdisch-christliche Dialog theologisch geworden ist, kreist er, wie im ersten Kapitel dieses Buches ausgeführt, nicht selten um das Wort »Bund«. Wir Christen ahnen dabei oft gar nicht, wie seltsam die uns so selbstverständliche Überzeugung, wir stünden in dem von Jeremia angesagten »neuen Bund«, in jüdischen Ohren klingen muß.

Da ist schon die Frage, ob der Jeremiatext denn wirklich von einem »messianischen« Ereignis spreche oder nicht eher von etwas, das sich schon bald in der Geschichte des Volkes Israel erfüllt hat und immer wieder erfüllen kann.[5] Aber selbst wenn man von ihr absieht: In keinem biblischen Text, der eine Wallfahrt der Völker zum Zion verheißt, wird mit klaren Worten gesagt, die Völker würden auf dem Zion in Israels Bund aufgenommen.

Wenn wir Christen die Verheißung des Jeremiabuches trotzdem auch auf die Völker anwenden, dann legitimieren uns dazu offensichtlich nur die Schriften des Neuen Testaments. Sie beziehen den nach ihrer Überzeugung mit Jesus gekommenen neuen Bund auf alle, die sich Jesus anschließen, auch wenn sie aus den Völkern stammen. Sie deuten mit der Formulierung aus Jeremia 31 das Herrenmahl, das von allen Christen, nicht nur den Judenchristen, gefeiert wird. Wenn man das Wort »neu« in den Abendmahlsworten historisch auf Jesus zurückführt und das Abendmahl von Anfang an in einem Israel überschreitenden Völkerhorizont sieht, hat auch Jesus selbst das Jeremiawort schon so verstanden. Wenn nicht, taten es zumindest seine Anhänger sehr bald.

Theologisch gesprochen könnten wir Christen aus den Völkern an sich auch damit leben, daß die völkerumgreifende Weite der Verheißung eines »neuen Bundes« erst bei ihrer Erfüllung deutlich geworden wäre. Ein theologisches Gespräch mit den Juden wäre auch dann möglich. Denn die Bibel Israels spricht sowohl von der Wallfahrt der Völker zum Zion als auch von einem »neuen Bund«, und beides verheißt sie im Blick auf die Zukunft. So läßt sich auch von der Bibel Israels her das Gespräch darüber, wie sich die beiden Aussagen zueinander verhalten und ob sie sich irgendwie verbinden, gar nicht umgehen.

Aber es will doch – gegen alles bisher Ausgeführte – scheinen, daß dieses Gespräch schon in der Bibel Israels selbst angefangen hat. Schon die Hebräische Bibel beschäftigt sich mit der Frage, ob bei der endzeitlichen Wallfahrt der Völker alle, die zum Gott auf dem Zion ziehen, auch Tora erhalten und seinem Bund mit Israel zugesellt werden. Die Antwort scheint, gegen den ersten Anschein, sogar ein Ja sein.

Dieses Ja ertönt allerdings keineswegs laut und unüberhörbar. Eher hauchen die Schriften Israels es gerade noch hin. Aber sie sagen es. Sie bereiten die Aussage

---

[4]   Bei Micha kommt das Wort ברית »Bund« im ganzen Buch nicht vor.

[5]   Vgl. hierzu: Lohfink, *Niemals gekündigter Bund*, 59–74.

sogar schon im Kernstück des jüdischen Kanons, in der Tora, insgeheim vor. Es handelt sich um die Eröffnung der Sinaiperikope in Ex 19,3-8. Oben in Kapitel 2 wurde davon schon gesprochen. Sie sagen es dann in den Psalmen, in einer Weiterführung der Aussagen zur Völkerwallfahrt, von der sowohl Prophetenbücher als auch Psalmen sprechen. Davon soll jetzt die Rede sein. Offenbar hat die moderne Bibelwissenschaft diesen Sachverhalt noch nicht wirklich in den Blick bekommen.[6]

Zur Durchführung dieses Programms: Aus Jeremia 31 wird vorausgesetzt, daß Tora und Bund zueinander gehören, und das auch im »neuen Bund«. Deshalb sollen die Völkerwallfahrtstexte nicht nur zum Bund, sondern auch zu ihrer Aussage über die Tora befragt werden. Ferner soll die hebräische Bibel gemäß dem Ansatz dieses Buches synchron gelesen werden – in der kanonischen Intertextualität aller Bücher. Doch bleibt die Untersuchung bewußt auf der Ebene der Schriften Israels, zieht also nicht das Neue Testament in die Intertextualität hinein. Es kommt gerade darauf an, die Frage auf einer historischen Stufe zu klären, die dem Neuen Testament noch vorausliegt.

Der Ansatz entspricht im Entscheidenden dem der jüdischen Bibelauslegung, wenngleich diese in ihrem traditionellen Hauptstrom im Detail mit anderer Hermeneutik und Methodologie arbeitet. Damit ist auch die Hoffnung gegeben, daß die nun folgenden Beobachtungen und Überlegungen für den jüdisch-christlichen Dialog hilfreich sein können.

Nach einer Analyse der Grundstellen zur Völkerwallfahrt soll, auch der vollen Ehrlichkeit halber, zunächst dargelegt werden, daß – entgegen bisweilen geäußerten Vermutungen[7] – der »Bund« im ganzen Jesajabuch allein Israel zugeordnet und niemals, auch nicht für die Zukunft, den Völkern zugesagt wird.[8] Dann soll im Psalter eine bestimmte Linie nachgezogen werden, die am Ende zu Ps 25,14 führen wird. Es sei nicht ausgeschlossen, daß es in der hebräischen Bibel vielleicht auch noch andere Linien gibt, die man mithilfe des Leitworts בְּרִית »Bund« verfolgen

---

[6] Als sehr exaktes Summarium dessen, was die wissenschaftliche Exegese im Augenblick zur Teilhabe der Völker am Heil Israels nach der Bibel Israels sagt, vgl. Groß, »Die Religionen der Nicht-Israliten«. Ex 19,3-8 wird dort zum Beispiel nicht diskutiert.

[7] Aus jüngerer Zeit und durchaus im Blick auf die hier verfolgte Problemstellung vgl. etwa Lauha, »Bund des Volkes«. Für jene Vorstufe des Textes, in der das Wort in die Tradition eingeführt wurde, vgl. Steck, »Bund und Licht«.

[8] Das Jesajabuch ist bei diesen Fragen vor allem auch deshalb wichtig, weil sowohl in Qumran als auch im Neuen Testament Jesaja »der bevorzugte Autor« ist, »speziell hinsichtlich der Teile, die man als Deutero-Jesaja bezeichnet. [...] Im LkEv und in Act nimmt die Neigung, sich auf Jesaja zu berufen, besonders zu, aber schon lange zuvor war die Berufung der Heiden ein wichtiger Bereich des Einflusses Jesajas auf das Neue Testament« – so Berger, *Theologiegeschichte des Urchristentums*, 24f.

könnte.[9] Eine weitere Fährte kann die sogenannte Bundesformel bieten. Im Blick auf sie soll dann im folgenden Kapitel 4 der Psalm 33 untersucht werden.


## I. Die Tora in Jesaja 2 und Micha 4

### 1. Gottes Tora für die Völker

Ähnlich wie der Dekalog im Pentateuch zweimal steht, steht im Prophetenkanon der Text über die Wallfahrt der Völker zum Zion zweimal. Das zeigt sein Gewicht an. Er enthält, wie schon gesagt, nicht das Wort ברית »Bund«. Doch findet sich das Wort תורה, hier am besten mit »Weisung« übersetzbar – wobei jedoch zu beachten ist, daß es im Hebräischen die Bezeichnung für die grundlegenden Bücher der ganzen heiligen Sammlung darstellt. Zuvor schon, zu diesem Wort hinführend, steht das Verbum ירה »lehren«, das wurzelgleich ist:

> Er wird[10] uns aus dem Vorrat seiner Wege belehren (ירנו מדרכיו)[11],
> und wir werden dann auf seinen Pfaden (בארחתיו) schreiten.
> Denn vom Zion geht aus »Tora« (תורה),
> und Wort JHWHs (דבר־יהוה) von Jerusalem (Jes 2,3 = Mi 4,3).

---

[9] In diesem Zusammenhang wird manchmal Jes 56,1-7 genannt, auch in der jüdischen Tradition. Doch scheint es hier nicht um die Völker, sondern nur um Einzelne aus den Völkern zu gehen. Das Wort ברית »Bund« scheint sich außerdem eingeschränkt auf das Sabbatgebot (in der Fassung von Ex 31,13-17) zu beziehen. Weiteres unten.

[10] 1QJes^a liest ירונו, also: »Sie werden (oder: man wird) uns belehren«. Dem entspricht Mi 4,2 LXX δείξουσιν ημιν. Der ursprüngliche Konsonantentext dürfte der des MT gewesen sein. Doch gab es offenbar für beide Prophetenbücher eine pluralische Lesetradition. Sie ist gegenüber der singularischen als die *lectio difficilior* zu betrachten, da der Text in ihr komplizierter ist. Da sie der im folgenden erarbeiteten Auslegung entgegenkäme, sei aber sicherheitshalber das im jetzigen Fragezusammenhang schwierigere masoretische Verständnis zugrundegelegt.

[11] Die Einführung des Objekts von ירה Hifil mit מן ist in der ganzen hebräischen Bibel einmalig (2 Sam 11,20.24 hat מעל, und das Verb wird in völlig anderer Bedeutung gebraucht). Am nächsten liegt die partitive Deutung, die man im Deutschen eine umständliche Formulierung erfordert. Delitzsch, *Jesaja*, 71, verweist für die Konstruktion auf Jes 47,13 (mit ידע Hifil) und Ps 94,12 (mit למד Piel). Neueste Darlegung in diesem Sinne: Jensen, *Use*, 92f. Wolff, *Micha*, übersetzt: »daß er uns lehre aufgrund seiner Wege«. Er verweist für diese Deutung des מן auf Brockelmann, *Syntax*, § 111,e.h. Doch ist kaum ersichtlich, wie man sie von dorther begründen könnte. Wenn sie möglich wäre, müßte man natürlich fragen, was konkret unter den »Wegen« des Gottes Jakobs, »aufgrund deren« er die Völker belehrt, zu verstehen sei. Rudolph, *Micha*, 80, Anm. 9, der die partitive Deutung vertritt, meint zwar, es gehe um die Offenbarung eines Stücks des »göttlichen Heilsplans«. Aber der Text läuft auf Weisungen hinaus. So wird man, folgt man Wolffs Übersetzung, am Ende sicher sagen müssen, in nachexilischer Zeit könne mit den »Wegen« nur Israels Tora gemeint sein, die Gott selbst dann auslegt. Die nun folgenden weiteren Ausführungen wären dann überflüssig. Wegen der Schwierigkeiten dieser Übersetzung sei aber doch lieber genauer nachgefragt.

Dieses Wort entwirft im masoretischen Text ein konsistentes Bild. Gott ist der Handelnde. Sein Lehren (und damit seine »Tora«) besteht oder setzt sich fort im Rechtsentscheid (ושפט) und in der zu neuem Handeln überzeugenden Rede (והוכיח) Gottes. Ein Orakel wird erfragt und ergeht. Die Völker handeln in seinem Sinne: Sie beenden ihre Kriege und machen kommende Kriege durch Abrüstung und Verzicht auf militärische Ausbildung unmöglich.

## 2. Völkertora und Mosetora – Textanalyse

Die »Tora« der Völkerwallfahrt ist, wie der Parallelismus ausweist, »Wort JHWHs«, das jetzt ergeht. Insofern muß beim ersten Blick das Wort »Tora« nicht notwendig die im Pentateuch enthaltene Tora Israels bezeichnen, zumal diese in den die Bibel dominierenden Belegen nicht als Tora *Gottes,* sondern als Tora *Moses* auftritt.[12] Es kann an ein ganz neues, eschatologisch das gesellschaftliche Gefüge der Menschheit ordnendes »Lehren« des Gottes vom Zion gedacht sein.[13] Aber hat es mit jener Tora, die Israel in seinem Bund gegeben ist, gar nichts zu tun?

Dem zweiten Blick, zu dem vielleicht die Unterstreichung des Worts תורה »Tora« durch das davorstehende Verbum ירה *järäh* »lehren« den Anstoß gibt, zeigen sich tatsächlich Zusammenhänge.

Das Völkerwallfahrtswort beginnt mit der Bildchiffre der Berge und Hügel. Die Weltlandschaft verwandelt sich. Der Zion wird zum höchsten der Berge. Neben ihm gibt es nur noch Hügel, die seine Höhe nicht erreichen. Was meint dieses Bild?

Es will nicht das bleibende Wesen des Tempels beschreiben, wie zum Beispiel entsprechende Aussagen in mesopotamischen Tempelweihtexten.[14] Selbst wenn eine traditionsgeschichtliche Abhängigkeit bestehen sollte – die Aussage gilt ja jetzt, wo der Tempel schon steht, noch nicht. Erst in der Zukunft wird sich etwas wandeln. So kann hier nicht sein bleibendes Wesen ins Auge gefaßt sein.

Üblicherweise deutet man das Bild sofort von dem nachher den Spruch beherrschenden Orakelvorgang her. Der Zion wird deshalb alles andere überragen, weil er zur bedeutendsten oder einzigen Orakelstätte der Welt wird. Mit irgendeinem Bezug auf die dort lebende gesellschaftliche Realität Israel muß man dann nicht rechnen. Man muß dagegen die niedrigeren Hügel, an deren Stelle noch im gleichen Vers wie selbstverständlich die Völker treten, analog als die Tempel und

---

[12] Vgl. Lohfink, »Jahwegesetz«. Besonders zu beachten ist auch, daß in Jos 1,7f und Mal 3,22 die Zuordnung des gesamten Prophetenkanons zur Tora durch die Rahmung mit dem Stichwort »Tora Moses« geschieht.

[13] In diesem Sinne spricht, vor allem von diesem Text her, Hartmut Gese von einer endzeitlichen »Zionstora«, die durchaus eine »neue Tora« sei: Ders., *Zur biblischen Theologie,* 75.

[14] Vgl. Stolz, *Strukturen und Figuren,* 79 und 110-121.

Orakelstätten anderer Götter in der weiten Welt betrachten – wiederum, ohne daß ein spezieller Bezug auf die dort jeweils lebenden Völker mitgedacht werden müßte. Letztlich ginge es um Gott und die Götter. Die Götter dieser Orakelstätten wären in der anvisierten Stunde der Geschichte kraftlos geworden. Denn keine hilfreichen Orakel ertönten dort mehr.

Ausgangspunkt des Wortes von der Völkerwallfahrt wäre also der überall außerhalb Israels bevorstehende Götterschwund. Von Jesaja 40 ab ist das bekanntlich ein Thema. Aber ist es wirklich der Aspekt, der den Text in Jesaja 2 und Micha 4 bestimmt?

Dieser Text strebt im Fortgang eindeutig auf Fragen der zwischenmenschlichen Zerstrittenheit zu. Mindestens beim Weiterlesen, wenn das zunächst vielleicht noch für mehrere Deutungen offene Bild sich näher erschließt, muß das Überragen des Zion etwas zu tun haben mit dem Frieden, den die Völker untereinander nicht finden, den sie aber suchen und dann vom Zion her erhalten. Die Frage nach dem Schwinden göttlicher Gegenwart in den Tempeln der Welt ist impliziert, wird aber nicht thematisch.

So müssen doch wohl auch schon im anfänglichen Bild die Hügel die Völker gemeint haben: als Realitäten, in denen es um Streit oder Frieden geht, als gesellschaftliche Größen also. Wenn aber die Hügel für die Völker standen, warum nicht entsprechend auch der alles überragende Zionsberg für die Bewohner Jerusalems?

Wenn nun in diesem Zusammenhang das Wort Tora so deutlich unterstrichen wird, dann legt sich nah, daß die von Jerusalem aus an die Völker ergehende Tora mit jener friedenstiftenden Tora zusammenhängt, die das auf dem Zion lebende Israel besitzt. In Jesaja 2 oder Micha 4 angekommen, weiß auch jeder Leser der Bibel längst genau, um welche Tora es sich handelt. Das alles ist im übrigen noch deutlicher, wenn יֹרֻנוּ »sie werden uns Lehre erteilen« (mit pluralischem Subjekt) zu lesen ist, was wohl wirklich die ursprüngliche Lesart war. Dann ist die Belehrung gar nicht mehr unmittelbar an JHWH gebunden. Die Menschen in Jerusalem, seien es einzelne Vermittler des JHWHwortes, seien es alle, sind direkt im Blick.

Daß in zukünftigen Tagen der Zion alle anderen Berge deshalb überragen wird, weil in Jerusalem die Tora regiert, wird noch deutlicher, wenn man auf den Vers achtet, der das Prophetenwort abschließt. Jes 2,5 fordert das »Haus Jakob« auf, im Licht JHWHs zu wandeln. Hier wird die Metaphorik des Sonnengottes benutzt. Er ist zugleich der Gott der Gerechtigkeit.[15] Das Haus Jakobs soll beginnen, gerechte Gesellschaft zu werden. Diese Aufforderung ergeht jetzt, und sie ergeht im Blick auf das, was für »spätere Tage« (2,2) angesagt ist. Die Logik ist: Wir sollen jetzt zur gerechten Gesellschaft werden, damit eintreten kann, was Gott in späteren

---

[15] Vgl. Janowski, *Rettungsgewißheit I*; Langer, *Gott als Licht*; Smith, *Early History*, 115-124; Keel/Uehlinger, *Göttinnen*, vor allem die Zusammenfassungen: 318-320 und 464f; Taylor, *Yahweh and the Sun*.

Tagen wirken will. Daß der Berg mit dem Haus JHWHs die anderen Hügel überragt, hängt vom Geschick der Tora in Israel ab. Erst wenn sie dort zu leuchten beginnt, kann aus ihr heraus Zionstora in die Welt der Völker hinein ergehen.[16] Damit ist zumindest bei Jesaja vom Abschluß des Wortes her klargestellt, daß die Tora von 2,3 auch innerlich mit der Israel von seinem Gott gegebenen Tora zusammenhängt.

Mi 4,4 hat für das Orakel einen anderen Abschluß. Er expliziert das Bild des Völkerfriedens in die familiäre Dimension hinein. Auch klingt der dann nach der Abschlußformel noch folgende Vers 5 weniger ethos- und stärker kultorientiert als Jes 2,5. Seine pragmatische Spitze scheint die Ermahnung zur Treue und Ausdauer zu sein, solange das zuvor für die späteren Tage Angekündigte deshalb, weil die anderen Völker weiter ihre alten Götter anbeten, noch nicht sichtbar werden will.[17] Der Vers ist insofern nicht ein Interpretationsschlüssel für die vorangehenden Verse 1-4. Aber selbst wenn er das wäre, geriete für die Deutung des Bildes vom hochragenden Berg Zion die Größe »Wir« = Jakob-Israel in den Blick, wenn auch formal unter der Rücksicht der Treue zum Gott Jakobs. Israels durchgehaltene Treue zu JHWH wäre im Blick auf die Wahrheit von 4,1-4 wichtig. Man könnte selbst für die Michafassung des Wortes nicht sagen, daß keinerlei »Beteiligung Israels an diesem Geschehen« auch nur »mit einem Wort angedeutet wäre«.[18]

## 3. Völkertora und Mosetora – Kontextanalyse

Noch deutlicher wird alles aus der Leserführung auf das Prophetenwort hin, und zwar in beiden Büchern.

Das Jesajabuch handelt von 1,21 an von der verlorenen Gerechtigkeit der »Stadt«. Von 1,24 an greift JHWH ein, um wieder Gerechtigkeit herbeizuführen. 1,28-31 schildern nochmals den Untergang der Abtrünnigen. Das Thema Zion wird über diesen Text hinweg dann wieder in 2,2 aufgegriffen. Das ist unser Text, und er setzt mit dem Bild vom hochaufragenden Berg Zion ein. Kann man dieses Bild nach solchem Vorlauf eigentlich anders als unter dem Gesichtspunkt »Gerechtigkeit«

---

[16] Das Targum Jonatan nimmt die im Hebräischen vorgegebene Wiederholung des לכו »auf!, gehet!« von Jes 2,3 in 2,5 zum Anlaß, das Bild des Lichtes JHWHs in 2,5 durch אלפן אוריתא דיוי »Lehre des Gesetzes JHWHs« zu deuten. Es greift dabei nicht nur auf seine Formulierungen in 2,3 zurück, sondern stellt mit אלפן »Lehre« zugleich eine Gegensatzanknüpfung an das »Lernen« des Krieges in 2,4 her. Dies scheint eine durchaus sachgemäße Auslegung zu sein. Zum Licht als Bild der Tora vgl. Vermes, »Torah«.

[17] כי ist konzessiv (»wenn auch, selbst wenn«) zu nehmen. Vgl. Wolff, »Schwerter zu Pflugscharen«, 288, unter Berufung auf Vriezen, »Bindewort kī«. Vriezen behandelt Mi 4,5 allerdings nicht.

[18] So Groß, »YHWH«, 39.

aufschlüsseln? Dann muß die vom Zion ergehende Tora aber von vornherein im Zusammenhang mit jener Tora stehen, aus der heraus die Bewohner der Stadt wissen, wie sie gerecht leben können. Wie einleitend gesagt: Es geht hier um synchrone Analyse des endgültigen Textes im Bücherzusammenhang des Tanach.

Im Michabuch wird das (un)soziale Verhalten von 2,1 an immer wieder zum Thema.[19] Vorher gab es in 2,12f schon einmal eine eingeschobene Kontrastaussage, die aber in viel nähere Zukunft zu weisen scheint als 4,1-4. Nach 2,12 bildet 3,9-11a den Höhepunkt. Es ist eine Anklage Zions wegen Ungerechtigkeit.[20] In 3,12 folgt das Urteil: Zion wird zum bebauten Acker, ja noch mehr, Jerusalem wird zum Trümmerhaufen, der »Berg« des »Hauses« zum Buschwald. Es gibt also keinen von einem »Haus« gekrönten, stolz aufragenden Tempelberg mehr. Dies ist der kontrast-assoziative Auslöser für das Orakel vom alle anderen Berge überragenden »Berg« des »Hauses JHWHs« in »späteren Tagen«.[21] Der Zwischengedanke in 3,11b war übrigens die Aussage bezahlter Lügenpropheten, JHWH sei auf jeden Fall (selbst wenn dort Ungerechtigkeit herrscht) in Jerusalems Mitte.

Die gesellschaftlichen Verhältnisse in Jerusalem sind also schon lange Thema, wenn der Leser den Text von Mi 4,1-4 erreicht. Es ist längst für unmöglich erklärt, daß JHWH in Jerusalems Mitte sein könne, falls auf dem Zion Unrecht herrscht. Wenn also nach 4,1-4 in zukünftigen Tagen JHWH zweifellos in Zions Mitte ist und deshalb der Berg so hoch über die anderen Berge = Völker emporragt, dann ist das nicht denkbar, außer dort herrscht wieder Gerechtigkeit. Die Tora, die die Völker suchen, muß mit dieser Gerechtigkeit, und damit auch mit der in sie einweisenden Tora Israels zu tun haben.

Abschließend läßt sich also sehr wohl sagen, daß der Grundtext von der Wallfahrt der Völker zum Zion den Völkern als Frucht ihres Zuges eine Tora verheißt, und daß diese Tora mit der Tora Israels zu tun hat.[22] Mehr nicht. Nicht, daß es nun die Tora des Mose sei, die an die Völker weitergegeben würde. Erst recht fällt von Bund kein Wort. Aber was gesagt wird, ist schon viel.

---

[19] Für das Folgende vgl. vor allem die synchrone Analyse bei Niccacci, *Profeta*.

[20] Dabei erscheint zum erstenmal im Michabuch in 11a (in negativer Aussage) das Verbum ירה »lehren«.

[21] Vgl. Wellhausen, *Kleine Propheten*, 142: »Es ist klar, dass 4,1 gegensätzlich an 3,12 anschliesst: zunächst wird Jerusalem zerstört, dermaleinst wird es der Magnet für alle Völker.« Auf der folgenden Seite formuliert er, 4,1ff solle »ein Pflaster auf die durch 3,12 gerissene Wunde sein.«

[22] Noch radikaler in die gleiche Richtung argumentiert Schwienhorst-Schönberger, »Zion«, 117-121. Neben Kontextanalysen bringt er vor allem auch Überlegungen zur Bedeutung des Wortes תורה »Tora« in der vermutlichen Abfassungszeit des Textes. Ein weiteres Argument zugunsten der vorgetragenen These ließe sich von der bei Otto, »Techniken der Rechtssatzredaktion«, 140-143, erarbeiteten redaktionellen Struktur von Mi 4,1-5,14 aus entwickeln. Denn dann sind 4,1-5 und 5,9-14 strukturell aufeinander bezogen und insofern komplementär. In 5,9-13 wird jedoch die Durchsetzung der Tora in Jerusalem durch JHWH dargestellt.

## II. Tora, Bund und Völker im Jesajabuch

Das Thema »Verhältnis Israels zu den Völkern« spielt im Jesajabuch eine größere Rolle als in anderen biblischen Büchern.[23] Das mit diesem Thema gegebene Problem muß durch die lange Redaktionsgeschichte des Buches hindurch immer wieder brennend gewesen sein, vor allem aber in den letzten Phasen.[24] Der klassische Text über die Völkerwallfahrt zum Zion hat uns schon zum Jesajabuch geführt. So dürfte es sinnvoll sein, wenigstens kurz gerade dieses Buch nach dem Bezug der Völker zu Israels Tora und Israels Bund in der verheißenen Zukunft zu befragen.[25] Die beiden Wörter תורה »Tora« und ברית »Bund« stehen im Jesajabuch je 12 mal.[26] Vielleicht sind diese Zahlen schon ein Signal für die Bedeutung der beiden Wörter.[27]

### 1. Tora in der Bucheröffnung

Vertraut man sich der Leserführung durch das Buch selbst an, dann wird man sofort am Anfang mit einer doppelten Tora konfrontiert. Tora wird sowohl Israel (1,10) als auch den Völkern (2,3) gegeben, und sie wird in beiden Fällen im

---

[23] Vgl. Davies, »Destiny«.

[24] Dazu vgl. Groß, »Wer soll YHWH verehren?« Der Beitrag beschäftigt sich nur mit Spätphasen des Jesajabuchs. Er ist redaktionsgeschichtlich angelegt, während im folgenden eine synchrone Endtextbetrachtung versucht werden soll. Auf S.150f findet sich auch Information und Urteil über den Stand der redaktionsgeschichtlichen Erforschung des Jesajabuchs. Groß lehnt sich an die breitgefächerte Hypothesenbildung von Odil Hannes Steck (und dessen Schüler R. G. Kratz) an. Über sie gibt jetzt unter der hier interessierenden Fragestellung wohl vor allem Steck, »Gottesvolk und Gottesknecht«, Auskunft. Dort finden sich ebenfalls viele Verweise auf die vorausgesetzten Einzeluntersuchungen. Walter Groß hat die Thesen des oben zitierten Artikels unter einer etwas anderen Fragestellung in seinen Aufsatz »Israel und die Völker« integriert. In ihm greift er auch auf eine ältere Fassung dieses Kapitels zurück. Ich danke ihm für den aufmerksamen Gedankenaustausch, der sich zwischen uns zum Thema ergeben hatte. Für die zweite Hälfte des Jesajabuchs vgl. zum Thema neuestens auch Ruppert, »Heil der Völker«.

[25] Für alles Folgende, soweit es das Wort תורה betrifft, sei auf Fischer, »Bedeutung der Tora Israels«, hingewiesen. Unsere Untersuchungen sind unabhängig voneinander entstanden. Umso erfreulicher ist die breite Konvergenz. Erst bei der AGAT-Tagung in Bonn 1994 haben wir gegenseitig Kenntnis von unseren Arbeiten erhalten und die fast druckfertigen Manuskripte ausgetauscht.

[26] תורה: 1,10; 2,3; 5,24; 8,16.20; 24,5; 30,9; 42,4.21.24; 51,4.7; ברית: 24,5; 28,15.18; 33,8; 42,6; 49,8; 54,10; 55,3; 56,4.6; 59,21; 61,8.

[27] Von den ברית-Belegen müssen bei unserer Fragestellung allerdings sofort ausgeschieden werden: 28,15.18 (Bund der Menschen mit dem Tod); 33,8 (wohl politischer Vertrag). Die verschiedene Verwendung des Wortes hindert nicht, daß diese Stellen bei zahlensymbolischen Andeutungen des Textes mitzuzählen sind.

Parallelkolon als »Wort JHWHs« bezeichnet.[28]

Natürlich ist die an Israel ergehende Tora in 1,10 zunächst das dann folgende Wort 1,11-17. Doch dieses Wort fordert nicht irgendeine Einzelheit des Verhaltens, sondern wertet den ganzen Verhaltensentwurf Israels: Was steht für Israel an erster Stelle – der Kult oder die Gerechtigkeit? Der dann folgende Text hebt charakterisierend die Stichwörter משפט »Recht« und צדק »Gerechtigkeit« heraus,[29] die schon aus den pentateuchischen Weisungen für das Gerichtswesen (Leviticus 19 und Deuteronomium 1 und 16) bekannt sind. Auch hier in Jesaja 1 steht die Handhabung des Gerichts im Zentrum der Aufmerksamkeit. Das verbindet intertextuell. Andererseits geht es um mehr als nur um das Gerichtswesen, es geht um das Ganze des Verhaltens Jerusalems. Insofern wird die ganze Tora Israels, die der Leser des Prophetenkanons ja längst kennt, in neues Licht gerückt und durch das Wortpaar צדק ומשפט gekennzeichnet.

Es ist in der jüngeren Jesajaauslegung genügend herausgearbeitet worden, daß hier am Anfang des Buches vieles ans Buch Deuteronomium anklingt, von dem an Dtn 32,1 erinnernden Zeugenaufruf an Himmel und Erde in 1,2 bis hin zur Anrede in 1,10 selbst.[30] Diese Anrede an die »Herrscher von Sodom« und das »Volk von Gomorra« verweist zwar einerseits ins Buch Genesis (Gen 18,20; 19,24f), andererseits aber auch auf das feierliche Ende der Tora. Denn in Dtn 29,22, wenn die Verödung des Landes und der Brand der Städte Israels angedroht werden, über die bei Jesaja die Verse 1,7-9 klagen, stehen die beiden Städtenamen ebenfalls.[31]

Eine neue Tora ergeht also aus Prophetenmund, doch sie ist nur die Aktualisierung *der* Tora Israels. Neben sie tritt sofort die Tora, die nach Jes 2,3 in späterer Zeit von Zion aus an die Völker ergehen soll.

So befindet sich am Anfang des Buches ein spannungsgeladener Auftakt, in dem alles Spätere schon angelegt ist, wenn auch vorerst nur mit dem Stichwort »Tora«. Das Wort »Bund« steht hier noch nicht.

---

[28] Für die Frage nach den Tora-Aussagen des historischen Jesaja und seiner authentischen Texte vgl. Smith, »Use of תורה«; Jensen, *Use of tôrâ*, 65-121.

[29] Jes 1,21.26f. Zum Zusammenhang: Auch in 1,17 fällt schon das Wort משפט, und in 1,17 und 1,23 verbindet das Thema der Sorge für das Recht von Waisen und Witwen (deuteronomische Reihenfolge der beiden Wörter, anders als in 10,2!) die beiden Textstücke. Zu der Wortabfolge bei Waisen und Witwen vgl. Lohfink, »Deuteronomistische Bearbeitung«, 96-100.

[30] Am detailliertesten sind die Angaben bei Kaiser, *Jesaja 1-12*. Es geht mir hier nur um das Faktum der Entsprechungen, nicht um dessen inzwischen üblich gewordene literar- und redaktionsgeschichtliche Erklärung.

[31] Vgl. noch Dtn 32,32.

## 2. Tora bis Jesaja 39

Bis zu dem mit Kapitel 40 beginnenden Buchteil erscheint in dem hier interessierenden Aussagenzusammenhang auch weiterhin nur das Wort »Tora«, nicht das Wort »Bund«.[32] Mit einer Ausnahme ist »Tora« nur auf Israel bezogen.[33] Israel hat an allen Stellen ein negatives Verhältnis zur Tora. Es weist sie spottend von sich (5,24; 30,9), und der Prophet muß die Tora durch einen Kreis von Schülern (JHWHs?) in die Zukunft retten (8,16.20). In Jesaja 8 und 30 ist sicher zunächst die Lehre des Propheten selbst im Blick, doch dürfte sie zumindest auf Endtextebene transparent sein auf Israels Tora.

## 3. Tora und Bund in Jes 40-55

Dieser Zukunft wendet sich das Buch voll von Kapitel 40 an zu.[34] Unter den dann zu findenden 5 Belegen des Wortes Tora leuchtet in dreien noch einmal das ganze Geschick der Tora[35] in Israel auf. Das im Exil erniedrigte Israel ist an diesen Stellen angesprochen. Es ist der blinde Knecht. JHWH hatte geplant, die Tora groß und herrlich zu machen (42,21). Doch er mußte Israel den Plünderern und Räubern ausliefern, weil die Israeliten auf seinen Wegen nicht schritten und auf seine Tora nicht hörten (42,24). Im Exil wendet sich dann die Situation. Wenn Gott seinem Volk[36] mitteilt, daß seine Tora an die Völker ergehen wird (51,4), muß er die Seinen zugleich daran erinnern, daß *sie* wissen, was Gerechtigkeit ist, weil sie sich an die Tora erinnern können (ידעי צדק עם תורתי בלבם »die, welche Gerechtigkeit

---

[32] תורה steht in diesem Buchbereich insgesamt sieben mal. Für die Belege vgl. oben Anm. 26.

[33] Die Ausnahme ist 24,5, wo neben תורה auch ברית steht. Nach diesem Vers haben die Bewohner des Erdkreises an תורה, חק und ברית עולם »Tora, Gesetz und ewigen Bund« gesündigt, so daß der Fluch eintreten muß. Hier dürfte es sich – zumindest in der Intertextualität des Kanons – um Noach-Gesetz und Noach-Bund handeln, also nicht um die Israel-ברית. Wir können diesen Beleg für תורה und ברית deshalb aus unserer Betrachtung ausschalten.

[34] Zu den nun folgenden Texten vgl. Dion, »Universalisme religieux«; Van Winkle, »Relationship«; Ruppert, »Heil der Völker«. Der letztgenannte Titel ist insofern interessant, als man dort sehen kann, was sich zu unserer Frage der Hypothesenbildung von Steck und Kratz und bei rein redaktionsgeschichtlicher Fragestellung ergibt und was sich nicht zeigt.

[35] Zu den Pluralen in 1QJes^a 42,4.24 vgl. Barthélemy, *Critique textuelle 2*, 302f.

[36] In 51,4 ist textkritisch bei der Anrede an Israel zu bleiben: Barthélemy, *Critique textuelle 2*, 374. Im ganzen Kapitel 51 werden die Völker nie angeredet. Vgl. Delitzsch, *Jesaja*, 499: »Anrede der Heiden (Syr.) ist gegen den consequent durchgeführten Charakter dieser ganzen Rede.«

kennen, das Volk, in deren Herz meine Tora ist«),[37] und er kann ihnen das Ende der Not ankündigen (51,7f).

In keiner dieser drei Aussagen konzentriert sich der Blick noch speziell auf die prophetische Verkündigung. Es geht einfach um JHWHs Tora, die dem ganzen Volk gegeben war. In der letzten der drei Aussagen verhält sich Israel – wenn man von der für Jes 2,3 erarbeiteten Implikation absieht – erstmalig im Jesajabuch positiv zu der ihm gegebenen Tora. Außerdem verbindet sich hier die Rede von Israels Tora mit der von einer Tora, die an die Völker »ausgeht« (51,4 תצא, wie in 2,3).

Von einer Tora, auf die die Völker harren, sprach schon vorher das erste sogenannte Gottesknechtslied. Nach ihm hat der Gottesknecht Israel[38] die Aufgabe empfangen, den Völkern »das Recht herauszubringen (42,1.3 יוציא משפט)«, es ihnen zu »setzen (42,4 ישׂים)«. Das Verb יצא von Jes 2,3 kehrt also auch hier schon wieder. Das Wort תורה wird gewissermaßen im Schlepptau des alles dominierenden Wortes משפט auf die Bühne gezogen. Man erinnert sich an Jesaja 1. Insofern ist klar, daß es um den Kern der Sache geht, nicht notwendig um alle Konkretisierungen der Tora Israels. Die Stichwortkombination wird in 51,4 wiederkehren.[39] In 2,3 geht Tora vom Zion dann aus, wenn die Völker dorthin wallen.

---

[37] Ich interpretiere »Herz« hier, im Parallelismus mit »Wissen«, als den Sitz der Erinnerung. Wenn der Leser der Propheten später zu Jer 31,33 kommt, wird er allerdings rückblickend in dieser Aussage vielleicht schon die Rede vom »neuen Bund« wahrnehmen. Denn es geht ja um den Augenblick, wo Gott verzeiht und sich seinem Volk im Exil wieder zuwendet. Genau da schreibt er ihnen nach Jeremia 31 die Tora ins Herz.

[38] Gleichgültig, ob und in welcher Abwandlung man Bernhard Duhms Gottesknechtsliederhypothese vertritt oder ob man sie ablehnt – die große Mehrzahl der Ausleger stimmt darin überein, daß in Jes 40-55 im *definitiven* Text der עבד יהוה »Knecht JHWHs« als Israel zu verstehen ist. Das ist auch richtig, und davon kann hier ausgegangen werden. Ich selbst bezweifle darüber hinaus, daß für Vorstufen des jetzigen Textes die Begründung von Gottesknechtsliederhypothesen gelungen ist. Vgl. Lohfink, »Jes 49,3«. Später ähnlich, aber mit klarer Gegenthese zu Gottesknechtsliederhypothesen: Mettinger, »Fragwürdiges Axiom«; ders., *Farewell to the Servant Songs*. Die Gegenargumentation von Hermisson, »Voreiliger Abschied«, die die Gottesknechtslieder wieder nachweisen will, überzeugt mich im entscheidenden Punkte nicht. Ruppert, »Heil der Völker«, 146 Anm. 29, beruft sich auf die »Kritik an der Gegenposition von *N. Lohfink ... durch Kratz, Kyros*, 136 (Anm. 519)«. Diese »Kritik« von Kratz besteht allerdings nur in der Bemerkung, um »Israel« in 49,3 nicht als Glosse annehmen zu müssen, erkläre Lohfink »kurzerhand V.5 für sekundär«. Das ist eine peinlich falsche Zusammenfassung einer mehrseitigen Argumentation, in der auf verschiedenen hypothetischen Betrachtungsebenen die Gründe für und wider die jeweiligen Positionen ausführlich abgewogen werden, wobei unter anderem auch gezeigt wird, daß bei Annahme einer Spannung zwischen 49,3 und 49,5 andere Beobachtungen eher für 49,5 als für »Israel« in 49,3 als Fremdkörper sprächen. Vgl. zur Frage auch M. Weippert, »Konfessionen«.

[39] Hier tritt dann jedoch תורה in der Wortfolge an die erste Stelle, und die Wurzel יצא, die in 42,1.3 mit משפט verknüpft war, gesellt sich zu תורה. Ein direktes Nebeneinander von משפט und תורה im Parallelismus gibt es in der ganzen Hebräischen Bibel nur in Jes 42,4 und 51,4 (so

Hier dagegen harren die Völker auf des Gottesknechtes Tora (42,4) und auf JHWHs Arm, der ihnen Recht schafft (51,7). Sie ziehen (noch) nicht zum Zion, denn der liegt öde und trauernd da. Trotzdem nimmt der Leser den Bezug auf Jes 2,1-5 wahr. Das am Anfang des Jesajabuches nur kurz angeschlagene Thema der an die Völker ergehenden Tora wird in Jesaja 42 und 51 also mit gleichen Stichwörtern und mit dem Parallelwort משפט »Recht« aufgegriffen.

In beiden Passagen ist ein anderer Ausdruck beigesellt: »Licht der Völker«. Das Wort »Licht« erinnert, wenn es im Kontext schon um Israel und die Völker geht, natürlich ebenfalls an Jesaja 2, nämlich an 2,5. Dort haben wir einen Bezug zur Tora konstatiert. Ist »Licht« auch hier ein Wechselwort zu Tora? Jes 51,4 deutet eher eine etwas kompliziertere Beziehung an:

> Von mir geht Tora aus,
> und mein Recht lasse ich als Licht der Völker Ruhe finden.[40]

Der Ausdruck »Licht der Völker« steht außer in 42,6 und 51,4 auch noch in 49,6.[41] Erst in 51,4 wird er unmittelbar mit der Rede von der Tora an die Völker verbunden. In 42,6 und 49,6 (vgl. 49,8) steht er in kontrastiv-ergänzender Zuordnung zu dem Ausdruck ברית עם »Bund des Volkes« – womit nun auch das Wort »Bund« im Zusammenhang erscheint.

Natürlich kann im folgenden keine erschöpfende Analyse all dieser ineinandergreifenden Aussagen gemacht werden. Es soll nur gerade angedeutet werden, wie sich die einzelnen Begriffe innerhalb des untersuchten Problemfeldes zueinander verhalten.

In 42,1-9 ist die Rede von dem an die Völker ergehenden Recht und von der Tora, auf die sie harren, nach Vers 4 abgeschlossen. In den Versen 6-7 verbindet sich die Aussage vom »Bund des Volkes« und vom »Licht der Völker« mit einer Infinitivkette, die die Lichtmetapher weiterführt:

> um die blinden Augen zu öffnen,
> den Gefangenen aus dem Kerker zu führen,
> aus dem Haft-Haus die, die in Finsternis sitzen.

---

García López, Art. »תורה«, in dessen Druckfahnen mir Heinz-Josef Fabry freundlicherweise Einblick gewährt hat). Das berechtigt dazu, an diesen Stellen auch Feinheiten im Wortgebrauch genau zu interpretieren.

[40] Zur Bedeutung des schwierigen רגע vgl. das שים in 42,4.

[41] In 42,4 und 49,6 steht אור גוים, in 51,4 dagegen אור עמים. Dieser Wechsel in dem offenbar wichtigen Ausdruck fällt auf. Doch muß man wohl keinen Bedeutungsunterschied annehmen. Daß zunächst von גוים gesprochen wird, liegt in 42,6 an der strengen Koordination zu dem Ausdruck ברית עם. Neben עם muß natürlich גוי als Parallelismuswort stehen. In 49,6 mag diese Zuordnung der Ausdrücke weiterwirken, obwohl hier ברית עם erst in 49,8 folgt. Vielleicht ist in 51,4 das Fehlen dieses Parallelausdrucks allein schon der Grund, weshalb nun das in sich möglicherweise näherliegende Wort עמים eingesetzt wird. Vielleicht soll auch zu dem direkt zuvor als עמי angeredeten Israel eine Gegensatzentsprechung hergestellt werden.

Der breitere Kontext zeigt, daß hier Gottes Handeln am exilierten Israel beschrieben wird.[42] Die Lichtaussage ist also bei aller Knappheit recht differenziert. Wenn das im Dunkel der Völker sitzende Israel ins Licht geführt wird, werden gerade durch diesen Vorgang die Völker erleuchtet. Zugleich entsteht »Bund des Volkes«. Da Exodustypologie in der Luft liegt (vgl. 42,7 להוציא »herauszubringen, herauszuführen«), muß man wohl im Sinn eines synthetischen Parallelismus an so etwas wie einen neuen Bund für Israel denken, der mit dem Exodus aus Babylon zusammenhängt. Natürlich wäre die Parallelführung von »Licht der Völker« und »Bund des Volkes« auch im Sinn eines synonymen Parallelismus zugunsten eines »Bundes mit den Menschen«, also mit allen Völkern, deutbar (vgl. 42,5 לעם עליה »den Leuten auf ihr = auf der Erde«). Der Streit zwischen diesen beiden Verständnismöglichkeiten wogt seit langem hin und her.[43] Mir scheint er an dieser knappen Stelle nicht entscheidbar zu sein, wohl aber beim nächsten Vorkommen der beiden Ausdrücke in 49,6 und 8. Hier in 42,6 werden die beiden Aussagen »Bund des Volkes« und »Licht der Völker« vom Leser zunächst einmal als erratische Aussagenblöcke erlebt. Er behält sie als noch zu deutende Bildchiffren in Erinnerung.

In 49,1-9, dem sogenannten zweiten Gottesknechtslied,[44] stellt sich der Gottesknecht Israel[45] den Völkern vor. Wichtig für das Verständnis ist die Struktur dieser längeren Passage. Der Gottesknecht spricht davon, daß er schon im Mutterschoß von Gott berufen und geformt worden ist (1-2). Dann berichtet er von einer Art Dialog, den er mit seinem Gott geführt hat. Den Anfang machte die Berufung. Da sprach Gott (3). Dann, nach der Erfahrung der Vergeblichkeit seines Tuns, klagte der Knecht (4). Auf seine Klage antwortet schließlich eine Bestätigung, ja sogar Erweiterung seiner Aufgabe durch Gott (5-9).

---

[42] Zum Subjekt derartiger Infinitivaussagen in diesen Kapiteln vgl. Lohfink, »Jes 49,3«, 222-224.

[43] Außer den Kommentaren vgl. Stamm, »Bᵉrît ᶜām« (dort 517-520 ältere Literatur!); Lauha, »Bund des Volkes«; Hillers, »Bᵉrît ᶜām«; Smith, »A New Proposal«; Steck, »Bund und Licht«. Stamm hat eine neuere Tendenz beobachtet, sich immer mehr für die Völker, nicht für Israel, zu entscheiden. Das hängt wohl damit zusammen, daß immer häufiger nicht auf der Sinnebene des jetzigen Buches, sondern auf der von erschlossenen Vorstadien diskutiert wird. Sogar Stamm meint, in 49,8bα handle es sich um einen aus 42,6 inspirierten Einschub, weshalb bei der Deutung von 42,6 dieser zweite Beleg »nur mit Vorbehalt herangezogen werden kann« (511). Er zieht ihn dann allerdings doch heran. Auch die jüngste Äußerung – Ruppert, »Heil der Völker«, 143 – diskutiert ein Vorstadium (in dem unter dem Gottesknecht im Gefolge von Kratz und Steck Kyros = Darius zu verstehen sei) und entscheidet sich für die Völker.

[44] Meist wird im Anschluß an Duhm, *Jesaja*, 367, nur 49,1-6 dazu gerechnet, von dem man dann gewöhnlich annimmt, es sei sekundär zwischen Kapitel 48 und 49,7ff eingeschoben worden. Angesichts des Baus von ganz Deuterojesaja aus aneinandergefügten und einander bewußt kontrastierenden Bausteinen ist diese Begründung jedoch sehr schwach. In unserem Zusammenhang geht es auf jeden Fall um den jetzt vorliegenden Text, und da ist 49,6, *mirabile dictu*, nun einmal eine chiastische Ankündigung von 49,7-9.

[45] Ausdrücklich als »Israel« identifiziert in 49,3. Vgl. oben Anm. 38.

Dieses letzte innerhalb der Gottesknechtsrede zitierte Gotteswort hat in sich noch einmal eine deutliche Struktur. Es beginnt nach einer feierlichen Redeeinführung (5 und 6 ויאמר) mit einer alles vorentwerfenden Einleitung in Vers 6 (alles außer ויאמר). Sie fügt zur schon ursprünglich dem Gottesknecht gegebenen Zuordnung zur Heimführung Israels aus Babylon (6a, vgl. 5) noch ein weiteres Element hinzu: Der Knecht wird auch noch eingesetzt zum »Licht der Völker« (6b). Nach dieser Einleitung werden die beiden angekündigten Elemente in zwei jeweils mit Botenformel eingeleiteten formellen Gottesworten entfaltet. Die Botenformeln stehen am Anfang von 7 und von 8. Die beiden Gottesworte sind chiastisch zu der in Vers 6 stehenden Ankündigung angeordnet.[46] An erster Stelle also, in Vers 7, wird das Thema »Licht für die Völker« durchgeführt. Der Gottesknecht wirkt als »Licht der Völker«, wenn die Könige und Fürsten erleben, wie Gott an Israel handelt. Dann werfen sie sich anbetend nieder. Sie werden also zu JHWHverehrern. An zweiter Stelle, in 8-9, wird das zuerst angekündigte Thema entfaltet, der Auszug Israels aus Babylon (9 צא »Zieht heraus!«) und die neue Verteilung des Landes (8). Inmitten dieser Durchführung kehrt der Ausdruck »Bund des Volkes« wieder, und zwar als Bestimmung zu den gleichen Verben wie in 42,6. Es handelt sich also klar um eine Weiterführung der dortigen Aussage. Gott wird den Knecht »als Bund des Volkes bewahren und setzen« (8 ואצרך ואתנך לברית עם).[47]

Die analysierte Struktur stellt klar: Es geht um Israel. Die Wiederholung des Exodus und der Landnahme weist auf den mit diesen Themen traditionell assoziierbaren Israelbund. Er wird von Gott bewahrt und zugleich (neu) gesetzt. Das ist eine mit Jer 31,31-34 durchaus vergleichbare, aber auch wieder davon abhebbare Aussage. Auf jeden Fall gerät Israels Bund hier in den Zusammenhang der Zuwendung der Völker zum Gott Israels. Doch bleibt er dabei der Bund *Israels*.

Das wird noch deutlicher in Jes 54 und am Anfang von Jes 55, wo die Bundesaussage für Israel im Jesajabuch zum drittenmal kommt[48] und am breitesten entfaltet ist. Vermutlich gehört schon die Ehe-, Witwen-, Verstoßungs- und Wiederversöhnungsthematik, mit der Kapitel 54 einsetzt, dazu. Oder genauer: Sie führt die

---

[46] Ruppert, »Heil der Völker«, 146, verkennt die Gesamtstruktur, wenn er meint, in 49,8b werde die Stelle 42,6b »unvollständig zitiert«, und darin umdeutende »Absicht« vermutet.

[47] Im Kontext des »Bundes« liegt es näher, ואצרך von נצר als von יצר abzuleiten. Zur Vokalisation der *yiqtol*-Formen vgl. Barthélemy, *Critique textuelle 2*, 303-305.

[48] Eine eher von der Vorgeschichte des Jesajabuches her interessante Beobachtung: Teilt man »Deuterojesaja« von den jeweils abschließenden Hymnen her (42,10-13; 44,23; 45,8; 48,20f; 49,13; 51,3; 52,9f; 54,1-3) unter Absehung von Prolog (40,1-11) und Epilog (55,8-13) in 9 Hauptteile, dann steht das Wort ברית im ersten und letzten Teil sowie im Zentralteil. Zu der hier angenommenen Struktur vgl. Mettinger, *Farewell*, 18-28. Sollte Jes 40-55 in der Komposition des Gesamtbuches die Zentralposition einnehmen – wie zum Beispiel Rendtorff, *Das Alte Testament*, 210-212, annimmt –, ist dieser Sachverhalt jedoch auch auf unserer Betrachtungsebene wichtig.

Rede vom Bund herauf. Den Übergang zur expliziten Bundesthematik bewirkt das Stichwort »Erbarmen« (רחמים) in Vers 7. Es entfaltet sich, verbal aufgegriffen, im folgenden Satz durch die Charakterisierung »in ewiger Treue« (בחסד עולם). Das Wort חסד »Treue«, vor allem auch in Verbindung mit עולם »Ewigkeit«, eröffnet das Wortfeld des Bundes.

Das zeigt sich sofort in Vers 9 daran, daß dort ein Vergleich mit dem Noachbund durchgeführt wird, der ja in der Genesis als ברית עולם »ewiger Bund« bezeichnet war (Gen 9,16, vgl. 9,12). In Analogie zu dem Schwur, den Gott damals allen Lebewesen leistete (אשר נשבעתי »wo ich geschworen habe«), schwört er nun (כן נשבעתי »so schwöre ich hiermit«),[49] sich niemals mehr seiner wieder heimgeholten Gemahlin Israel gegenüber im Zorn zu erregen. Auch das Schwören gehört ins Wortfeld des Bundes. So wundert es nicht, daß im folgenden Vers, noch im Zusammenhang mit dem Vorstellungsmaterial des Noachbundes (Wanken und Schwanken des Kosmos), nun auch endlich, in Parallelismus mit dem schon vorher gebrauchten Wort חסד, das entscheidende Stichwort »Bund« (ברית) selbst auftritt:

Meine Treue (חסדי) wird nie von dir weichen,
der Bund meines Friedens (ברית שלומי) nicht wanken.

Die mit der Noachtypologie arbeitende Passage ist umrahmt und bestimmt durch die Wurzel רחם »erbarmen« (54,7.8.10). Wenn der Bibelleser später zu Jeremia kommt, wird ihm das Wort in Jer 31,20 emphatisch und in ganz ähnlichem Zusammenhang wiederbegegnen, und es wird dem Wort »verzeihen« (סלח) in Jer 31,31, das dort die Prophezeiung vom neuen Bund abschließt, seine Tönung verleihen.

Eigentümlicherweise klingt auch in Jesaja 54 ständig das Prophetenwort von der Völkerwallfahrt aus Jesaja 2 durch Stichwortanspielungen an, obwohl es hier um Israel geht und das Thema »Bund« in dem Orakel von Jesaja 2 nicht vorkommt. Schon in 54,3 werden die »Völker« erwähnt. In 54,5 ist betont, daß der »Heilige Israels« als der »Gott der ganzen Erde« angerufen wird. In 54,10 ist vom Wanken und Schwanken der »Berge« und der »Hügel« die Rede – die eröffnende Bildvorstellung des Orakels von Jesaja 2. Jes 54,11-12 sprechen von der Kostbarkeit des neu aufzubauenden »Zion«. In 54,13 wird aus 54,10 das Stichwort »Friede« aufgenommen, und dieses Thema, verbunden mit dem Thema »Waffen« (54,17), bestimmt den Rest des Kapitels – was dem Thema von Jes 2,2-5 entspricht.

---

[49] Während das erste נשבעתי eine Vergangenheitsaussage macht, liegt beim zweiten der performativ zu verstehende Koinzidenzfall vor. Es ist die zeitübergreifende, alte Treue, die sich auswirkt, aber es geschieht durchaus eine neue Setzung.

Von »Bund« ist hier (und auch in den ersten Versen von Kapitel 55) nicht mehr die Rede, und die Perspektiven des Textes sind auch andere als in Jesaja 2. Dennoch ist es auffallend, wie nah dieser Text den Aussagen von Jesaja 2 zu stehen scheint. Man hat den Eindruck, daß der »Friedensbund« sich nur durchdenken läßt, wenn er mit den Aussagen von Jesaja 2 in Verbindung gebracht wird.

Das Thema »Bund« ist wieder explizit da in 55,3. Da חסד, עולם und ברית, die drei entscheidenden Stichwörter aus 54,8.10, wiederkehren, besteht kein Zweifel, daß angeknüpft und weitergeführt wird. Doch an die Stelle des Namens Noach tritt der Name David. Ferner wird, nachdem vorher eine Koinzidenzaussage stand, nun eine Zukunftsaussage gemacht. Auch sind die Wörter neu kombiniert. Nicht mehr von ברית שלום »Friedensbund« und von חסד עולם »ewiger Treue« ist die Rede, sondern von ברית עולם »ewigem Bund« und חסדי דוד »Treue zu David«.[50]

Offenbar soll jetzt entfaltet werden, was sich für Israel aus dem Schwur JHWHs, nie mehr seine Treue zu Israel in Frage zu stellen, im Horizont der Völkerwelt ergibt. Vers 6 transponiert den Davidbund so auf Israel, daß Israel an die Stelle Davids tritt. An die Stelle der ins Davidreich eingegliederten nichtisraelitischen Nationen treten alle Völker der Erde.[51]

Israel übt gegenüber den Völkern aufgrund dieses Bundes drei Funktionen aus. Israel ist erstens עד »Zeuge« – im Hintergrund sind hier die Aufforderungen an Israel in Jes 43,10.12 und 44,8 zu hören, es solle in Konfrontation mit den Völkern JHWHs Handeln an Israel bezeugen. Zweitens ist Israel נגיד *nāgîd* – hier ist wohl der in den Davidgeschichten vorzufindende Königstitel aufgenommen. Das Wort מלך »König« soll vielleicht vermieden werden. Den Völkern gegenüber rückt Israel also in gottgestiftete Herrscherposition. Drittens wird Israel מצוה לאמים »den Völkern gebietend« genannt – das Partizip מצוה ist fast nur im Deuteronomium vorfindbar, da aber massiert.[52] Es hebt dort im »Promulgationssatz« stets von neuem die Proklamation der Tora durch Mose ins Bewußtsein. Die Stafette wäre von David an Mose weitergegeben, David hätte nur dazu gedient, den Bezug des Bundes zu den Völkern herauszustellen. Jetzt aber ginge es um die aus diesem Bund resultierende Funktion Israels gegenüber den Völkern. Soll Israel also »Zeuge« sein, indem es die gewonnene »davidische« Herrscherposition den Völkern gegenüber so interpretiert, daß es ihnen, Mose gleich, die Tora proklamiert?

---

[50] Zur Frage, ob דוד *genitivus subiectivus* oder *obiectivus* sei, vgl. die Diskussion bei Lohfink, *Jüdisches am Christentum*, 251 Anm. 82.

[51] Es ist zu beachten, daß schon in Jes 11,10 der künftige Sproß aus der Wurzel Isais eine vergleichbare Funktion für alle Völker der Welt übernimmt. Er steht ja auch in davidischer Position.

[52] Die Frage nach צוה »gebieten« mit dem Plural »Völker« als Objekt erübrigt sich, da der einzige weitere Beleg Klgl 1,10 von der Sache her als Parallele nicht in Frage kommt. Zum deuteronomischen »Promulgationssatz« vgl. Lohfink, *Hauptgebot*, 59-63.

In diesem Fall würde der anschließende Vers 5 nur den Anfang der gemeinten Tätigkeit anzeigen. Israel würde Völker aus weiter Ferne rufen, und sie würden herbeieilen. Israel würde also die Völkerwallfahrt von Jes 2,2-4 in Gang setzen. Die Völker würden kommen, weil JHWH den Zion zum »Schmuck« gemacht hat. Und dann – nicht weiter ausgeführt, aber zu denken – begänne das Moseamt Israels gegenüber den Völkern. Endlich ginge die Tora vom Zion aus, auch wenn hier das Wort Tora überhaupt nicht fällt.[53]

Man wird die Deuterojesaja-Kapitel in ihrer Endtextgestalt gar nicht anders lesen können, als daß hier hinter den vielen Stimmen, die ertönen, alles dirigierend eine narrative Fabel steht, nach welcher dann gegen Ende aus dem wiedererstandenen Bund Israels die Völkerwallfahrt in Gang gesetzt wird, in der Israels Tora ihre Wirksamkeit über Israel hinaus entfaltet. Was dann im Bereich des sogenannten Tritojesaja folgt, ist eine Fortführung, zum Teil aber vielleicht auch nur eine vertiefende Detailbeleuchtung dieser Fabel.

## 4. Licht und Bund ab Jesaja 56

Das Wort Tora wird im ganzen Buch nicht mehr fallen. Dies ist ein beachtenswerter Befund im Jesajabuch. Denn das Thema der Wallfahrt der Völker zum Zion wird durchaus bis zum Schlußkapitel hallen und, wie es am Anfang des Buches stand, ebenso auch ganz am Ende stehen. Aber die Rede von der Tora wird nicht bis dorthin mitgeführt. Wächst die Einsicht, daß das heimgekehrte Israel mit der Tora nicht zurechtkommt, und daß die Gerechtigkeit anders in die Welt kommen muß als über ein »Modell Israel«?

Die Rede von der Tora hatte sich allerdings mit der Rede vom Licht der Völker verbunden. Diese prägt noch einmal groß das ebenfalls von der Völkerwallfahrt sprechende Kapitel 60.[54] Hier tritt auch, rahmend, noch einmal das Wort ברית »Bund« auf. Aber dann entschwinden auch die Themen »Licht« und »Bund«.[55] Gegen Ende des Buches, nach letztem Gericht sowohl über Israel als auch über die Völker, scheint sich schließlich doch eine eschatologische Einheit zwischen Israel und den Völkern zu ergeben, durch die diese Begriffe überflüssig werden. In 66,23 wird einfach nur noch von »allem Fleisch« (כל־בשר) gesprochen, das immer wieder anbetend zum Zion zieht. Vielleicht ist das – wenn auch sicher nur gerade

---

[53] Schon in 54,13 וכל־בניך למדי יהוה »alle deine Kinder: von JHWH Belehrte« dürfte auf die Tora angespielt gewesen sein, vgl. 8,16 und, als Stichwortbrücke, 50,4.

[54] Den Zusammenhang mit der in 55,5 gegebenen Aussage von der aus dem auf Israel übertragenen Davidsbund resultierenden Völkerwallfahrt zeigt die Aufnahme der in 55,5 feierlich abschließenden Wortwurzel פאר »zieren, herrlich machen« als Leitmotiv von Jes 60: vgl. 60,7.7.9.13.19.21.

[55] Auch משפט geistert mit 61,8 aus.

noch angedeutet – bei synchron-kanonischer Lektüre doch mehr als nur eine ohne Lösung verbleibende »Problemanzeige«.[56] Denn כל־בשר ist ein Leitwort der biblischen Urgeschichte (Gen 6-9).

Doch nun mehr ins einzelne! Jes 56,1-8 hängt sich mit mehreren Stichwörtern an den Anfang von 55 an.[57] Man hat bei diesem Text für einen Augenblick den Eindruck, als überschreite der bisher nur auf Israel angewandte Bundesbegriff nun doch die Grenzen Israels. Es geht um Menschengruppen, die nach dem Gesetz nicht zu Israel gehören können. Es sind »Fremde« (בני־הנכר) und »Verschnittene« (סריסים),[58] die sich Israel anschließen wollen und das Gesetz, insbesondere den Sabbat, beobachten.[59] Ihnen wird die Zugehörigkeit zum Volk JHWHs zugesichert. Die Haltung dieser Menschen wird, wo sie beschrieben wird (56,4.6), nach jeweils verschiedenen Aussagen für die verschiedenen Gruppen abschließend gleichmäßig durch die partizipiale Aussage מחזיקים בבריתי »Festhaltende an meinem Bund«[60] charakterisiert.

Zwar ist in beiden Fällen auch von breiterer Hingabe an JHWHs Willen die Rede, aber alles dreht sich um den Sabbat, auch schon im einleitenden Text 56,2. Der kanonorientierte Leser wird kaum daran vorbeikommen, eine Anspielung auf Ex 31,13-17 herauszuhören.[61] Das spricht gegen die Annahme mancher Kommentatoren, mit ברית sei die Beschneidung von Gen 17 gemeint.

Auf jeden Fall ist hier von einer Integration einzelner in das Volk Israel die Rede, nicht von einer Übertragung des Bundes auf die Völker. Der Bund bleibt bei Israel. Das gilt, obwohl sogar mit »mein Haus« (56,5), »mein heiliger Berg«, »mein

---

[56] So Groß, »Israel und die Völker«, 165.

[57] Für Details vgl. Davies, »Destiny«, 118.

[58] Für »Verschnittene« vgl. Dtn 23,2; das Wort für »Fremde« ist nicht das übliche Wort גר.

[59] Vgl. Donner, »Jesaja lvi 1-7«.

[60] Im Blick auf 56,2, wo חזק Hifil auf עשה »tun, handeln« folgt, ist wohl die Bedeutungsnuance »festhalten« der anderen möglichen, nämlich »ergreifen«, vorzuziehen. חזק Hifil + ב + ברית ist jedoch nur in dieser Passage belegt. Wir wissen nicht, ob es überhaupt eine übliche Wendung war. Wenn nicht, dann könnte der Leser des Jesajabuches vielleicht auch an 4,1 erinnert worden sein, wo sieben Frauen sich »an einen einzigen Mann klammern« (והחזיקו באיש אחד). Diese wegen Hautkrankheit aus der Gemeinschaft ausgestoßenen Frauen (vgl. 3,17) verlangen von dem Manne nichts als daß sie durch einen Ehebund mit ihm wieder zu einem »Namen« kommen. Das Motiv des »Namens« ist aber auch zentral in 56,1-8: vgl. 5 יד ושם »Mal als Name = Denkmal« und שם עולם »ewiger Name« (Beschnittene); 6 לאהבה את־שם יהוה »den Namen JHWHs lieben« (Ausländer). Ist diese Überlegung berechtigt, dann ist die Übersetzung »ergreifen« besser.

[61] Die anderen Belege für שמר + שבת sind: Ex 31,13-16; Lev 19,3.30; 26,2; Dtn 5,12. Doch nur in Ex 31,13-17 finden sich folgende weitere mit Jes 56,2.4.6 gemeinsame Vokabeln: עשה, חלל und ברית. Allenfalls könnte man noch an das deuteronomische Sabbatgebot als ganzes denken, wo in Rahmenentsprechung in Dtn 5,12 יום השבת + שמר und in 5,13 יום השבת + עשה steht. In deuteronomischer Sprache kann der Dekalog als הברית bezeichnet werden. Aber es fehlt חלל, und Ex 31,13-17 klingen im ganzen verwandter.

Haus des Gebets«, »mein Haus«, »ein Haus des Gebets« und »für alle Völker« (56,7) einige Stichwörter aus Jes 2,2-4 anklingen und ganz am Anfang in 56,1 die Aufforderung an Israel steht, sich um מִשְׁפָּט und צְדָקָה zu bemühen.

Die Brücke zum großen Licht-Kapitel Jes 60 bilden dann zwei Licht-Passagen in 58,8.10 und 59,9. Nach der ersten Stelle wird das Licht Israels hervorbrechen, wenn gerechtes Handeln beginnt, nach der zweiten bekennt Israel, daß ihm das Licht mangelt, weil es Unrecht tut.[62] Daher handelt JHWH selbst, und gemäß den letzten Sätzen von Kapitel 59 kommt er zum Zion als Erlöser. Er schließt mit den Menschen Jakobs den neuen Bund, der in der Gabe des Geistes und in der Gabe von in den Mund gelegten Worten besteht, die niemals mehr weichen werden, auch nicht in kommenden Generationen (59,20f):

> Kommen wird er zum Zion als Löser,
> und zu allen, die sich vom Aufruhr abkehren in Jakob – Spruch JHWHs.
> Von meiner Seite aus ist folgendes mein Bund mit ihnen – spricht hiermit JHWH:
> Mein Geist, den ich auf dich, und meine Worte, die ich in deinen Mund gelegt habe,
> sie werden nicht weichen aus deinem Munde und aus dem Mund deines Samens und aus dem
> Mund des Samens deines Samens – spricht hiermit JHWH –
> von jetzt ab bis auf ewig.

Man ist versucht, hier an die Tora zu denken (vgl. Dtn 30,14). Doch das Wort fällt nicht. Und selbst, wenn es fiele, wäre es keine von Israel gelebte, sondern eine ihm gegen sein eigenes Verhalten im Geist geschenkte Tora, die es nur als solche weitersagen kann.

Den Text Jes 59,20f wird Paulus in Röm 11,26f am Höhepunkt einer für ihn entscheidenden Argumentation zitieren.[63] Die ausführlichen Formulierungen in Vers 21 können natürlich nur als Explikationen dessen verstanden werden, was früher schon als »ewiger Bund« bezeichnet worden war. Mehrere Elemente im Vers werden dem Leser wieder in den Sinn kommen, wenn er in den entsprechenden Passagen des Jeremia- und des Ezechielbuches vom zukünftigen neuen oder ewigen Bund liest. Es ist auch hier betont ein Bund mit Israel. Seine (abermalige) Evokation löst jetzt das Licht-Kapitel Jesaja 60, und damit die grandioseste Beschreibung der Völkerwallfahrt zum Zion aus, die es im ganzen Jesajabuch gibt.

Dieses Kapitel ist umrahmt von zwei Passagen, die von der Lichtmetapher geprägt werden, und die Wurzel אוֹר »leuchten« steht insgesamt siebenmal.[64] Das Licht des Zion ist das göttliche Licht. Trotzdem kann es in echtem Sinn das Licht

---

[62] An beiden Stellen erscheint auch wieder das Wort מִשְׁפָּט: 58,2 (// צְדָקָה); 59,8.9.11.14.15 (auch hier mehrfach in Parallele zu צְדָקָה: 59,9.14.16).

[63] Hierzu vgl. Lohfink, *Niemals gekündigter Bund*, 79-84.

[64] Rechnet man mit den 10 Strophen 1-3.4f.6f.8f-10f.(12)13f.15f.17f.19f.21f, dann bilden die beiden Licht-Passagen 1-3 und 19f allerdings die erste und die neunte Strophe – insofern ist die Formulierung vom »Rahmen« nicht ganz exakt.

des Zion genannt werden. Es bewirkt, daß die Völker und ihre Reichtümer herbeiströmen. Aufgrund der gerade besprochenen Brückentexte hat dieses Licht mit Israels Gerechtigkeit zu tun. Aber sie war eigentlich nicht vorhanden, und das Licht wurde Israel dennoch geschenkt. Die Gabe des Lichtes selbst bewirkt, daß Israel nur aus Gerechten besteht (60,21).

Dies wird in Kapitel 61 weiter ausgeführt, und hier steht dann auch zum letztenmal, gewissermaßen in Rahmenentsprechung zu Jes 59,21, das Stichwort »ewiger Bund« (ברית עולם). Auch hier ist ברית »Bund« immer noch eindeutig an Israel gebunden. Der Kontext unterstreicht eher noch die Differenz zwischen Israel und den Völkern, die ihm durch die Völkerwallfahrt beigesellt sind. Einerseits kommt es zu einer Art Überlagerung. Denn wie die Völker zu Israel geströmt sind, so wird Israel sich nun in deren Gebieten »Zweitbesitz« zulegen können (61,6b.7).[65] Andererseits aber tritt ein deutlicher Unterschied hervor. Israel wird Priester sein, und die anderen Völker die arbeitende profane Gemeinde (61,5.6a). Das wird dem Bibelleser allerdings sofort die einleitende Passage der Sinaiperikope in Erinnerung rufen, wo genau dies als Effekt des dort besprochenen Bundes angesagt worden war (Ex 19,5f).

Dadurch entsteht beim Leser des Jesajabuches nun ganz am Ende nochmals eine Frage. Denn Jes 66,21, einer der letzten Verse des ganzen Buches, kann zumindest so gelesen werden, daß Gott auch Menschen aus den Völkern zu den Priestern und Leviten Israels gesellen wird.[66] Sollte es also sein, daß jene Unterschiede, für deren Aufrechterhaltung etwa auch die strikt durchgehaltene Reservierung des Wortes »Bund« für Israel gesorgt hatte, nicht am Ende der Geschichte doch zur Disposition stehen werden? Der Leser wird sich vielleicht daran erinnern, daß schon in einem Völkerorakel in Jes 19,25 Ägypten für die Zukunft als JHWHs Volk und Assur als Werk seiner Hände bezeichnet worden war. Verschwindet das Wort ברית »Bund« deshalb, weil es ein Unterscheidungswort war und jetzt am Ende der

---

[65] Zur schwierigen Entzifferung der Aussage von Jes 61,6f vgl. Lohfink, »יׁרׁש«, 984f.

[66] Der Text von Jes 66,18 an, der zweifellos eine bewegte Vorgeschichte hat, ist sehr schwierig. Gerade auch die jüdische Auslegung war immer von dem Bestreben getragen, ihn so zu verstehen, daß er die Tora nicht in Frage stellte. Ich beziehe 66,21 מהם »aus ihnen« auf die »Völker« am Ende von 66,19, die auch schon das Subjekt der Aussage von 66,20 sein dürften – und nicht auf כל־אחיכם »alle eure Brüder« von 66,20, womit nach üblicher Auffassung Diasporajuden gemeint sind, die jetzt heimkehren. Doch ist das keineswegs sicher. Es könnte auch sein, daß jetzt von den »Entronnenen« des Völkergerichts aus den entfernteren Völkern Menschen dieser Völker wie eine Opfergabe nach Jerusalem gebracht werden. Sie kämen als »Brüder«, welche Bezeichnung sie haben könnten, ohne deshalb Juden zu sein. Dann könnten auch aus ihnen Menschen den Priestern und Leviten zugesellt werden. Als sorgfältig abwägende Analyse des jetzt vorliegenden Textes ist immer noch Delitzsch, *Jesaja*, 633-637, lesenswert. Bei ihm wird jedenfalls deutlich, daß es noch die meisten Schwierigkeiten macht, מהם auf zurückgeführte Diasporajuden zu beziehen.

Geschichte zwischen den Geretteten Israels und den Geretteten aus den Völkern nicht mehr unterschieden werden darf? Dann wäre dieses Versinken des Wortes »Bund« von höchster Aussagekraft.

Wir hätten eine bedeutsame, literarisch erzeugte Leerstelle, in die sich auch eine andere Wendung der gleichen Auffassung eintragen ließe: daß nämlich der »Bund« am Ende der Geschichte nicht mehr allein Israel vorbehalten bliebe. Genau dies scheint in Psalm 25 redaktionell gedacht worden zu sein. Darüber jetzt im folgenden Abschnitt.

## III. Völker, Tora und Bund in Psalm 25

Sieht man im Jesajabuch von der möglichen Aufhebung jeglicher Bundesaussage am Ende des Buches ab, dann ist der Bund, soweit er im Zusammenhang der Wallfahrt der Völker zum Zion zur Sprache kommt, für Israel reserviert, während Tora auch zu den Völkern geht. In Psalm 25 scheint dies fast umgekehrt zu sein. Während er das Wort »Tora« für die Völker trotz aller Betonung der Sache vermeidet, verspricht er den Völkern Anteil am »Bund«.

Doch bevor das exegetisch entfaltet werden kann, muß begründet werden, weshalb der Psalm 25 überhaupt im Zusammenhang des Themenkreises »Völkerwallfahrt« gelesen werden darf. Er selbst spricht das keineswegs offen aus.

Es handelt sich vielmehr um eine Sinnuance, die ihm erst in der Psalmenkomposition zukommt, in der er im Psalter steht. Die redaktionelle Sinnebene wird von der Psalmenforschung seit einigen Jahren wieder stärker ins Auge gefaßt.[67] Auf ihr gibt es einen interessanten Zusammenhang von Psalm 25 mit dem vorausgehenden Psalm 24.

### 1. Die Verkettung der Psalmen 24-26

Ps 24,3 greift von neuem die dem Psalmenbeter schon aus Ps 15,1 bekannte Frage

---

[67] Als Initialstudien sind im deutschen Raum Barth, »Concatenatio«, im angelsächsischen Raum Wilson, *Editing*, zu nennen. Information über die jüngere Forschungsgeschichte: Howard, »Editorial Activity«; Auwers, *Psautier hébraïque*, 40-46. Der erste Kommentar, der diese Fragen systematisch verfolgt, ist Hossfeld/Zenger, *Psalmen I*, vgl. ebd. 23f zur Grundsatzfrage. Eine Reihe von Beiträgen in Seybold/Zenger (Hg.), *FS Beyerlin*, nimmt die Fragestellung auf, darunter ablehnend Gerstenberger, »Buch und Sammlung«. Aus den Veröffentlichungen von N. Lohfink vgl. *Lobgesänge der Armen*, 101-125; »Beobachtungen zu Psalm 26«; »Der neue Bund und die Völker«; »Psalmengebet und Psalterredaktion«; »Lieder in der Kindheitsgeschichte«; »Psalmen im Neuen Testament«.

nach den Bedingungen zum Zutritt ins Zionheiligtum[68] auf:

Wer darf hinaufziehn zum Berg JHWHs?
Und wer darf sich aufstellen an seiner heiligen Stätte?

Wie in Psalm 15 werden zur Antwort die Bedingungen aufgezählt. Die Reihe ist allerdings kürzer als dort. In 15,2-5a stehen 10 Bedingungen.[69] In 24,4 finden sich lediglich 4 Aussagen, und die in einem einzigen Vers. Nimmt man die beiden im ersten Kolon zusammengedrängten Aussagen als eine einzige, doppelt entfaltete Bedingung, dann sind sogar nur 3 Bedingungen genannt.

Die zweite von ihnen lautet:

אשר לא־נשא לשוא נפשו[70]

wer nicht erhoben hat zu Falschem seine Kehle[71]

Dieser Bedingung entspricht die Eröffnung von Psalm 25:[72]

---

[68] Deshalb ist es üblich, bei diesen beiden Psalmen eine Gattung »Einlaßliturgie« anzunehmen. Die wesentliche Literatur dazu findet sich bei Gerstenberger, *Psalms I*, 89 und 119. Dort fehlen allerdings Grieshammer, »Sitz im Leben«, aus dem Jahre 1974, ein Aufsatz, der dazu zwingen würde, den Konsens über die Gattung »Einzugsliturgie« ein wenig zu überdenken, und Tromp, »Jacob in Psalm 24«, ein Aufsatz aus dem Jahre 1982, von dem aus man ernsthaft in Frage stellen kann, ob der Psalm ein Formular für praktischen kultischen Gebrauch war, da er Nichtisraeliten in den Tempel einziehen läßt. Die beiden Psalmen mögen auf vorhandenes Wissen über Einlaßriten oder Ordinationsriten zurückgreifen, doch sie sind beide kaum noch agendarische Texte. Ganz gewagt erscheint es mir, aus einer vermuteten Altersfolge der beiden Psalmen (wobei Psalm 24 wegen seiner Kürze älter, Psalm 15 jünger wäre) eine Entwicklungsgeschichte des Jerusalemer Ethos abzuleiten. So Otto, »Kultus und Ethos«. Indem er die Rechtsentwicklung im Bundesbuch und die Differenz der beiden Psalmen parallelisiert, spannt er nach Hossfeld, »Nachlese«, 143, »die Psalmen in ein Prokrustesbett«. Für die kürzere Form der Zutrittsbedingungen in Psalm 24 sind auch andere Gründe als höheres Alter denkbar. Bei der Beschränkung dieses Buches auf synchrone Betrachtungsweise können aber alle diese Fragen offen bleiben.

[69] Die Zahl ist nicht ganz sicher, vor allem wegen Vers 4. Doch ist die Gliederung in 3 positive, 3 negative, dann wieder 2 positive und 2 negative Aussagen am wahrscheinlichsten. Vgl. Craigie, *Psalms 1-50*, 150. Als Beispiel einer anderen Zählung (insgesamt 12 Elemente) vgl. Otto, »Kultus und Ethos«, 167f.

[70] So ist wohl mit dem Ketib der Mehrzahl der mittelalterlichen Manuskripte zu lesen.

[71] Ich halte bei dieser Wendung für נפש, ursprünglich »Hals, Kehle«, die Übersetzung »Stimme« für angebracht, nicht die übliche Wiedergabe durch »Seele«. Zu נשא in der Wendung vgl. קול נשא »die Stimme erheben«. Im Blick auf die Gesamtübersetzung von Psalm 25, die unten folgt und in der die wichtigeren hebräischen Wörter konkordant wiedergegeben werden sollen, schreibe ich auch hier schon »Kehle«.

[72] Der Unterschied der Präposition (ל und אל) kann vernachlässigt werden. Allenfalls kann man mit Barré, »*nāśāʾ nepeš*«, 46 Anm. 2, in Ps 24,4 die Haplographie eines Alef annehmen.

אליך יהוה נפשי אשא
Zu dir, JHWH, will ich meine Kehle erheben[73]

Dies klärt zunächst einmal, daß unter dem »Falschen« in 24,4 nicht etwa falsche Aussagen zu verstehen sind,[74] sondern falsche, nichtige Götter.[75] Vor allem aber deklariert sich dadurch der so eröffnete Psalm 25 als ein Gebet für jene Menschen, die nach Psalm 24 den Zutritt zum Zionsheiligtum erlangen. Im Sinne der Psalmenredaktion soll an Psalm 25 erkennbar werden, wie diese Menschen dort beten oder beten könnten.

Um des vollen Bildes willen sei gesagt, daß dies auch noch vom folgenden Psalm gilt. Wie so oft sind Ankündigung und Ausführung chiastisch angeordnet. Psalm 25 wurde durch die zweite Zutrittsbedingung aus Ps 24,4 angekündigt. Die erste dort genannte Zutrittsbedingung,

נקי כפים ובר לבב
der unschuldige Hände hat und ein lauteres Herz,

wird dagegen im zweiten nachfolgenden Psalm, Psalm 26, aufgenommen. Noch in dessen erster Aussageeinheit steht die Bitte:

צרופה כליותי ולבי
Schmelze meine Nieren und mein Herz! (26,2)

Der Sinn des Bildes ist: Gott soll den Beter auf seine tiefsten Einstellungen hin prüfen. Die Wendestelle im Psalm setzt dann ein mit dem Satz:

ארחץ בנקיון כפי
Ich kann in Unschuld meine Hände waschen! (26,6)

---

[73] Barré, »nāśāᶜ nepeš«, 53, plädiert bei Ps 25,1 unter Heranziehung akkadischer Parallelen für die Übersetzung »To you ... I flee for protection«. Vermutlich hat Barré den Zusammenhang entdeckt, in dem (allein) der Ausdruck gebraucht wurde, wenn er sich auf eine Gottheit bezog. Das ist für die Exegese sehr wichtig. Doch aus diesem eingegrenzten *Gebrauch* folgt nicht ohne weiteres die *Bedeutung*. Der Ausdruck *bedeutete* wohl trotzdem: »Zu dir ... erhebe ich meine Stimme«. Für Ps 24,4 nimmt Barré eine andere Übersetzung an, weil שוא hier keine Person bezeichne. Doch das ist gerade die Frage, wie sofort zu diskutieren ist.

[74] Vgl. etwa die Deutsche Einheitsübersetzung: »der nicht betrügt«. Man sollte auch das folgende Kolon nicht übersetzen: »(der) keinen Meineid schwört« (Einheitsübersetzung). Besser wäre: »der keinem Trug (= keinem gar nicht existierenden Gott) ein Gelübde ablegt«. Zu נשבע ל im Sinne von »(einem Gott) ein Gelübde ablegen« vgl. Ps 132,2. Die Wendung kann sogar einfach besagen: »einen bestimmten Gott verehren«, vgl. Jes 19,18; 45,23; Zef 1,5; 2 Chr 15,14. Zwar hat schon die Septuaginta in 24,4 an Meineid gedacht. Aber sie hat mit dem von ihr mit anderer Vokalisation vorausgesetzten Ps 15,4 harmonisiert. Das zeigt die Erweiterung τω πλησιον αυτου.

[75] Zu dieser Deutung vgl. auch Steingrimsson, *Tor der Gerechtigkeit*, 86 und 93. Im vorigen Jahrhundert hat sie z.B. Graetz, *Psalmen I*, 41 Anm. 1, vertreten. Die gelehrten Kommentare jener Zeit polemisieren auch stets gegen diese Auffassung, kennen sie also, doch nennen sie keinen Vertreter.

Der Beter von Psalm 26 ist sich also dessen sicher, daß er die Bedingungen von Ps 24,4 erfüllt.

Eine Reihe anderer Beobachtungen zeigt, daß die Psalmen 25 und 26 auch untereinander eng verbunden sind.[76] So dürfte folgen, daß diese beiden Psalmen im Sinne der Psalmenredaktion dem meditierend rezitierenden[77] Psalmenbeter explizieren sollen, was die nach Ps 24,3-6 zum Zionsheiligtum zugelassenen Menschen dort betend aussprechen. Er kann sich ihrem Gebet innerlich beigesellen.

Doch jetzt muß genauer gefragt werden, wer denn diese Menschen sind. Deshalb zurück zu Psalm 24!

## 2. Psalm 24 handelt von der Völkerwallfahrt zum Zion

Die Menschen, um die es in Psalm 24 geht, werden nach Aufzählung der Zutrittsbedingungen (4) und nach einer Segens- und Rechtfertigungszusage (5) in 24,6 noch einmal apostrophiert:

זה דור דרשיו[78] מבקשי פניך יעקב

Das ist die Generation derer, die ihn (= JHWH) befragen,
derer, die dein Antlitz suchen, o Jakob.

Die Verben sind dem Leser als Parallelismusverben bekannt.[79] Sie stehen auch hier parallel. Doch sind ihre Objekte nicht parallel. Das zweite durchbricht die vom ersten her auf eine Gottesbezeichnung gesteuerte Lesererwartung. Weicht man nicht auf die Septuaginta aus,[80] die (oder deren Vorlage) die *lectio facilior* bietet und

---

[76] Näheres bei Lohfink, »Psalm 26«, 201f.

[77] Zu diesem Gattungszweck des Psalters (nicht einzelner Psalmen in ihrer Vorgeschichte) vgl. Fischer/Lohfink, »Diese Worte sollst du summen«; Füglister, »Verwendung und Verständnis«; Lohfink, »Psalmengebet und Psalmenredaktion«; Hossfeld/Zenger, *Psalmen I*, 25. Daß beim meditierenden Aufsagen im Normalfall nicht einzelne Psalmen wie Obst aus einem Körbchen herausgenommen wurden, sondern man den Gesamttext zusammenhängend aufsagte, läßt sich nicht nur aus späterer jüdischer Praxis und der (später leider aufgegebenen) Praxis des frühen christlichen Mönchtums erschließen, sondern auch aus der textmäßigen Verkettung der Psalmen selbst. Auf sie und die durch sie bewirkten Sinnsteigerungen zu achten ist alles andere als aus den Psalmen »Früchtemus« oder »Mehrfruchtmarmelade« zu machen – so das rhetorisch-polemische Bild und die Gegenthese bei Gerstenberger, »Buch und Sammlung«, 12.

[78] So Qere.

[79] Vgl. Dtn 4,29; Ri 6,29; Jes 65,1; Jer 29,13; Ez 34,6; Zef 1,6; Ps 38,13; 105,4; Ijob 10,6; Spr 11,27; 1 Chr 16,11.

[80] Die Septuaginta hat: το προσωπον του θεου Ιακωβ »das Antlitz des Gottes Jakobs«. Cross, »Divine Warrior«, 20, entwickelt zwar höchst unsichere Konjekturen bezüglich eines Urtextes von 24,6, doch seine Vermutung, die Vorlage der Septuaginta habe פני אביר יעקב »die Gegenwart des Stieres von Jakob« (vgl. Ps 132,2) gehabt (ebd., Anm. 23), ist beachtenswert. Aber damit ist noch nicht geklärt, welcher Text der ältere ist. Die meisten Kommentare und Über-

offenbar die Aussage dieses Verses nicht ausgehalten hat, dann können diejenigen, um deren Zutritt zum Heiligtum es sich handelt, nur Nicht-Israeliten sein, also Menschen aus den »Völkern«. Sie können, da sie »Jakobs Antlitz« sehen wollen, nicht selbst zu Jakob (= Israel) gehören.[81] Es gibt in Psalm 24 auch deutliche sprachliche Anklänge an die Völkerwallfahrtstexte in Jesaja 2 und Micha 4.[82] So steht fest: Psalm 24 in seiner masoretischen Fassung handelt von der eschatologischen Wallfahrt der Völker zum Zion.[83]

Deshalb beginnt er wohl auch mit einem Bekenntnis zu JHWH, dem Herrn der ganzen Welt und aller ihrer Bewohner (1f). Deshalb vielleicht wird bei den Zutrittsbedingungen nur Reinheit von Herz und Hand und dann die Alleinverehrung des einen und wahren Gottes gefordert, ohne daß, wie in Psalm 15, auf spezifisch Israelitisches, etwa das Zinsverbot, ausgegriffen würde.[84]

---

setzungen orientieren sich bei ihren textkritischen Entscheidungen mehr oder weniger an der Septuaginta. Eine unwahrscheinliche syntaktische *ad-hoc*-Lösung ist die Auflösung in drei Sätze, die (mit Umstellung) hinter der NJPS-Übersetzung vermutet werden darf (»Such is the circle of those who turn to him, / Jacob, who seek your presence« − nach den beiden Kommata wäre hier jedesmal eine Ellipse von דור זה »such is the circle of [those]« zu postulieren). Außerhalb jeder Diskussion verbleibt eine in einer vielbeachteten Arbeit zu den Begriffen für »Suchen« vorgenommene Radikalkur. Westermann, »Fragen und Suchen«, 25, übersetzt nämlich: »das ist das Geschlecht, das sich zu ihm hält, die dein Antlitz suchen, Jahwe«.

[81] Vgl. für die Analyse des MT Tromp, »Jacob in Psalm 24«. Er hält jedoch die Lesart der Septuaginta für die ursprüngliche.

[82] Es sei auf eine in Arbeit befindliche Dissertation von Jerzy Seremak zu Psalm 24 und den Völkerwallfahrtstexten verwiesen (Hochschule Sankt Georgen, Frankfurt am Main). Deshalb kann hier auf Einzelbelege verzichtet werden. Doch sei zusätzlich noch auf Jes 11,10 aufmerksam gemacht. Dort wird für den Zug der Völker zum messianischen Zukunftskönig und seiner herrlichen מנחה »Ruhe, Frieden« das Verb דרש »aufsuchen, befragen« gebraucht − eine einmalige Wortkonstellation (Beobachtung von E. Zenger). Man wird kaum an einer Dreiecksverbindung zwischen Jesaja 2, Jesaja 11 und Psalm 24 vorbeikommen.

[83] Nur im Vorübergehen sei auf die Folgen für die Auslegung von Ps 24,7-10 hingewiesen. Dazu ist 24,6 ja die Überleitung, oder es ist sogar schon der Anfang davon − vgl. זה in 24,6.8.10. Wer käme, wären die Völker. Sie kämen, um JHWH auf dem Zion zu befragen. Doch es stellte sich heraus, daß mit ihnen JHWH zum Zion kommt. Diese völlige Umkehrung der Dinge ist nicht so undenkbar, wie sie im ersten Augenblick erscheint. Man kann ja auch für Jes 62,11, eine Wiederaufnahme von Jes 40,10, fragen, wer hier mit JHWH zum Zion gezogen kommt: die aus dem Exil heimkehrenden Judäer, wie in 40,10, oder die Völker, deren Kommen das Thema von Jes 60-62 bildet. Dann wäre in Psalm 24 die Identifizierung des mit den Völkern Eintritt begehrenden Gottes in zwei Stufen vielleicht sogar die Spiegelung eines Lernprozesses der Völker: von JHWH, dem Kriegshelden, werden sie zum reinen König der Herrlichkeit geführt. Zur Deutung von Psalm 24 auf die Völkerwallfahrt unter besonderem Hinweis auf das Jesajabuch vgl. Smart, »Eschatological Interpretation«.

[84] Dies wäre ein alternativer Grund für die knappe, bestimmte Aspekte gar nicht berührende Fassung der Bedingungen in Psalm 24, von der aus Otto, »Kultus und Ethos,« argumentiert hatte. Vgl. oben Anm. 67.

## 3. Die Völkerwallfahrt zwischen Psalm 22 und Psalm 24

Daß Psalm 24 von der Völkerwallfahrt zum Zion handelt, wird noch plausibler, wenn man beachtet, daß das Thema keineswegs erst an dieser Stelle einsetzt. Um es ganz kurz zu machen:[85] Nachdem das Völkerthema sofort in der Psalteröffnung angeschlagen worden war (Psalm 2), bleibt es zunächst im Hintergrund. Nur in Ps 7,7-9, 9,5-13 und 18,44-46[86] klingt es an, ohne jedoch zum Hauptthema zu werden. Das ist dann – von der Gattung des Psalms her höchst überraschend – anders in Psalm 22.

Das zunächst durchaus gemeindeorientierte, mit Vers 23 beginnende Lobversprechen dieses individuellen Klageliedes[87] weitet sich von Vers 28 an ins Universale aus und wird zur Vision der endzeitlichen Umkehr der Völker zu JHWH.[88] Zu ihr gehört das anbetende Sichniederwerfen aller Völker vor JHWH (28) – wobei noch in der Schwebe bleibt, ob das am eigenen Orte (vgl. Zef 2,11, einen der nahestehenden Texte) oder auf dem Zion geschehen wird (so die meisten vergleichbaren Texte).

Eine der Techniken der Psalmenverkettung besteht darin, daß am Ende eines Psalms der folgende Psalm oder sogar mehrere geradezu angekündet werden, etwa in Form eines Lobversprechens.[89] So wird nun auch am Ende von Psalm 22 angekündigt, daß zukünftigen Generationen »erzählt« (ספר) und »verkündet« (נגד Hifil) werde. Der Beter des Psalters muß also mindestens damit rechnen, daß Psalm 23, der mit dem Bekenntnis (eines Bekehrten?)[90] zu JHWH als Hirten, also als König,

---

[85] Ausführlichere Analyse: Lohfink, »Psalmengebet und Psalterredaktion«, 15-20.

[86] Man beachte hier den synchron-intertextuell bedeutsamen Zusammenklang mit Jes 55,3-5.

[87] Zumindest auf Endtextebene dürfte es allerdings als Königsgebet zu verstehen sein, vgl. Miller, »Kingship«, 136-139. Das erleichtert auch den Übergang in die Völkerperspektive am Ende des Psalms.

[88] Dies ist wohl die Einlösung der Aufforderung aus Ps 9,12f.

[89] Der bis hierhin gelangte Psalmenbeter hat das mindestens im Fall von Psalm 7 einerseits, den Psalmen 8 und 9/10 andererseits auch schon einmal deutlich wahrnehmen können. Vgl. Lohfink, »Psalmengebet und Psalterredaktion«, 9f.

[90] Die übliche Übersetzung »Der Herr ist mein Hirte« führt zu einem Verständnis, nach dem die Hirtenaussage das Neue und Bedeutsame in diesem Satz ist. Doch sowohl die Erstposition des Gottesnamens im Nominalsatz als auch die Fortführung des Gedankens (sie setzt voraus, daß es Hirten gibt, bei denen die Schafe hungern, und andere, die gute Weide für sie finden – JHWH als Hirte garantiert offenbar das zweite) zwingen dazu, hier ein Bekenntnis zu Jahwe im Gegensatz zu anderen Göttern, die sich ebenfalls als Hirten anbieten könnten, zu sehen. Als Bekenntnis eines einzelnen Menschen ist das in Israel – im Gegensatz zu Mesopotamien und Ägypten – in der hebräischen Bibel einmalig (vgl. Spieckermann, *Heilsgegenwart*, 266f). Das Problem, wo in diesem Nominalsatz das Prädikat sei, ist anscheinend erstmalig bei Köhler, »Psalm 23«, 228f, reflex formuliert worden. Er entschied sich aus Kontextüberlegungen für die Hirtenaussage als Prädikat und machte wegen der dann invertierten Wortstellung den ganzen Satz zu einem

beginnt, diese Ankündigung einlöst. Sprechen hier demnach die sich bekehrenden Völker? Die Antwort auf diese fragende Lesererwartung bleibt zunächst in der Schwebe.

Psalm 23 handelt auf jeden Fall vom Zug nach Jerusalem, zum »Haus JHWHs« (6).[91] Ist nicht ein einzelner Mensch das betende Subjekt, sondern die Völker, dann konkretisiert sich deren in Ps 22,28-30 angekündete Anbetung des Weltenkönigs JHWH als Endereignis eines Zuges zum Zion. Daß dies das redaktionell angelegte Verständnis ist, wird sich deutlicher zeigen, sobald der Beter zu Psalm 24 gekommen ist. Dann ist es auch nicht mehr rätselhaft, weshalb in 24,7-10 JHWH selbst auf dem Zion Einlaß heischt, obwohl er dort doch längst schon ist: Er ist ja als der Hirte der Neugewonnenen in Psalm 23 mit ihnen zum Zion gezogen.

Die Texte fügen sich zusammen. Man kann davon ausgehen, daß wir es in den beiden folgenden Psalmen, 25 und 26, auf der Ebene des definitiven Psaltertextes mit Gebeten von Menschen aus den Völkern zu tun haben. So werden sie sprechen, wenn sie in den »späteren Tagen« zum Zionheiligtum kommen. Doch wenn das so ist, dann gewinnen viele Aussagen in dem hier interessierenden Psalm 25, die sonst fast wie Gemeinplätze später Psalmenmotivik klingen, neue Farbe. Man muß versuchen, den Psalm gewissermaßen neu lesen zu lernen.[92]

---

temporalen oder kausalen Nebensatz. Gegen ihn haben sich für JHWH als Prädikat geäußert: van Zyl, »Psalm 23«; Kraus, *Psalmen I*, 337 (allerdings mit der Behauptung, seine Meinung sei die »bisher übliche« Auffassung, und auch Pfeiffer, »Inversion?«, habe sie gegen Köhler verteidigt); Ravasi, *Salmi I*, 439 (»una proclamazione kerygmatica e polemica al tempo stesso: il Signore, e nessun altro, è il mio pastore«); Gerstenberger, *Psalms I*, 114 (»may be«).

[91] Für dieses fast allgemein angenommene Verständnis, das der intratextuelle Zusammenhang nahelegt, hält man im MT (unter Berufung auf Septuaginta, Targum und die syrische Übersetzung) eine Korrektur von 23,6 ‏ושבתי‎ für nötig, zumindest zu ‏ישבתי‎. Doch wahrscheinlich ist noch nicht einmal dies, so legitim es wäre, erforderlich. Es scheint, daß die Wurzel ‏ישב‎ »sich setzen, sitzen, bleiben, wohnen« bisweilen in Formen der Wurzel ‏שוב‎ »umkehren« hineinleiten konnte. Der mittelalterlichen jüdischen Exegese war das noch bekannt, den alten Übersetzungen vermutlich auch. Im Stil moderner Lexikographie müßte man das so notieren, daß man eine Wurzel »II. ‏שוב‎« mit den Bedeutungen von ‏ישב‎ ins Lexikon einführt. Eine Diskussion und Dokumentation ist in dem in Vorbereitung befindlichen Band IV von Barthélemy, *Critique textuelle*, zu erwarten. Eine Textkorrektur erübrigt sich dann.

[92] Zu Zeitansatz, Gattungsbestimmung, Abhängigkeitsfragen sei auf Lohfink, »Lexeme und Lexemgruppen in Ps 25«, verwiesen. Einiges in dem, was nun folgt, vor allem auch die Strukturbeschreibung, unterscheidet sich vom Erstdruck dieses Beitrags. Das liegt zum Teil daran, daß dort gekürzt werden mußte. Zum Teil habe ich aber auch meine Meinung geändert. Bei meinen neuen Überlegungen wurde ich vor allem angeregt durch Beobachtungen in einer Seminararbeit von Susanne Degen (Hochschule Sankt Georgen, Frankfurt, WS 1993/94).

## 4. Sprachlich orientierte Präsentation von Psalm 25

Eine konkordant angelegte Arbeitsübersetzung des Psalms sei vorangestellt. Sie deutet auch schon die Struktur des Psalmes an. Dann folgen Einzelbemerkungen und Überlegungen zu Bau und Gattung des Psalms.

*Erster Gebetsbereich, I*

1 א‎   Zu dir, JHWH, will ich heben meine Kehle.
2     Mein Gott,[a] auf dich vertraue ich.[b] Mög ich nicht beschämt werden!
      Mögen nicht über mich jauchzen meine Feinde!
3 ג‎   Doch: Alle, die auf dich hoffen, werden nicht beschämt sein.
      Beschämt werden sein, die verraten fürs Leere.

*Erster Gebetsbereich, II*

4 ד‎   Deine Wege, JHWH, laß mich erkennen,
      deine Pfade lehre mich!
5 ה‎   Führ mich (die Wege) in deiner Wahrheit und lehre mich!
      Denn du, du bist der Gott meiner Rettung,
      auf dich hoffe ich[c] den ganzen Tag.
6 ו‎   Gedenke deines Erbarmens, JHWH,
      und deiner Treue,[d] denn seit Ewigkeit sind sie.
7 ח‎   Der Irrungen meiner Jugend und meiner Abtrünnigkeiten gedenke nicht!
      Gemäß deiner Treue gedenke meiner, Du,
      um deiner Güte willen, JHWH!

*Reflexionsbereich, I*

8 ט‎   Gut und gerade ist JHWH.
      Kein Wunder, daß er Irrende im Weg unterweist.
9 י‎   Er führt die Armen (die Wege) in Gerechtigkeit[e],
      um die Armen seinen Weg zu lehren.
10 כ‎  Alle Pfade JHWHs sind Treue
      und Wahrheit[f] für die, die seinen Bund und seine Zeugnisse hüten.
11 ל‎  Um deines Namens willen, JHWH,
      wirst du meine Sünde vergeben,[g] denn sie ist zahlreich.

*Reflexionsbereich, II*

12 מ Wer ist das: der Mann, der JHWH fürchtet?
  Er wird ihn im Weg unterweisen, den er wählen soll.
13 נ Nachts wird seine Kehle atmen in(mitten von) Gütern,
  sein Same wird das Land in Besitz nehmen.
14 ס Die Versammlung JHWHs ist denen offen, die ihn fürchten,
  und sein Bund denen, die er (seine Wege) erkennen läßt.[h]
15 ע Meine Augen schauen immer auf JHWH,
  denn er, er wird meine Füße aus dem Netz hinausführen.

*Zweiter Gebetsbereich, I*

16 פ Wende dich mir zu und sei mir gnädig,
  denn ich, ich bin einsam und arm.
17 צ Die Beengungen meines Herzens weite,
  und[i] aus meinen Bedrängnissen führ mich hinaus!
18 ר Sieh[j] meine Armut und meine Last,
  und all meine Irrungen hebe hinweg.

*Zweiter Gebetsbereich, II*

19 ר Sieh meine Feinde, denn sie sind zahlreich,
  und mit Haß bis zur Gewalttat hassen sie mich.
20 ש Bewache meine Kehle und reiß mich heraus!
  Nicht mög ich beschämt werden, denn ich habe mich zu dir geflüchtet.
21 ת Vollkommenheit und Geradheit mögen mich hüten,
  denn ich habe auf dich gehofft.
22 פ Erlöse, o Gott, Israel
  von all seinen Beengungen!

*Einzelbemerkungen*

[a] Gewöhnlich wird mit einem Wortausfall (קויתי nach אליך) und einer Haplographie (Ausfall von אל in ursprünglichem אל־אלהי) gerechnet. Dadurch erhält man für den ersten Vers einen Parallelismus, zu dem auch אלהי noch gehört, und am Anfang eines zweiten Parallelismus ergibt sich ein ב, wie es der Akrostichus erfordert.[93] Doch ist das reine Konjektur. Der sprachliche Anschluß an Ps 24,4 kommt im überlieferten Text besser heraus. Um dieses Effektes willen

---

[93] So zuletzt Craigie, *Psalms 1-50*, 216; auch der textkritisch inzwischen sehr konservativ gewordene Freedman, »Patterns«, 125f, rechnet hier und in Vers 18 mit einer Textkorruption.

könnte der Verzicht auf einen Parallelstichus und die nochmalige Unterstreichung des so entstandenen einstichigen Verses durch die Assonanz יהוה אליך – אלהי, die das nach einem א-Anfang
zu erwartende ב ins zweite Wort verdrängt, durchaus gewollt gewesen sein. Vielleicht liegt sogar
ein noch kunstvolleres Spiel mit sieben א-Wortanfängen vor, in die an strategischer Stelle zwei
ב-Anfänge eingebettet sind. Es ergibt sich nämlich folgendes Schema der Wortanlaute (ergänzt
durch einige Binnenlautbeobachtungen):

| 1:   | 'L.. | J...  | N...  | '...  |
|------|------|-------|-------|-------|
| 2aα: | 'L.. | B...  | B...  |       |
| 2aβ: | 'L   | 'B..  |       |       |
| 2b:  | 'L   | J...  | '.B.  | L...  |

Durch die verschiedene Position der Gottesanrede (Zweitstellung in 1, Anfangsstellung in 2aα)
ergibt sich ein variierter, aber doch strukturell eindeutiger Parallelismus zwischen אליך ... אשא
»zu dir erhebe ich« (zweimal א-Anfang) und בך בטחתי »auf dich vertraue ich« (zweimal ב-An-
fang). Der ebenfalls hervortretende ל-Laut verweist, wie sich noch zeigen wird, auf den Zentral-
vers des Psalms. Wir haben hier, musikalisch gesprochen, eine Variation über dem akrostichi-
schen Grundmuster. Im strukturentsprechenden und vermutlich als Vorlage benutzten Psalm 34
gab es auch schon derartige Barock-Variationen der Akrostichie.[94]

[b] Performativ-Aussage.

[c] Performativ-Aussage.

[d] וחסדיך ist wohl Parallelismuswort zu רחמיך, und der Gottesname trennt das Begriffspaar –
deshalb Verschiebung der Versmitte gegenüber MT. Vgl. die ähnliche Lage in Vers 10. Für
längere zweite Kola in diesem Psalm vgl. 25,15 und 20.

[e] Oder: »durch einen (rettenden) Rechtsspruch«, oder: »zu (ihrem) Recht«.

[f] Gegen die masoretische Versaufteilung ist ואמת zum zweiten Kolon gezogen, sonst wäre der
Parallelismus sprachlich zu harmlos.

[g] Gewöhnlich wird hier eine Bitte gelesen. Das ist nicht unmöglich. So schreibt Franz Delitzsch:
»An das in למען שמך dem Sinne nach liegende יהי schließt sich das *perf. consec.*, wie es auch
sonst auf nachdrücklich vorausgestellte adv. Satzglieder folgt, welche in die Zukunft blicken.«[95]
Doch es ist keineswegs sicher, daß die mit למען eingeführte Begründung einen Wunsch oder
eine Bitte impliziert. Ja, dafür gibt es im Kontext keinerlei Signal. Das spricht dafür, daß die
Begründung konstatierend ist. Dann enthielte der anschließende Hauptsatz eine Hoffnungs- oder
Vertrauensaussage. Dafür spricht auch, daß später im Psalm (Vers 18b) die wirkliche Ver-
gebungsbitte steht. Sie ist klar durch einen Imperativ ausgedrückt. Dieser wäre in 11 genau so
möglich gewesen, wenn der Vers schon einmal die Bitte hätte sein sollen.

[h] ל + asyndetischer Relativsatz. Verkürzte Anspielung auf Vers 4 (Formulierung) und Vers 8
(letzte entsprechende Sachaussage). Die übliche Deutung als Infinitivkonstruktion macht nicht

---

94 Vgl. Ceresko, »The ABCs of Wisdom«.

95 Delitzsch, *Psalmen,* 232.

viel Sinn und zerstört den Parallelismus. Näheres unten.

<sup>i</sup> Konjektur: הַרְחִיב וּמִמְּצוּקוֹתַי. M wäre zu übersetzen: »die Beengungen meines Herzens haben sich erweitert«. Das wäre eine seltsame Inkonsistenz des Bildgebrauchs. Überall, wo sonst die beiden Wurzeln im gleichen Vers zusammenstehen, drücken sie Gegensätze aus (Ps 4,2; 118,5; Ijob 36,16). Deshalb wird seit Hensler[96] häufig die vorgeschlagene Konjektur gemacht, die im Konsonantentext nur die Verschiebung eines ו vom Ende eines Wortes an den Anfang des nächsten erfordert.

<sup>j</sup> רְאֵה könnte vielleicht Ruine von קְרָאה (Imp. von II קרא »begegnen, entgegentreten« + Akk.) sein. So zuerst Charles Augustus und Emilie Grace Briggs.[97] Wenn man konjizieren will, ist das die einfachste Lösung. Für eine Konjektur spricht, daß das Fehlen von ק nicht zu den Unregelmäßigkeiten gehört, die Psalm 25 mit Psalm 34 teilt. Es wäre zu übersetzen: »Komm meiner Armut und meiner Last entgegen«. Ein die Regeln des Akrostichus überspielendes doppeltes ראה könnte jedoch Regelabweichung zwecks emphatischer Kennzeichnung eines Themawechsels sein – vgl. sofort bei der Strukturanalyse.

Die Formgestalt des Psalms erschöpft sich nicht in der (dazu noch mehrfach nicht eingehaltenen) alphabetischen Anordnung der Versanfänge, auch wenn berühmte Ausleger wie Hermann Gunkel so reden.[98] Schon 1932 hat Hans Möller als Anhang eines eher grundsätzlich angelegten Artikels zum Strophenbau in den Psalmen eine meisterhafte Aufbauanalyse von Psalm 25 durchgeführt,[99] auf der vor allem die im folgenden vorgelegte Strukturanalyse aufbauen wird.[100] Allerdings läßt s Möllers Theorie von quantitativ gleichlangen Strophen nicht durchhalten. Auch kommt eine zu Möllers Hauptansatz in Spannung tretende Zentralposition des Verses 11 (ל) hinzu. Sie reizt zur Annahme einer zumindest ebenfalls noch vorhandenen palindromischen Struktur um dieses Zentrum herum. Doch ist das wohl nicht

---

<sup>96</sup> Erwähnt, aber nicht dokumentiert bei Rosenmüller, *Scholia IV,2*, 702.

<sup>97</sup> Briggs, *Psalms I*, 229. Sie verweisen auf Ps 59,5 für die Bedeutung »to meet in helpfulness«.

<sup>98</sup> Gunkel, *Psalmen*, 106: »entbehrt einer deutlichen Gliederung«, »Ganzzeilen lose zu Gruppen zusammengefügt«.

<sup>99</sup> Möller, »Strophenbau«, 252-256. Die gleiche Struktur schlagen vor, ohne jedoch Möllers Artikel zu erwähnen: Beaucamp, *Psautier I*; Ravasi, *Salmi I*.

<sup>100</sup> Neuere konkurrierende Versuche scheinen mir keine wirklichen Alternativen zu bieten, wenn man den sofort zu nennenden von Lothar Ruppert ausnimmt. Ridderbos, *Psalmen*, 200-206, vereinfacht Möllers Einteilung durch Zusammenziehung von 25,16-21 zu einer einzigen Einheit, weil ihn eine Reihe von Beobachtungen Möllers nicht überzeugen. Doch läßt er damit mehrere von Möller gesehene Phänomene unerklärt. Trublet/Aletti, *Approche*, 47f, schwanken zwischen zwei verschiedenen Vorschlägen, die sich beide exklusiv an Wortwiederholungen orientieren und andere Ebenen zu wenig einbeziehen. Möllers Arbeit scheinen sie nicht zu kennen. Gerstenberger, *Psalms I*, 120, identifiziert die Strophen Möllers (unter Zusammenziehung von 25,16-22 zu einer einzigen Strophe) mit verschiedenen Gattungshaltungen – wodurch die einmalige Textgestalt eher zu einem Gattungsmus eingekocht wird. Hossfeld in Hossfeld/Zenger, *Psalmen I*, 165f, gliedert den Text eher nach erkennbaren typischen Gattungselementen. Möllers Beitrag ist nicht erwähnt.

eine Alternative, vor die der jetzige Ausleger gestellt ist, sondern eine im Text selbst bewußt angelegte formale Spannung. Die gemeinte Zentralstruktur ist zum erstenmal von Lothar Ruppert beschrieben worden. Er hat sie allerdings aus einem hypothetischen Vorstadium des jetzigen Textes gewonnen. In seinem rekonstruierten Text kommt es dann zwar nicht zu gleichlangen Strophen, wohl aber zu quantitativen Entsprechungen zwischen aufeinander bezogenen Textteilen.[101] Bei der in diesem Buch geübten Betrachtungsweise muß ein solcher Rückgriff auf ein Vorstadium entfallen, so sehr er vielleicht helfen könnte, die jetzige sprachliche Form auch genetisch verständlich zu machen.

Nach Ruppert ist die von ihm beobachtete Struktur nicht von einem Sprechenden oder Hörenden, sondern nur von einem Lesenden erkennbar.[102] Er schließt daraus, Psalm 25 sei reine »Gebetsliteratur«.[103] Das setzt voraus, daß es neben kultischem Gesang und »Literatur« nichts Drittes geben kann, zum Beispiel immer neue murmelnde Meditation von auswendiggelernten Texten. Doch selbst bei kultischen Texten könnte mit subtiler Textgestaltung gerechnet werden. Wie man bei unseren musikalischen Werken keineswegs die gesamte Struktur beim reinen Hören, erst recht nicht beim erstmaligen Hören wahrnehmen kann, sondern vieles erst bei mehrmaligem Hören oder Darbieten hervortritt, wie durchaus Partiturstudium hinzukommen muß, um das nur intuitiv Erahnte auch auf den Begriff bringen zu können, so läßt sich sicher manches an Psalmenstrukturen auch nur beim reflexen Studium des geschriebenen oder zumindest auswendig beherrschten Textes wahrnehmen. Trotzdem gibt es auch schon Erstwahrnehmungen beim ersten Hören, und ein guter Text, auch wenn er gesanglicher Gebrauchstext ist, ist darauf angelegt, entsprechend wahrgenommen zu werden. Daher ist es auch bei einer reflexen Analyse wichtig, von jenen Struktursignalen auszugehen, die sich schon bei erstmaligem Lesen oder Hören wahrnehmen lassen. Sie führen, gerade bei bewußt in Texten durchgehaltenen formalen Spannungen, gewissermaßen auf die Basisstrukturen, auf denen dann andere aufbauen und mit denen diese in Konkurrenz treten. In diesem Zusammenhang ist es viel zu wenig üblich, die Strukturwahrnehmung des Hörers oder Sprechers in ihrem langsamen Aufbau analytisch zu verfolgen. Will man das tun, dann muß die Textanalyse sich an die Leserichtung halten. Dies soll im folgenden getan werden.

In Psalm 25 dürfte schon bei erstmaligem Hören oder Sprechen mindestens eine

---

[101] Ruppert, »Psalm 25«, 578f. Vor allem erweitert Ruppert Vers 1 und streicht Vers 22. Dann ergibt sich folgender Aufbau: A (1-3), B (4-7), C (8-10), Zentrum (11), C' (12-14), B' (15-18), A' (19-21). In Vers 11, dem Zentrum, sieht er eine »Bitte um Sündenvergebung« (579). Dazu vgl. oben bei den Textanmerkungen.

[102] Ruppert, »Psalm 25«, 578: Diese Struktur sei so, daß sie »weder für den Vortragenden noch für das Ohr der Zuhörer, sondern allein für das scharfe Auge des Lesers« geschaffen sein könne.

[103] Ruppert, »Psalm 25«, 582.

Dreiteilung deutlich hervortreten. Sie resultiert aus grundverschiedenen Sprechrichtungen und Sprechakten. Sie kann den Text entlang sukzessiv wahrgenommen werden. Nach der eröffnenden Absichtserklärung von 25,1 ist 25,2-7 eine Serie von an Gott gerichteten Bitten. Davon unterscheidet sich 25,8-15 »durch seinen mehr reflektierenden Ton«. Eher zu Dritten hin werden konstative Aussagen gemacht, zumeist mit generellem Gültigkeitsanspruch. In 25,16-21 steht dann wieder in Richtung auf Gott »eine Bitte im eigentlichen Sinne nach der anderen«.[104]

Diese Dreiteilung des Psalms wird notwendig zur Basis jeder weitergehenden Strukturvermutung des Lesers oder Hörers. Sie ist, sieht man genauer zu und bleibt bei der Maßeinheit der durch den Akrostichus vordefinierten Verse, absolut ausgewogen und sogar, soweit das bei der vorgegebenen Gesamtzahl 22 möglich ist, von der klassischen Zahl Sieben bestimmt:

|       |           |         |
|-------|-----------|---------|
| 1-7   | Gebet     | 7 Verse |
| 8-15  | Reflexion | 8 Verse |
| 16-22 | Gebet     | 7 Verse |

Doch nimmt man vermutlich beim Gang den Text entlang, wenn nicht sofort so doch sehr bald, noch Genaueres wahr.

In 4 setzt, verbunden mit einer zweiten Gottesanrede, noch innerhalb des ersten bittenden Teils eine neue Thematik ein, die vor allem durch das Weg-Motiv gekennzeichnet ist. Das entscheidende Stichwort דרך »Weg« eröffnet, an die Spitze des Satzes gestellt, den Vers.

Mitten im reflektierenden Mittelteil markiert eine herausgehobene Frage in 12 einen Neueinsatz. Ging es bisher im Mittelteil um das Handeln JHWHs, so von jetzt an um die Menschen, an denen er handelt. Der Neueinsatz ist dadurch unterstrichen, daß direkt davor in 11 die Er-Aussagen sich plötzlich in eine Ich-Aussage mit kurzer Zuwendung zu JHWH zugespitzt haben. Ähnlich deutet sich auch das Ende des reflektierenden Teils in 25,15 durch eine neue Ich-Aussage an, aus der heraus sich dann der Neueinsatz der bittenden Gottesanrede in 26,16 entwickelt.

Diese Bitten erreichen in den beiden gegen die Ordnung des Alphabets zweimal mit ראה »Sieh!« beginnenden Versen 18 und 19 einen Höhe- und Wendepunkt. Mit der ersten Sehaufforderung an Gott verbindet sich die Bitte um Vergebung der Sünden. Das schließt das Thema »Sünde« ab (15-18). Mit der zweiten Sehaufforderung beginnen Bitten um Hilfe gegen Feinde. Das bestimmt die folgenden Verse. So wirken die beiden parallel beginnenden ר-Verse wie eine Grenzscheide zwischen

---

[104] So die Formulierungen von *Ridderbos*, Psalmen, 201f. Aber das hat auch schon *Gunkel*, *Psalmen*, 106f, gesehen.

zwei Abschnitten.

Dies wird dadurch noch deutlicher, daß von 19 an lexematisches Material aus 1-3 wiederkehrt: אֹיְבִי »meine Feinde« (19), נַפְשִׁי »meine Kehle = Stimme, Seele« (20a), אַל־אֵבוֹשָׁה(ה) »nicht mög ich beschämt werden« (20b), קוה Piel »hoffen« (21), אֱלֹהִים »o Gott!«[105] (21).[106] Durch die gehäufte Wiederkehr von Lexemen des Anfangs wird für das geschulte Ohr der damaligen literarischen Kultur außerdem der nahende Schluß angezeigt.[107] Das tritt zum Faktum, daß das Ende des Alphabets naht, hinzu.

So ergibt sich eine chiastische Struktur aus sechs Teilen, mit einer Mittellinie zwischen 11 und 12:

| | | |
|---|---|---|
| 1-3 | Gebet (Feinde) | 3 Verse |
| 4-7 | Gebet (Sünde) | 4 Verse |
| 8-11 | Reflexion (Gott) | 4 Verse |
| 12-15 | Reflexion (Mensch) | 4 Verse |
| 16-18 | Gebet (Sünde) | 3 Verse |
| 19-22 | Gebet (Feinde) | 4 Verse |

Die Abschnittslängen entsprechen nicht genau der chiastischen Disposition. Innerhalb der Gebetsabschnitte am Anfang und am Ende zeigt sich jeweils erst ein Abschnitt mit 3, dann ein Abschnitt mit 4 Versen. Die strukturelle Mittellinie (zwischen 11 und 12) liegt, von den Versen her gesehen, auch quantitativ genau in

---

[105] Auch אֱלֹהִים (dazu in beiden Fällen als Vokativ) ist eine relevante Wiederholung, denn abgesehen vom Ausdruck אֱלֹהֵי יִשְׁעִי »Gott meiner Rettung« in 5 findet sich außer in 2 und 22 stets nur der Gottesname (9 mal).

[106] Genau genommen beginnt die Wiederaufnahme von Anfangslexemen sogar schon in 18 mit dem Verb נשא »heben«. Doch findet es sich in 1 und 18 innerhalb von geprägten Wendungen, die sich stark unterscheiden.

[107] Die Technik, Abschnittsbezüge durch gehäufte Lexemwiederholungen zu signalisieren, findet sich nur in diesen Außenabschnitten von Psalm 25. Innerhalb des Psalms haben Lexemwiederholungen andere Funktionen. Sie verknüpfen entweder unmittelbar nebeneinanderstehende Aussagen oder kennzeichnen als Leitwörter begrenztere Aussagenfelder. Als Signale von chiastischen Abschnittsentsprechungen könnte man höchstens noch חַטֹּאות »Irrungen« in 7 und 18 nennen (aber vgl. חַטָּאִים »Irrende« in 8), und in den beiden Abschnitten des Mittelteils יֹרֶה בְדֶרֶךְ »im Weg unterweisen« (8 und 12) und בְּרִית »Bund« (10 und 14). Sie stehen in Abschnitten, die einander in der chiastischen Großstruktur entsprechen. Doch es gibt zu viele andere Wiederholungen ebenfalls relevanter Wörter in einander innerhalb dieser Großstruktur nicht entsprechenden Abschnitten, als daß diese wenigen, wenn auch wichtigen Entsprechungen eine deutliche Signalwirkung für die Wahrnehmung der Großstruktur ausüben könnten: Vgl. etwa למד Piel »lehren« in 4.5.9 oder die Derivate der Wurzel ענה »arm, elend« in 9a.b.16.18.

der Mitte.

Diese Strukturhypothese baut sich im Leser beim Leseprozeß selbst langsam auf und wird gegen Ende der lesenden oder hörenden Textrezeption mehr oder weniger deutlich vorhanden sein. Genau am Schluß jedoch wird sie für ihn wieder in Frage gestellt.

Der letzte Vers, obwohl durch die Anrede »O Elohim« noch als Stück des Rahmens erkennbar, hebt sich von dem, was voranging, ab. Und zwar nicht nur deshalb, weil das Alphabet ja schon zuende ist und er dadurch über die Formerwartung hinausschießt. Auch inhaltlich kommt Neues. Zwar bleibt der Vers Gebet. Aber der Beter bittet nicht mehr, wie bisher, für sich selbst, sondern für Israel. Außerdem geht es nicht mehr um Feinde. Das Sündenthema kehrt zurück. Denn Israel soll erlöst werden aus כל צרותיו »all seinen Beengungen«. Das könnte sonst zwar auch Feindesnot bezeichnen, aber innerhalb dieses Psalms ist das Wort von seinem Gebrauch in 17 her inhaltlich schon genauer bestimmt. Das Bild der Feindesbedrängnis ist dort schon auf die Bedrängnis durch die Sünde übertragen, zusammen mit der ganzen Exodusanspielung (הוציאני »führ mich heraus«). Auch das Exodusmotiv kehrt in 22 mit dem Verb פדה »erlösen« wieder. So besteht kein Zweifel, daß die Bitte für Israel hier nicht als Bitte um Befreiung Israels von Feindesnot, sondern als Bitte um Befreiung Israels von Sündennot verstanden werden muß.

Welche Folgen hat das für die Strukturwahrnehmung? Zweifellos die, daß ganz am Ende zusammen mit einer Blickwendung vom Beter auf Israel hin noch einmal eine Verbindung zur mittleren Thematik des Psalms hergestellt wird. Das zeigt, worauf es vor allem ankommt: Sündenvergebung.

Doch zielt der Verweis sogar auf einen bestimmten Vers. Ob dies allerdings beim einfachen Hören noch wahrnehmbar war, kann bezweifelt werden. Vielleicht ist jetzt der Punkt erreicht, wo Partiturstudium nötig wird. Der Zusatzvers zum Akrostichus beginnt mit פ. Der erste Buchstabe des Alphabets heißt אלף *ꜣᵃlæp*. Der Mittelkonsonant dieses Buchstabennamens, nämlich ל, war schon im subtilen Wortanfangsspiel der Verse 1 und 2 herausgestellt worden.[108] Jetzt endet der Psalm mit einem פ, dem Schlußkonsonanten des Namens. Der variierte Akrostichus tut also ausdrücklich kund, daß er alphabetisch angelegt ist. Das ist zumindest eine der Funktionen des Zusatzverses 22. Das Gesamtphänomen weist dann auf eine Sonderstellung des ל-Verses, also von Vers 11. Dieser unterbricht, wie schon beobachtet, die objektive Darstellung der beiden Mittelteile am Ende des ersten nicht nur mit einer Rückwendung auf das Ich des Psalm-Sprechers, sondern auch mit einer Zuwendung zu Gott. Er ist offenbar als das Zentrum des Psalms zu betrachten. Auch er spricht von der Sündenvergebung. So wird nochmals das

---

[108] Vgl. oben, Textanmerkung a.

eigentliche Thema herausgestellt.

Hebt man ihn heraus, dann verwandelt sich die chiastische Grundstruktur in eine auf ein Zentrum hinlaufende und von ihr wieder weglaufende Palindromie. Die quantitativen Verhältnisse zwischen den Teilen werden, solange man mit den durch den Akrostichus klar abgegrenzten Versen rechnet, unregelmäßiger, entbehren aber auch nicht ihres Reizes:

| | | | |
|---|---|---|---|
| 1-3 | Gebet (Feinde) | 3 Verse | א |
| 4-7 | Gebet (Sünde) | 4 Verse | |
| 8-10 | Reflexion (Gott) | 3 Verse | |
| 11 | Zentrum (Vergebung) | 1 Vers | ל |
| 12-15 | Reflexion (Mensch) | 4 Verse | |
| 16-18 | Gebet (Sünde) | 3 Verse | |
| 19-22 | Gebet (Feinde) | 4 Verse | ד |

Stellt man 22, weil auf Israel bezogen und nicht mehr im Alphabet, dem restlichen Psalm als eigene Größe gegenüber, dann hat man sogar vor und nach dem Zentrum die gleiche Zahl von Versen: je 10.[109] Zählt man nicht nach Versen, sondern nach Kola, dann befindet sich Vers 11 sogar ohne Abtrennung von Vers 22 im quantitativen Zentrum, da es in 5 und 7 je ein Trikolon gibt. Dann hat, je nach Zählung der Kola in Vers 1, der gesamte ל-Vers oder sein zweites Kolon (die Aussage über die Verzeihung der Sünden) eine Zentralposition mit 22 Kola davor und 22 Kola dahinter.[110]

Es ist keineswegs nötig, sich zwischen der chiastischen und der palindromischen Sicht der Psalmanlage zu entscheiden. Beide sind dem Sprachleib eingestiftet. In ihrer Spannung machen sie ihn interessant. Als erstes wahrgenommen wird wohl die chiastische Struktur. Doch beide Strukturen werden auf reiner Inhaltsebene dann noch einmal durchkreuzt von der linearen Dynamik der Sachaussagen. Darüber unten bei der Auslegung.

Die Gattungsfrage im gebräuchlichen Sinn läßt sich bei diesem Text kaum noch stellen. Der Psalm ist offenbar jünger oder kommt aus einer anderen Lebenswelt als jene Psalmen, bei denen sich noch ein ursprünglicher Gebrauch als Formular in

---

[109] Das entspräche der Lage in Psalm 34, wo der ו-Vers vielleicht um der Zentralstellung des ל-Verses willen weggelassen worden ist, diese aber auf Versebene auch nur dann besteht, wenn man den abschließenden פ-Vers 23 nicht mitzählt. Psalm 34 könnte ja für Psalm 25 Modell gestanden haben. Zur Zusammengehörigkeit der beiden Psalmen vgl. jetzt Freedman, »Patterns« (dort S. 126 zum Fehlen des ו-Verses in beiden Psalmen), und Hossfeld/Zenger, »Thronsitz«, 384-386.

[110] Gut beobachtet bei Freedman, »Patterns«, 128-130.

einem bestimmten Ritual des frühen Klein- oder Großkults vermuten läßt. Aufgrund vergleichender Wortfeldanalyse läßt sich vielleicht sagen, er sei gattungsmäßig eine Weiterentwicklung der Vorgaben des israelitischen Klagelieds.[111] Er bezeugt nämlich die entscheidenden Wortfelder des ursprünglichen Klage- und Danklieds, vermehrt um das jünger ins Klage-Danklied hineingewachsene Wortmaterial der Armut und Frömmigkeit. Noch darüber hinaus holt er einige im Bereich des Klage-Danklieds nur sporadisch und nie vereint auftauchende Wortgruppen kumulativ hinzu: »Weg und Erkenntnis«, »Gesetz«, »Sünde und Vergebung«. Darin kommt ihm nur noch der lange Psalm 119 gleich. Schlicht exklusiv ist er jedoch durch die Verwendung des Wortes ברית »Bund«.[112] Da diese Untersuchung im Blick auf das Wort ברית unternommen wurde, ist dieser Befund natürlich relevant. Es ist durchaus denkbar, wenn auch niemals beweisbar, daß Psalm 25 erst für den jetzigen Sammlungszusammenhang geschaffen wurde.[113]

## 5. Das Sprachgeschehen in Psalm 25

Die Richtung des ganzen als Sprechakt bestimmt der vordere Rahmen: Hilferuf in Feindesnot, auf Vertrauen fußend (2-3). Doch diese Bitte springt in 25,4 zurück in eine andere Bitte aus viel tieferer Not: in die Bitte um Einweisung in JHWHs Wege und um Verzeihung der Sünden der Jugend (4-7). Diese Bitte der Tiefe, einmal erreicht und ausgesprochen, gibt offenbar die Ruhe, objektiv nachdenkend und damit eher kognitiv von dem zu sprechen, was das betende Vertrauen eigentlich ermöglicht. Der erste der beiden objektiv redenden, wenn nicht gar hymnisch preisenden Teile geht über Gottes Handeln (8-11): Gott führt die Irrenden und Armen in seine Wege ein. So kann der Abschnitt am Ende wieder zur Anrede Gottes[114] werden: Um dieses so beschriebenen »Namens« = Wesens Gottes willen hofft der Beter auf die Verzeihung seiner Sünden (11).

Dies löst, an der Wendemarke des Psalmlaufs, den zweiten objektiv-hymnischen Teil aus, der dasselbe aus der Perspektive des Menschen, der JHWH »fürchtet«, beschreibt (12-15). Immer tiefere Gestalten des Segens werden über ihn kommen.

---

[111] Zum folgenden vgl. Lohfink, »Lexeme und Lexemgruppen in Ps 25«, 293f.

[112] Vgl. Hossfeld, »Bund und Tora in den Psalmen«, 70: »Bundestheologisch ist er ein weißer Rabe im ersten Davidpsalter«.

[113] Hossfeld/Zenger, »Thronsitz«, 384-386, vertreten dies zwar nicht ausdrücklich, doch eine Reihe der von ihnen gesammelten Beobachtungen legen den Gedanken nahe. Dagegen spräche ihre Annahme, Vers 22 sei sekundär hinzugefügt. Doch darüber ließe sich diskutieren, falls Psalm 34 als Vorbild diente.

[114] Das zweite Kolon drückt wohl eher eine Hoffnung aus, weniger eine Bitte. Vgl. oben bei den Einzelbemerkungen zum Text.

Am Ende des Abschnitts erreicht der Beter wieder, wie im vorangegangenen, sich selbst: Er kann auf Rettung hoffen (15). Dies löst den nächsten Teil aus, der, in Entsprechung zu 25,4-7, wieder reine Bitte ist (16-18). Hier begint die Bitte in der Tiefe, in die der entsprechende Abschnitt 4-7 hinabgestiegen war. Der hintere Rahmen (19-21) gelangt dann wieder, unter Aufnahme von Motiven des vorderen Rahmens (1-3), zu Bitten in der Feindesnot.

Soweit eine schnelle Analyse des Psalms, noch ohne jede Rücksichtnahme auf die Sinnebene der Völkerwallfahrt, auf die ihn sein Einleitungsvers hebt, indem er ihn mit dem vorangehenden Psalm 24 verbindet.[115] Nun wäre zu zeigen, welches neue Licht auf die Aussagen des Psalms fällt, sobald man ihn als Gebet eines Menschen aus den Völkern oder gar als das Gebet der zum Zion kommenden Völker überhaupt liest.

### 6. Psalm 25 als Gebet der Völker am Zion

Einleitend ist noch nachzutragen, daß Psalm 25 nicht nur in seinem ersten Satz, sondern dann auch noch an zwei weiteren Stellen mit erkennbaren Wendungen an Psalm 24 zurückerinnert:

25,5 אתה אלהי ישעי »du bist der Gott meiner Rettung«
vgl. 24,5 ישא ... צדקה מאלהי ישעו »er wird empfangen ... Gerechtigkeit vom Gott seiner Rettung«

25,12 מי־זה האיש ירא יהוה »Wer ist das: der Mann, der JHWH fürchtet?«
vgl. 24,6 זה דור דרשיו »das ist das Geschlecht derer, die nach ihm fragen«[116]
und wohl auch 24,8.10 מי (הוא) זה מלך הכבוד »Wer ist (das), dieser König der Herrlichkeit?«[117]

Dann aber greift Psalm 25 über Psalm 24 hinaus auch noch auf die Grundtexte von der Völkerwallfahrt zum Zion in Jes 2,2-5 und Mi 4,1-5 zurück. Natürlich tritt das erst ins Bewußtsein, wenn man Psalm 25 innerhalb dieses Interpretationshorizontes liest. Für sich allein gelesen wirkt er eher losgelöst vom Zion, da er in seinem Wortbestand im Gegensatz zu seinen Nachbarpsalmen »keinen Rückbezug auf den

---

[115] Da die Frage, ob Psalm 25 eine ältere, vom jetzigen Kompositionszusammenhang unabhängige Existenz gehabt habe, nicht geklärt wurde (und vielleicht nie geklärt werden kann), kann auch nicht entschieden werden, ob die gegebene Auslegung für ein älteres Stadium vielleicht schon erschöpfend gewesen sein könnte.

[116] Vielleicht wäre noch zu beachten, daß die 1. Zeile von Ps 24,3-6 mit מי, die letzte mit זה beginnt.

[117] Dieser Anklang gewänne dann besondere Dichte, wenn die oben angedeutete Auslegung von Ps 24,7-10 zutreffen sollte, nach der auch hier die nach Jerusalem kommenden Völker im Blick sind, in deren Mitte JHWH selbst neu in seinen Tempel einzieht.

75

Tempel kennt«.[118]

Nachdem der Beter in 25,1 durch Wiederaufnahme einer Aussage von Psalm 24 gezeigt hat, daß er zu denen gehört, die aus der Völkerwelt zum Zion ziehen dürfen, kommt er sofort zu einem Thema, das auch das eigentliche Thema der Völkerwallfahrtstexte ist: zur feindseligen Zerstrittenheit in der menschlichen Welt. In Jesaja 2[119] tritt das erst am Ende des Orakels hervor, da wo es seine Aussagespitze erreicht (»Schwerter in Pflugscharen...«). In Psalm 25 kleidet es sich sofort im vorderen Rahmen in die traditionellen Formen des Klage- und Vertrauenslieds Israels (25,2-3). So könnten, mag man verstehen, auch die Völker von Jesaja 2 beten, wenn sie auf dem Zion ankommen und sich an den Gott Jakobs wenden.

Doch diese Völker haben nach Jes 2,3 das Bewußtsein, daß es nicht nur um aktuelle Hilfe in akuter Feindesnot geht, sondern um grundsätzliches Umlernen:

ירנו מדרכיו ונלכה בארחתיו

Er wird uns aus seinem Wegewissen Lehre erteilen,
und wir werden auf seinen Pfaden zu schreiten lernen.

Entsprechend springt die Bitte in Ps 25,4 aus konkreter Feindesnot um in die nun breit entfaltete Bitte, in JHWHs Wege eingewiesen zu werden (4-5). Die Hoffnung auf die Erhörung dieser Bitte gründet in dem später in 8-11 entfalteten Bekenntnis, bei dem die entsprechenden Stichwörter wiedererscheinen. Ja, sie bestimmen auch noch den dritten Teil (12-15).[120] Eigentlich wird die auch für den Psalter überraschende Dichte, in der das Thema »Weg« zur Sprache kommt, erst durch den Zusammenhang mit den Völkerwallfahrtstexten verständlich.

Doch ein zweites Thema kommt in 6-7 hinzu: die »Sünden meiner Jugend«. Von dem kurz in 25,2 aufblitzenden, dort noch unerklärt offenen הבוגדים ריקם »die ins Leere hinein Verrat Übenden«, dann von 25,1 und 24,4 her muß man wohl sagen: Diese Sünden der Jugend bestehen für die zum Zion kommenden Völker in der Verehrung anderer, nichtiger Götter. Ein Blick auf Mi 4,5 verstärkt das. Denn nach diesem Vers ist das Ausbleiben der Völkerwallfahrt zum Zion ja dadurch ver-

---

[118] So Hossfeld, »Bund und Tora in den Psalmen«, 70. Natürlich gibt der in sich genommene Text ebensowenig einen wirklich überzeugenden Hinweis auf eine Art frühjüdischer Basisgemeinde als Sitz im Leben (so Gerstenberger, *Psalms I*, 121: »The forms and contents of Psalm 25 indicate congregational worship. The community visible here is no longer a clan or family group but the local assembly of faithful Jews. This confessional group nonetheless functions in many ways as a primary or face-to-face group. The afflictions and hopes of the individual can be addressed even in the worship services of the congregation«).

[119] Wenn es nicht besondere Gründe erfordern, wird im folgenden immer nur Jesaja 2 zitiert. Die Parallele in Micha 4 ist natürlich mitgemeint.

[120] Die mit Jes 2 gemeinsamen Lexeme oder Wurzeln sind: דרך »Weg«, ארח »Pfad«, למד »lernen«, ירה Hifil »unterweisen«, שפט »richten«, שם »Name«.

76

ursacht, daß die Völker weiterhin den Namen ihrer Götter anrufen. Das Sündenthema wird auch den Abschnitt 8-11 umrahmen (8.11) und in 16-18 noch einmal in der vorletzten Bitte wiederkehren, an der Spiegelstelle zu dem Vers, wo es zuerst auftrat (18, vgl. 6-7).[121]

Die beiden Themen des Abschnitts 4-7, Erkenntnis des Weges und Vergebung der Sünden, verschmelzen für den Beter aus den Völkern zu Beginn des nächsten Abschnitts 8-11 miteinander. Denn JHWH unterweist gerade die Sünder im Weg (8).[122]

Es scheint so, als übernähmen die Völker in diesem Textstück nun die Erfahrung Israels, zu dessen Heiligtum sie ja gezogen sind. Die Israeliten der nachexilischen Zeit wissen sich als die »Armen«. In den Hodajot aus Qumran läßt sich beobachten, daß die Selbstbezeichnung als »Arme« vor allem in die Lehre von der Rechtfertigung der Sünder gehört. Und zwar wird das Wort noch nicht auf die Sünder angewendet, sondern es tritt erst dort auf, wo Gott die Sünder dann aus Gnade rechtfertigt und auf einen neuen Weg setzt.[123] Ähnlich ist es hier (9). Die Sünder, die ihr Ziel verfehlt haben, werden zu Armen, wenn Gott sie durch das Gericht hindurchführt. Dabei lernen sie Gottes Weg mit den Seinen. Dieser Weg ist ein dialogischer Vorgang. Von seiten Gottes ist es חסד ואמת »Treue und Wahrheit«, von Israel aus ist es Bewahren von בריתו ועדתיו »seinem Bund und seinen Zeugnissen« (10).

In heutiger theologischer Terminologie würde man dieses gesamte wechselseitige Geschehen und Verhältnis als »Bund« bezeichnen, und an anderen Stellen der hebräischen Bibel ist das ebenfalls so. Hier tritt das gewöhnlich mit »Bund« übersetzte Wort ברית in einer Position auf, die auf eine der beiden Seiten der Beziehung gehört, zum Verhalten Israels. Zu dem, was es hier bezeichnet, sofort! Auf jeden Fall wird in dem Vorgang, der beschrieben wird, der Sünder auf dem Weg durch das Gericht aus der nun offenbar gewordenen Armut in einen Zusammenhang geführt, in dem auch das Wort ברית gebraucht werden kann.

---

[121] Das Ende des Abschnitts 4-7 ist in 6f von dem dreifach gesetzten Wort זכר »gedenken« geprägt, und entsprechend das Ende des Abschnitts 16-18 in 18 und dem parallelen Neueinsatz in 19 von dem doppelten ראה »sieh!«, das die Bitte um Sündenvergebung einrahmt: לכל־חטאותי »und all meine Irrungen heb hinweg!«

[122] Die Wendung יורה ... בדרך »unterweisend im Weg« ist sehr selten. Sie findet sich nur in 1 Sam 12,23; Ps 25,8.12; 32,8; Spr 4,11. Dem geistlichen Klima nach steht Ps 32,8 am nächsten. Aber die Wortgruppe טוב וישר »gut und gerade« im Parallelismus (von JHWH gesagt) spricht dafür, daß eine direkte Anspielung auf die Stelle vorliegt, wo Samuel nach Einführung des Königtums die neue Funktion des israelitischen Propheten umreißt: Er wird fürbittend für Israel eintreten und die Israeliten unterweisen (והוריתי אתכם), und zwar בדרך הטובה והישרה »in gutem und geradem Wandel«. Im Sinne des deuteronomistischen Autors dieser Stelle ist zweifellos an die prophetische Aktualisierung der Tora gedacht.

[123] Vgl. Lohfink, *Lobgesänge der Armen*, 99f.

Wenn man von den Erfahrungen Israels her weiß, daß Gott so handelt, dann kennt man Gottes »Namen«. Um dieses Namens willen hofft nun auch der Beter aus den Völkern auf Verzeihung für seine Sünden, auf analoge Rechtfertigung für sich selbst (11).

Das löst den korrespondierenden zweiten objektiv formulierenden Abschnitt (12-15) aus. Er beschreibt positiv, was der Beter aus den Völkern aufgrund von Israels Erfahrung über Gottes »Namen« für sich selbst erhoffen darf. Der neue Gesichtspunkt wird sofort eindeutig formuliert, sogar in der Form einer Frage. Der Beter bezeichnet sich dabei als ירא יהוה, man möchte fast übersetzen: als einen »Gottesfürchtigen« (12). Sollte schon diese spätere Bezeichnung für die Menschen aus den Völkern, die sich Israel anschließen, vorliegen?[124] Auf jeden Fall ist hier nicht von Israeliten die Rede. Denn der Weg, in dem Gott unterweist, wird von dem gottesfürchtigen Menschen »gewählt« (דרך יבחר).[125] Israel ist kaum noch in der Lage, diesen Weg zu wählen, es ist längst auf ihn gesetzt.[126] Den Menschen aus den Völkern werden nun aber, nachdem sie sich zu JHWHs Weg entschieden haben, die Segnungen Israels zuteil.

In deutlicher Anspielung auf ein Zentralthema des Pentateuchs, vor allem des Deuteronomiums, wird dem »Samen« des Beters verheißen, er werde das Land in Besitz nehmen (13). Er ist also Abraham zu vergleichen. Ihm selbst, nicht erst seinem Samen, wird Anteil an Gottes סוד, seiner »Ratsversammlung« oder seinen (nur Israel geoffenbarten) »Geheimnissen« gewährt, ja auch an seinem »Bund« (14). Das ist die Stelle, deretwegen diese ganze Untersuchung unternommen wurde.

---

[124] Vgl. Duhm, *Psalmen*, 79: »Möglich, aber nicht sehr wahrscheinlich ist es, dass der ›Gott Fürchtende‹ hier schon nach dem späteren Sprachgebrauch ein Proselyt wäre, vgl. v. 14.«

[125] Darüber, daß יבחר ein Relativsatz ohne Relativpronomen ist, herrscht fast Einmütigkeit. In der Barockzeit war noch umstritten, wer das Subjekt von יבחר sei, JHWH oder der Gottesfürchtige. Mit Recht wird heute allgemein der Gottesfürchtige bevorzugt, doch wäre das zu begründen. בחר »wählen« hat דרך »Weg« nur in Jes 66,3; Ps 25,12; 119,30; Ijob 29,25; Spr 3,31 zum Objekt. Daß Gott für einen Menschen einen Weg auswählt, kommt mit diesen Lexemen im ganzen Tanach nicht vor. Allenfalls hat Ijob nach 29,25 in seinen guten Zeiten als Prominentester für die anderen Glieder der Versammlung entschieden (בחר), welchen Weg sie gehen sollten. Doch eine solche Vorstellung dürfte hier kaum auf Gott übertragen sein, da im Zusammenhang nicht irgendeine konkrete Einzelverhaltensweise ins Auge gefaßt ist, sondern einfach generell das Leben nach der Weisung Gottes. Jes 66,3; Ps 119,30; Spr 3,31 weisen in die gleiche Richtung.

[126] Wenn man als Objekt von בחר ein Wort für »Weg« verlangt, könnte als Parallele höchstens Ps 119,30 genannt werden. Spr 3,31 und Jes 66,3 beziehen sich auf eine Entscheidung zum falschen Weg. Verzichtet man auf das Wort »Weg«, dann gibt es vereinzelt die Randaussage, daß Israel einst in Sichem JHWH und seinen Dienst »gewählt« hat (Jos 24,15.22), und mit der Aufforderung an Israel, das »Leben« zu wählen, schließen die rituellen Texte des Moabbundesschlusses von Dtn 29f in Dtn 30,19. Vor diesem sprachlichen Befund ist die Aussage, der Beter entscheide sich für den Weg, in dem Gott ihn unterweist, bei einem Beter aus den Völkern näherliegend als bei einem Israeliten, selbst wenn sie dort nicht schlechthin ausschließbar ist.

Auf sie ist dann noch genauer einzugehen. Sie bildet hier den Höhepunkt. Ein Kreis schließt sich, denn in 25,4 hatte der Beter um die Erkenntnis des Weges gebeten (הוֹדִיעֵנִי), und hier steht nun der Bund denen offen, denen JHWH Erkenntnis (des Weges) gegeben hat (לְהוֹדִיעָם). Es folgt nur noch, am Ende des Abschnitts, die Rückwendung des Beters aus der objektiven Betrachtung auf sich selbst und zugleich die Überleitung zum folgenden Teil, der wieder aus Bitten besteht (15).

Im Abschnitt 16-18 erklingen zunächst die Bitten um die Klärung im Bereich des Wesentlichen. Im schon studierten Übergang der beiden ר-Verse erheben sich die Bitten dann wieder zur konkreten Not, die die Völkerwallfahrt ausgelöst hat, zum Streit in der menschlichen Gesellschaft. Die Bitte um Rettung vor den Feinden bestimmt den hinteren Rahmen, vom Schlußvers abgesehen (19-21). Dieser Abschnitt atmet vertrauende Sicherheit.

Zugleich führt er die letzte Pointe herauf: Der Beter aus den Völkern, der in die Erfahrung Israels eingetreten ist und jetzt aus ihr lebt, spricht ein Gebet um die Erlösung Israels aus seiner Not (22). Der Name »Israel« fällt hier im Psalm zum ersten und einzigen Mal. Aber in wie berührender Weise, wenn man den Psalm als Gebet von Menschen aus den Völkern liest! Und dazu, wenn man sieht, daß die Not Israels keine andere ist als die der Völker: die Beengung durch die eigene Sünde.

Man kann den Psalm zweifellos so lesen, wie er soeben ausgelegt wurde, selbst wenn er ursprünglich nicht für diese Deutung gedichtet wurde. Doch beginnt der Text eigentlich nur bei dieser Deutung wirklich zu sprechen. So wäre es der einzige Text im ganzen Alten Testament, in dem für die Endzeit der Geschichte auch den Menschen aus den Völkern Anteil an Israels »Bund« zugesprochen würde.

## 7. Das Fehlen des Wortes Tora

Faßt man das alles näher ins Auge, dann fällt zunächst einmal auf, daß das Komplementärwort zu בְּרִית, nämlich תּוֹרָה, in Psalm 25 fehlt. Bei der großen Zahl von Wörtern, die auf Jes 2 anspielen, ist das erstaunlich. Dort wird den Völkern ja auf dem Zion Tora gegeben. In Psalm 25 ist nur die im Wort תּוֹרָה steckende Wurzel aufgenommen: ירה »unterweisen«. Genau deshalb allerdings muß das Fehlen von תּוֹרָה als relevant betrachtet werden. Die Sache, um die es bei »Tora« geht, ist ja innerhalb von Psalm 25 durch das Bild des Weges und des Gehens ständig präsent. Trotzdem scheut sich der Psalm, Gott um Einführung des Beters in die Tora zu bitten, und eine solche Formulierung wird offenbar auch nicht als nötig betrachtet.

Nun läßt sich sagen, daß an sich schon in Psalm 1 das Thema »Tora« so mit dem Bild des Weges verknüpft worden ist (1,1.2.6), daß dieses Bild dann im Psalter nie mehr ganz ohne Bezug zur Tora Israels gehört werden kann. Auch ist das Wort תּוֹרָה nicht häufig: Vor Psalm 25 steht es nur noch ein einziges Mal (Ps 19,8). Das Verbum ירה Hifil kommt in Psalm 25 überhaupt zum erstenmal im Psalter vor. So mag das Wort wirklich, mit dem Bild des Weges so eng verbunden, den Gedanken an die Tora Israels einführen. Trotzdem bleibt das Faktum bestehen, daß das Wort תורה selbst fehlt.

Vielleicht muß man mit einer Scheu rechnen, den Völkern die volle Tora in der Israel gegebenen Form aufzuerlegen. Wie sich Ps 24,4 gegenüber Ps 15,25 zurückgenommen hat, so mag auch hier bewußt offengelassen sein, welche Gestalt für die Völker die Wege Gottes nun konkret annehmen werden.


## 8. Der Gebrauch des Wortes ברית *»Bund«*

Doch wie diese Wege auch verlaufen werden, sie führen die Völker in den »Bund« hinein. Das Wort ברית, das im Psalter insgesamt 21 mal belegt ist, kam vor Psalm 25 noch nicht vor. Hier steht es nun zweimal, und zweimal in verschiedenen und jeweils ungewöhnlichen Zusammenhängen.

In 25,10 ist es von עדתיו »seinen Zeugnissen« gefolgt. Diese Wortverbindung gibt es nur noch in 2 Kön 17,15 und Ps 132,12.[127] An beiden Stellen dürfte in jener Spätzeit, der die Psalterredaktion zugehört, keine spezifische Bezeichnung für eine bestimmte literarisch-institutionelle Größe mehr herausgehört worden sein. Der Doppelausdruck war ein Hinweis auf den in Israels Tora enthaltenen JHWHwillen. Doch warum wurde gerade diese seltene Wortverbindung gewählt? Der Wunsch, das Wort תורה zu umgehen, kann nicht allein maßgebend gewesen sein.

Der Sachverhalt ist auch noch komplizierter. Die göttliche Haltung, die denen gewährt wird, die »Bund und Zeugnisse hüten«, ist חסד ואמת »Treue und Wahrheit«.[128] Eine so enge Verbindung dieses Wortpaars mit ברית ועדות ist einmalig.

Wenn man auf die Suche nach einem Text geht, in dem alle vier Ausdrücke relativ nah beieinander und auch sachlich aufeinander bezogen vorkommen, dann wird man wohl nur einen einzigen finden: das Kapitel über die Erneuerung des Bundes nach der Sünde am Sinai, Exodus 34, und seine Umgebung.[129] Hier präsentiert sich JHWH, indem er seinem Volk verzeiht, als der רב־חסד ואמת ... אל »El ... reich an Treue und Wahrheit« und schließt eine neue ברית, deren Bestimmungen auf den Tafeln der ברית aufgezeichnet sind, die dann sofort auch Tafeln der עדות genannt werden (Ex 34,6.10.27.28.29).

Daß Ps 25,10 durch seine ungewohnten Formulierungen in der Tat vor dem Auge des Lesers die Szene der sinaitischen Verzeihung und Bundeserneuerung erstehen lassen will, zeigt auch der unmittelbar anschließende Vers 11, das Zentrum

---

[127] Hier mit dem normalen Verb שמר »bewachen, beobachten«, dem das seltenere נצר entspricht. נצר steht mit ברית nur noch in Dtn 33,9, mit עדות nur noch in Ps 119,2.22.129.

[128] Im Sinne von »wahrhaftige, beständige Treue«.

[129] Zu diesem Textkomplex vgl. jetzt vor allem Dohmen, »Sinaibund«. Dort weitere Literatur.

des Psalms. Es geht in Ex 34,5-8 um die Offenbarung des göttlichen Namens. Auf den göttlichen Namen beruft sich der Beter von Ps 25,11a. Im Buch Exodus bittet Mose nach der Offenbarung des Namens Gott, zu verzeihen. Er sagt: וסלחת לעוננו »und vergib unsere Sünden« (Ex 34,9). Genau diese Formulierung nimmt Ps 25,11b auf.

Ist dieser Bezug von Ps 25,10f auf Exodus 34 einmal wahrgenommen, dann erweisen sich auch andere Formulierungen im Psalm als vielleicht von diesem Hintergrund her bestimmt. In Ex 33,13 bittet Mose bei den Gesprächen, in denen er um Gottes Vergebung für Israel ringt: הודעני נא את־דרכיך »gib mir doch deine Wege zu erkennen« – so setzt in Psalm 25 der Abschnitt 25,4-7 ein. Auch die um das Wort זכר »gedenken« herum gebaute Bitte um Sündenvergebung in Ps 25,6-7 enthält mehrere Stichwörter, die ebenfalls in Ex 32-34 wichtig sind.[130] Selbst die Rede vom »Samen«, der das verheißene »Land in Besitz nehmen« soll (Ps 25,13) spielt in Ex 32,13; 33,6 eine Rolle. Die letzte große Serie von Bitten wird in Ps 25,16 eröffnet mit: פנה־אלי וחנני »wende dich mir zu und sei mir gnädig«. Das ist wie ein Echo auf Ex 33,19: חנתי את־אשר אחן »ich bin gnädig, wem ich will.« Vor allem aber: Ps 25,18b ושא לכל־חטאותי »all meine Irrungen hebe hinweg« ist, zur Bitte gewendet, die Kurzfassung der Selbstprädikation JHWHs in Ex 34,7 als des barmherzig Verzeihenden (נשא עון ופשע וחטאה »der hinweghebt Sünde und Abtrünnigkeit und Irrung«).

Das Wort ברית gehört also bei seinem ersten Vorkommen in Psalm 25 in einen auf Ex 34 bezogenen Aussagezusammenhang.[131] Nun geht es in Ex 32-34 nicht um den ursprünglichen sinaitischen Bundesschluß, sondern um dessen Bruch durch Bilderdienst und seine Erneuerung aufgrund göttlichen Verzeihens. Es wird also eine Parallele hergestellt zwischen der entscheidenden Sünde der Völker, dem Götzendienst, und der Ursünde Israels, dem Dienst vor dem goldenen Kalb, zwischen Verzeihung JHWHs gegenüber Israel und Verzeihung JHWHs gegenüber den zum Zion ziehenden Völkern, zwischen Israels erneuertem Bund und der Hineinnahme der von ihrer Jugendsünde frei gewordenen Völker in den Bund Israels. Letzteres sagt dann Vers 14 ausdrücklich.

Doch bei diesem Vers zunächst zu sprachlichen Problemen. Rechnet man mit sauberem Parallelismus, dann müssen beide Sätze Nominalsätze sein. Die mit Lamed eingeleiteten Phrasen ליראיו und להודיעם müssen gleiche Funktion haben. Dies ist auch möglich, wenn im zweiten Kolon הודיעם als Relativsatz ohne Relativ-

---

[130] Vgl. Ex 32,13 זכר; 33,19 רחם; 34,6 אל רחום; 34,7 פשע.

[131] So jetzt auch Frank-Lothar Hossfeld: »Nähe zu Ex 34 zumindest auf der Ebene seiner dtr Bearbeitung legt sich auch für Ps 25 nahe; dafür sprechen die Verwendung der drei gewichtigsten Sündenbegriffe Ps 25[7.11] Ex 34[7], die Anspielungen an die Gnadenformel Ps 25[6.10] Ex 34[6] und die Erwähnung von Bund bzw. Gesetz Ps 25[10.14] Ex 34[10.27ff]« (Hossfeld/Zenger, *Psalmen I*, 165f).

pronomen verstanden wird.[132] Diese Erklärung ist wegen der Gesetze des Parallelismus von vornherein jeder anderen überlegen.[133] Der nicht ausgedrückte Gegenstand der Erkenntnis ist vermutlich der »Weg« JHWHs. In den beiden mit Lamed eingeführten Bezeichnungen wird die erste und die letzte Charakterisierung des auf Gott zugehenden Menschen aus dem Bereich von 25,4-14 zusammengestellt.[134]

סוד ist ein poetisches und eher spät vital gewordenes Wort.[135] Es bezeichnet die himmlische Versammlung Gottes, die in der versammelten israelitischen Kultgemeinde präsent ist. In sie ist der Mensch der Völkerwallfahrt zum Zion jetzt aufgenommen. Es ist zu beachten, daß diese Gemeinde ja im Buch Exodus konstituiert wird. So ist es nur folgerichtig, daß der Parallelsatz von der Aufnahme in jenes Gottesverhältnis spricht, das »Bund« genannt werden kann und am Sinai gestiftet und verzeihend erneuert wurde.

Die Tatsache, daß es sich in Ex 33-34, den Hintergrundtexten, nicht um den ersten Bundesschluß am Sinai handelt, sondern um dessen Erneuerung, lenkt abschließend den Blick auf Jer 31,31-34, den Grundtext vom »neuen Bund«. Es wird ja nicht zufällig sein, daß die Wendung סלח לעון »die Sünde vergeben«, die ja recht selten ist,[136] Ex 34,9 mit Jer 31,34 verbindet. In Exodus 34 liest Israel innerhalb seiner Tora selbst stets von der ihm angebotenen Möglichkeit des »neuen Bundes«. Wenn Psalm 25 nun den Völkern zukünftigen Anteil an den archetypischen Vorgängen von Exodus 34 zuspricht, dann verbindet sich das mit der Verheißung eines zukünftigen neuen Bundes für Juda und Israel. In Jer 31,31-34 ist das Thema einer im neuen Bund von Gott, nicht mehr von Menschen gelehrten

---

[132] Ganz wörtlich: »Und sein Bund (ist offen) denen, von denen gilt: er hat sie erkennen lassen.« Das Problem des nicht ausgedrückten Objekts des Erkennens stellt sich bei den meisten syntaktischen Lösungen, die diskutiert werden, kann also nicht spezifisch gegen diese ins Feld geführt werden.

[133] Die wichtigsten sind, an Übersetzungen verdeutlicht: 1. »Seine Freundschaft gehört denen, die ihn fürchten; (ihnen gehört auch) sein Bund, (den er gewährt,) um sie erkennen zu lassen«; 2. »seine Freundschaft gehört denen, die ihn fürchten; seinen Bund will er sie erkennen lassen« (coniugatio periphrastica); 3. »seine Freundschaft gehört denen, die ihn fürchten; seinen Bund, wahrlich, er will sie (ihn) erkennen lassen« (lamed emphaticum). In allen drei Fällen liegt kein strenger Parallelismus mehr vor. Im ersten Fall wird das Objekt der »Erkenntnis« zum wirklichen Rätsel. Im zweiten und dritten Fall ist man auf die Idee der »Erkenntnis« des Bundes festgelegt. Sie ist sonst nirgends belegt und ergibt sich auch nicht aus dem Kontext, außer »Bund« wäre hier völlig synonym mit »Weg«. Aber dann käme die Aussage auch etwas zu spät.

[134] Natürlich chiastisch: zum Gottesfürchtigen vgl. Vers 12, zur Belehrung im Weg vgl. Vers 4.

[135] Vgl. Fabry, Art. סוד. Er schreibt zu Ps 25,14, hier werde »jede Beschränkung aufgehoben und der Thronrat JHWHs so weit demokratisiert, daß jeder, ›der JHWH fürchtet‹, an seinem sôd teilnehmen kann. Diese Demokratisierung ist ein wichtiger Schritt im semantischen Übergang von sôd zur Bezeichnung der at.lichen Kultgemeinde« (778).

[136] Gesamtheit der Belege: Ex 34,9; Num 14,19; Jer 31,34; 33,8; 36,3; 50,20; Ps 25,11; 103,3.

Tora und einer von Gott, nicht mehr von Menschen vermittelten JHWHerkenntnis zentral. Vielleicht zeigt die Prominenz des Themas des göttlichen Lehrens in Psalm 25, daß dieser Psalm den meditierenden Leser nicht nur an Ex 34, sondern auch an die Verheißung des neuen Bundes erinnern will.

## 9. Zusammenfassung

Die Verheißung des Bundes Israels auch für die Völker, die Psalm 25 also umschließt, ist offenbar in der ganzen Hebräischen Bibel einmalig. In der bisherigen Auslegung wurde offen gelassen, ob der Psalm die Völker von Jesaja 2 im ganzen oder ob er einzelne Menschen aus den Völkern als Beter voraussetzt. Man wird das auch in der Schwebe lassen müssen. Im Psalm selbst spricht ein singularisches Subjekt. Doch von Psalm 24 her ist an eine Vielheit zu denken. Daß man die Dinge hier in der Schwebe lassen muß, ist aber relevant und unterscheidet diesen Text etwa von Jes 56,1-7, wo eindeutig Einzelne zu Israel hinzutreten.

Diese Verheißung des neuen Bundes für die Völker ist derart in einer erst auf der redaktionellen Sinnebene deutlich werdenden Aussage verwoben, daß die moderne Bibelauslegung sie offenbar noch gar nicht in den Blick bekommen hat. Auch in dieser Untersuchung konnte sie nur mit viel Mühe sichtbar gemacht werden. Doch wenn die entscheidenden Schritte auf dem vorgeführten Erkenntnisweg richtig gesetzt worden sind, könnte Psalm 25 zu einem wichtigen Text im jüdisch-christlichen Gespräch werden. Gerade auch deshalb, weil er bezüglich der Völker die Rede von der Tora auf eine solche Weise im Bereich der Andeutung beläßt, daß es offen bleibt, ob man sofort an die höchst konkreten Gesetze des Pentateuch in ihren Detailregelungen oder gar an die auch damals schon längst darum gelegte Halacha denken muß. Daß die Völker Lehre über den Weg erhalten, den sie gewählt haben, daß diese Lehre in einem echten Sinn Tora genannt werden darf, hat sich ergeben. Doch zugleich ist sie in ihrer Konkretion offenbar nicht einfachhin mit der Israel gegebenen Tora identisch. Deshalb vermeidet unser Psalm lieber das Wort. Dennoch werden die Völker des »Bundes« Israels teilhaftig und können für Israel beten.

Akzeptiert man dieses Verständnis von Psalm 25, dann fällt es wohl auch leichter, noch in anderen Bereichen des Psalters eine Offenheit für eine endzeitliche Verbindung von Völkern und Bund in den Blick zu bekommen. In diesem Sinne soll im folgenden Kapitel zunächst die Anspielung auf die sogenannte Bundesformel in Psalm 33 diskutiert werden.

# IV.
## Die Bundesformel in Psalm 33[1]

Wenn Israel vom »Bund« sprach, gebrauchte es oft eine bestimmte Formel, die das Wesen des Bundes knapp und treffend umschreibt – zumindest was die göttliche Seite angeht. Man spricht von der »Bundesformel«. Es wäre vielleicht besser, dieser Formel einen anderen Namen zu geben, etwa den Namen »Auszugsformel« (wegen der häufigen Verbindung mit dem Exodus-Motiv) oder »Erwählungsformel« (weil es bei ihr um ein Erwählungshandeln Gottes geht). Sie drückt auf jeden Fall nur die eine Seite des Bundesverhältnisses aus, denn sie spricht nur von der »Leistung« Gottes bei der Konstitution des Bundesverhältnisses und nicht von Israels daraus resultierender Verpflichtung auf die Tora. Natürlich ist Gottes Tat das Erste und Entscheidende. Aber erst wenn beides zusammen genannt wird, hat man eigentlich das, was ein Wort wie das Wort »Bundesformel« genau genommen fordern würde. Doch die Bezeichnung hat sich in der Bibelwissenschaft für die engere Formel eingebürgert, die nur aus der Perspektive Gottes spricht, und deshalb soll sie auch im folgenden so gebraucht werden.

Die Grundgestalt der Bundesformel lautet:

Ich will euch zum Gott sein,
und ihr sollt mir zum Volk sein.[2]

Sie ist also zweigliedrig, und die Tatsache, daß in den beiden Gliedern Gottes »Bundesleistung« sowohl von ihm als auch von Israel her definiert wird, hat wohl dazu geführt, daß man schon in ihr eine volle Umschreibung des Bundesverhältnisses gesehen hat. Ihre beiden Glieder sind natürlich auch einzeln häufig belegt. Doch nur um ihre zweigliedrige Ausprägung geht es im folgenden.

Die Bundesformel hat als originär von Gott gesprochen zu gelten. Sie ist unter den gesellschaftlichen Lebensvollzügen in Israel am ehesten mit den vermutlichen *verba solemnia* der Kindesanerkennung (ein Spezialfall davon ist die Adoption) und des Eheschlusses vergleichbar: »Ich bin sein Vater, und er ist mein Sohn« und »Du bist meine Frau, und ich bin dein Mann«. Sie drückt beim Bund zwischen JHWH und Israel im deuteronomistischen Verständnis die Zusicherung des göttlichen Partners aus, während der menschliche Partner sich auf die Tora JHWHs verpflichtet. Der Schlüsseltext und ausgebauteste Beleg ist Dtn 26,17-19. In der

---

[1] Dieses Kapitel ist bisher unveröffentlicht. Es sollte auch als meine Weiterarbeit am Thema von Lohfink, »Die Universalisierung der ›Bundesformel‹ in Ps 100,3« betrachtet werden. Ich danke vor allem Walter Groß für ein Gespräch über die Syntax der Verben (wobei ich für meine Deutungen selbstverständlich selbst die volle Verantwortung trage) und Georg Braulik für wichtige Hinweise.
[2] Belegliste: Lohfink, »Dt 26,17-19«, 517.

Priesterschrift des Pentateuch steht sie an der entscheidenden Stelle Ex 6,7.

Bei der Frage, ob in den Schriften Israels der Bund nicht nur Israel, sondern auch den Völkern zugesprochen werde, ist sie natürlich so etwas wie ein besonders wichtiger Prüfstein. Denn sie formuliert ausdrücklich, daß Gott sich im Bund zu einem Volk in Beziehung setzt. Der Israelbezug ist bei allen ihren vollen Belegen in Tora und Propheten eindeutig. Andererseits findet sich in Jes 19,25 der zweifellos in Anspielung auf das eine ihrer Elemente formulierte Satz:

> Gesegnet ist Ägypten, mein Volk,
> und Assur, das Werk meiner Hände,
> und Israel, mein Erbbesitz.

Daß hier wirklich die Bundesformel anklingen soll, zeigt sich auch daran, daß vorher (19,20-22) von einem JHWHhandeln an Ägypten die Rede ist, das dem JHWHhandeln beim und nach dem Exodus Israels aus Ägypten entspricht. Die Bundesformel scheint also auch auf Menschen außerhalb Israels übertragbar zu sein.

Allerdings zeigt sich sofort das Problem einer solchen Übertragung: Dieser Text klingt so, als werde es in kommenden Zeiten mehrere Gottesvölker geben.[3] Oder ist die Bundesformel auch in anderer Form übertragbar? In Psalm 25 war ja auch nicht von einem Bund JHWHs mit den Völkern die Rede, der sich vom Bund mit Israel unterschieden hätte. Es ging dort vielmehr um die Wallfahrt der Völker zum Zion, und im Zusammenhang damit um einen Anteil der Völker an dem einen Gottesbund Israels, der als Bund bereits selbst nach der Sünde des Götzendienstes durch das Erbarmen Gottes hindurchgegangen ist. Die Frage sei im folgenden an den Psalter gestellt. Dabei wird sich die Aufmerksamkeit schnell auf Ps 33,12 konzentrieren.

Im Psalter gibt es keine Belege der Bundesformel in ihrer strengen Grundgestalt. An sie anklingende und mit hoher Sicherheit auf sie anspielende Formulierungen finden sich dagegen an drei Stellen: in Ps 33,12, 95,7 und 100,3.

Psalm 95 ist ein Bekenntnis Israels zu dem Schöpfergott, der zugleich sein Bundesgott ist.[4] Denn der Doppelhymnus in 95,1-7a geht zunächst auf den Schöpfer, dann auf den Bundesgott. Er endet in 7a mit der Bundesformel. Dann schaltet sich nach einer Höraufforderung (7b) die den ganzen Rest des Psalms (8-11) füllende Gottesstimme ein, die zum Gehorsam gegenüber der Stimme des Bundesgottes mahnt, wobei die Sündengeschichten der Wüstenwanderung in Erinnerung gerufen werden.

Anders ist es in Psalm 100.[5] Hier findet die Bundesformel sich im Mund der in

---

[3] Das meint zumindest Groß, »Wer soll YHWH verehren?«, 17-22. Etwas anders Haag, »Mein Volk Ägypten«, 147 Anm. 20.

[4] Aus der Literatur vgl. vor allem Braulik, »Gottes Ruhe«, und Hossfeld, »Psalm 95«.

[5] Zum folgenden vgl. Lohfink, »Ps 100,3«; Zenger, »Im gemeinsamen Gottesbund«, 246-250.

den Zionstempel einziehenden Völker. Sie bekennen sich in Vers 3 folgendermaßen zu dem dort thronenden Gott:

JHWH, (nur) er ist Gott;
er hat uns gemacht, und ihm sind wir zu eigen:
sein Volk und die Herde seiner Weide.

Vermutlich sind Ps 95,7 und Ps 100,3 einander in der Endredaktion des 4. Psalmenbuches zugeordnet. In Psalm 100 wird Psalm 95 weitergeführt und auf den Kopf gestellt. Das zeigen mehrere Formulierungszusammenhänge. Psalm 100 ist der Höhepunkt der Psalmenreihe 93-100, die im Völkerthema gipfelt. Doch von all dem soll später in Kapitel 6 dieses Buches gehandelt werden.

Zumindest bei synchroner Lektüre des Psalters wird man, wenn man bei den Psalmen 95 und 100 angekommen ist, sich an die erste Anspielung des Psalters auf die Bundesformel in Ps 33,12 erinnern und sie vielleicht nachträglich als eine Art Vorankündigung des Aussagensystems im 4. Psalterbuch nehmen. Hatte sie hier etwas vorzubereiten oder einen Brückenschlag anzudeuten? Sprach sie dabei noch allein von Israel oder besteht auch bei ihr schon ein Bezug zu den Völkern?

Solche Fragen muß man angesichts dessen, was in Ps 95,7 und Ps 100,3 mit der Bundesformel geschieht, stellen. Sie legen es nahe, den nicht gerade häufig ausgelegten Psalm 33[6] etwas genauer anzusehen. Denn ohne eine Analyse des ganzen Psalms, ja auch seiner Bezüge zu vorausgehenden und nachfolgenden Psalmenbereichen, lassen sich die aufgeworfenen Fragen nicht klären.

## I. Psalm 33 als ganzer

### 1. Übersetzung und Einzelbemerkungen

Die nun folgende Übersetzung ist nach Möglichkeit konkordant und deutet im Druckbild schon die entscheidende Struktur des Psalmes an. Doch sei sofort darauf aufmerksam gemacht, daß im Hauptstück des Psalms die angedeutete zentralorientierte Struktur in Spannung zu einer eher linearen Konkurrenzstruktur steht. Beide in ihrem Zusammenspiel sind erst die volle Struktur des Psalms. Näheres später bei der Strukturanalyse!

---

[6] An Titeln, die sich im wesentlichen nur Psalm 33 widmen, lassen sich höchstens nennen: Deissler, »Anthologischer Charakter«; Koch, »Wort und Einheit des Schöpfergottes«; Vincent, »Recherches«; Auffret, »Pensées«; ders., »Allez, fils!«.

*Einführung*

1    Jauchzt, Gerechte, in JHWH,
     (denn) Rühmung ziemt sich für die Geraden.[a]

2    Bekennt JHWH mit Tragleier,
     mit Standleier — einer Zehner — spielt ihm!

3    Singt ihm einen neuen Gesang,
     schlagt gut die Saiten zum Jubelschrei!

*Hauptstück I*

4    Denn geradlinig ist das Wort JHWHs,
     und all sein[b] Werk (subsistiert) in Wirklichkeitsdichte[c].

5    Dessen, der Gerechtigkeit und Recht liebt,[d]
     JHWHs Treue — mit ihr ist angefüllt die Erde.[e]

6    Durch das Wort JHWHs wurden die Himmel ins Werk gesetzt,
     und durch den (Geist-)Hauch seines Mundes all ihr Heer[f].

7    (Vor dem,) der die Wasser des Meeres, als wären sie ein Damm,[g] (ständig)
     sammelt,
     Urfluten in Tiefenspeicher zwingt,[h]

8    vor JHWH soll sich fürchten[i] alle Erde,
     vor ihm sollen erschrecken alle Bewohner des Erdkreises.

9    Denn er, er allein,[j] hat gesprochen, und es geschah,
     er, er allein, hat geboten, und es[k] stand.

*Zentralstück*

10   JHWH hat umgeworfen[l] die Absicht der Nationen,
     er hat auf den Kopf gestellt[m] den Plan[n] der Völker.[o]

11   Die Absicht JHWHs — für Ewigkeit wird sie stehen,
     der Plan[p] seines Herzens — für Geschlecht und Geschlecht.

12   Selig die Nation, deren Gott JHWH ist,
     das Volk, das er sich zum Erbe erwählt hat.

*Hauptstück II*

13   Vom Himmel hat JHWH geblickt,
     er hat angesehen alle einzelnen[q] Menschen.[r]

14   Vom Podium, auf dem er thront, hat er geschaut
     auf alle Bewohner der Erde,

15 (er,) der zugleich[s] ihr Herz geformt
und auf alle ihre Werke geachtet hat.

16 Nicht wahr ists, daß der König gerettet wurde durch Fülle der Streitmacht[t],
so wird selbst ein Held nicht herausgerissen werden durch Fülle der Kraft.

17 Täuschung ists, auf das Pferd zur Rettung zu setzen[u],
und trotz der Fülle seiner Streitmacht wird er (der Held) nicht entkommen.

18 Siehe, das Auge JHWHs ist[v] auf die (gerichtet), die ihn fürchten,
auf die, die auf seine Treue harren,

19 um herauszureißen aus dem Tod ihre Seele
und für ihren Unterhalt zu sorgen[w] in der Hungersnot.

*Schlußstück*

20 Unsere Seele wartet (hiermit)[x] auf JHWH,
der (allein) unsere Hilfe und unser Schild ist[y].

21 Denn[z] an ihm soll unser Herz sich erfreuen,
weil wir auf seinen heiligen Namen vertraut haben (werden).

22 Es verwirkliche sich deine Treue, JHWH, über uns,
dem gemäß, daß wir auf dich geharrt haben (werden).


*Einzelbemerkungen:*

[a] Der Nominalsatz der zweiten Vershälfte könnte sowohl parallelgeordneter, in diesem Fall imperativisch zu verstehender Hauptsatz (»Den Geraden sei Rühmung zur Zier!«) als auch untergeordneter, in diesem Fall begründender Nebensatz sein (»denn für die Geraden ziemt sich Rühmung«). Die betonte Anfangsstellung des Dativobjekts aus der Prädikatsgruppe (לישׁרים), das sachlich eine Parallelbenennung der in der ersten Vershälfte vokativisch angerufenen צדיקים ist, spricht dafür, daß gerade diese Gruppe zum Lob aufgerufen wird. Eine Interpretation als imperativischer Hauptsatz nähme innerhalb der vielen Lobaufforderungen des Kontexts dem Satz seine formal deutlich erkennbare Spezifizität. In der Tat bedarf eine hymnische Aufforderung an »Gerechte/Gerade« im Kontext des Psalters einer Rechtfertigung. Die Belege für eine solche Aufforderung an »Gerechte« sind nur: Ps 32,11 (unmittelbar vorauslaufende Ankündigung von Ps 33,1); Ps 97,12 (für Parallelismus mit »Herzensgeraden« vgl. den vorangehenden Vers). Ferner könnte noch auf den konstatierenden Psalmschluß 140,14 hingewiesen werden (// »Gerade«). Das macht die Lobaufforderung an die Gerecht-Geraden fast zu einer Einmaligkeit. Im Deutschen muß »Gerade« als das Wort, auf das es ankommt, ans Satzende.

[b] Nach Klaus Koch[7] verweist das Suffix nicht auf JHWH zurück, sondern auf das Wort JHWHs. Das gelte ebenfalls vom eliptischen Subjekt von 5a. Dort ist jedoch eine andere Erklärung am Platz, vgl. unten. Hier liegt näher, daß auf JHWH zurückgewiesen wird und »Werk JHWHs«,

---

[7] Koch, »Wort und Einheit des Schöpfergottes«, 274 Anm. 74.

nicht »Werk des Wortes JHWHs« suppliert werden muß. Daß JHWH sein Werk durch sein Wort schafft, ergibt sich im Kontext. Ein Hypostasierungsinteresse für das göttliche Wort ist nicht zu erkennen.

[c] Oder: »Zuverlässigkeit«. Der Kontrastbegriff שֶׁקֶר steht dann in 17.

[d] Hier etwa mit Gunkels *Einleitung* von einem »hymnischen Partizip« zu reden[8] und in der Übersetzung einfach einen präsentischen Hauptsatz herzustellen, wie es gewöhnlich geschieht,[9] dürfte seit der formgeschichtlichen Analyse der sogenannten »hymnischen Partizipien« durch Frank Crüsemann nicht mehr möglich sein.[10] Einerlei, ob vielleicht eine in Hymnen anderer Art vorgegebene Formulierung benutzt ist, es muß nach der jetzt herrschenden Syntax gefragt werden. Das gilt sowohl in 5a als auch in 7 und 15. Ein selbstständiger Satz liegt in 5a kaum vor, da ein Partizipialsatz ein Subjekt fordert. Getiltges יהוה ist unwahrscheinlich, da die Subjekte der vorangehenden Sätze nicht יהוה, sondern דבר־יהוה und מעשהו waren. Am nächsten liegt es, die Partizipialgruppe in 5a als vorausgezogene Charakterisierung des יהוה im dann folgenden Ausdruck חסד יהוה zu verstehen. Die Übersetzung versucht, die Konstruktion zu reproduzieren.[11]

[e] Nach den Nominalsätzen von 4, die generelle Sachverhalte aussagen, dürfte 5b einen perfektischen, wenn nicht generellen Sachverhalt anzielen. Er lenkt den Blick noch nicht, wie dann Vers 6 mit Neuansatz durch wiederholtes דבר יהוה, in die Vergangenheit, ja in die Urzeit.

[f] Mit Sicherheit handelt es sich um die Sterne. Nach Klaus Koch sind auch alle metereologischen Phänomene, also Winde, Blitz und Donner, einzuschließen.[12]

[g] Statt des masoretischen *kannēd* »wie in einem (Getreide-)Haufen/einem Wall« setzen mehrere alte Übersetzungen *kannō(ʾ)d* »wie in einem (Ziegenhaut-)Schlauch« voraus. Zur Vorstellung vgl. Ijob 38,37. Dort handelt es sich um die himmlischen Wasserbehälter, aus denen der Regen kommt – allerdings steht ein anderes Wort. Ist *kannō(ʾ)d* die ursprüngliche Lesart, dann ginge es auch hier um die himmlischen Wasservorräte, aus denen der Regen stammt, während Vers 7b von den Tiefenwassern spräche, die im Meer und den Quellen zu Tage treten. Das gäbe einen sauberen Parallelismus und zugleich den Abstieg von oben nach unten in der Schöpfungsbeschreibung. Die Lesart des masoretischen Textes entspränge einer sekundären innerbiblischen Harmonisierung. Sie möchte dann auf die aufgetürmten Wasser des Schilfmeers und des Jordans beim Jordandurchzug verweisen (vgl. das Wort נד »Wall« in Ex 15,8; Jos 3,13.16; Ps 78,13; auch das im Psalm bald wichtig werdende Verb עמד »stehen« in Jos 3,13.16). Doch spricht für die Ursprünglichkeit der masoretischen Lesart die Rede von den »Wassern des Meeres«. Das läßt es kaum zu, an Wasser zu denken, das in himmlische Behälter oder gar in Wolken, die als

---

[8]   Gunkel/Begrich, *Einleitung*, 44.

[9]   Vgl. etwa Kraus, *Psalmen I*, 408: »Er ist es, der da liebt Gerechtigkeit und Recht«, oder die *Einheitsübersetzung*: »Er liebt Gerechtigkeit und Recht.«

[10]  Crüsemann, *Formgeschichte*, 83-154, speziell 129-131.

[11]  Da Gunkel, *Psalmen*, 138, hinter Vers 5a nicht einen Punkt setzt (vgl. seine Übersetzung in 7 und 15), sondern ein Komma, kann man ihn sogar im Sinne dieser Deutung lesen: »Er, der Gerechtigkeit und Recht liebt, von Jahves Gnade ist die Erde voll.« Ähnlich (ohne weitere Begründung) Spieckermann, »Die ganze Erde«, 426.

[12]  Koch, »Wort und Einheit«, 276.

Schläuche zu denken wären, eingeschlossen ist. So sind wir vielleicht doch schon in 7a vom Himmel herabgestiegen, und das Meer, das ursprünglich die Erde bedeckte, würde in diesem Kolon an den Rand des Trockenen getrieben und dort gewissermaßen aufgehäuft oder zu einem begrenzenden Wall gemacht. Diese Vorstellung kann unabhängig von jeder Exoduskonnotation sein. Die Entscheidung zwischen beiden Lesarten fällt nicht leicht. Es könnte ja sogar sein, daß *nōd* die ursprüngliche Lesart war, aber wegen des Anklangs an *nēd* von Anfang an auch schon der Zug durchs Schilfmeer und durch den Jordan mitgehört werden sollten. Da sich diese Klangähnlichkeit im Deutschen nicht nachahmen läßt, supponiert die obige Übersetzung, *nēd* sei die ursprüngliche Lesart. Dann kommt mehr an möglichem Sinn herüber.[13]

[h] Wie in 5a handelt es sich weder um partizipale Hauptsätze (es gibt kein Subjekt, auch kein getilgtes) noch um attributive Erweiterungen eines vorangehenden Wortes für Gott. Wieder dürfte יהוה aus dem dann folgenden Hauptsatz (ייראו מיהוה) vorgreifend charakterisiert sein. Die Diskontinuität zu 6 bedeutet auch, daß die Zeitperspektive sich wandeln kann. 6 hat als vergangenheitliche Schöpfungsaussage eingesetzt. Die Schöpfung wird nun auch in einem von oben nach unten verlaufenden Abstieg durch das Weltgebäude durchmessen (Himmel, Wasser, Erde). Aber das heißt nicht, daß ein vergangenheitlicher Schöpfungsbericht weiterliefe. Er mag im Hintergrund zu ahnen sein. Doch zugleich verschiebt sich die Zeitstufe. Wenn in 8 das Objekt »Erde« erreicht ist, greift ein Jussiv schon in die Zukunft aus. Erst die zusammenfassende Begründung in 9 spricht dann wieder vergangenheitlich. Bei diesem Durchgang durch die Zeitstufen innerhalb der Verse 6-8 könnten die Partizipien von 7 eine Mittelstellung zwischen der Vergangenheit von 6 und der jussivischen Zukunftsausrichtung von 8 anzeigen. Es wäre an einen durativ-überzeitlichen Aspekt zu denken. Ständig hält JHWH die Erde und ihre Bewohner vom Wasser frei, das seiner Natur nach darüber fluten möchte. Das wäre dann auch der Grund, weshalb die Erde und ihre Bewohner dem sie ständig sichernden JHWH gegenüber Furcht und Schrecken empfinden müssen. Allein von ihm, und das in jedem neuen Augenblick, hängt es ab, ob sie weiterexistieren können. 7 hätte dadurch für den dann folgenden Hauptsatz auch eine begründende Nuance. Die mit כי eingeführte Begründung in 9 bezieht sich auf das Ganze und hat so eine andere Funktion. Insgesamt nähert sich das hier entwickelte Verständnis dem der alten Ausleger. Sie schlossen oft aus dem Wechsel der Form, in 6 sei von der Schöpfung, in 7 dagegen von der Erhaltung der Welt die Rede.

[i] Jussivische Widergabe, »da im Folgenden noch von unterschiedlichen Grundhaltungen der Menschen die Rede ist.«[14]

[j] Emphatisches הוא, auch im folgenden Kolon.

[k] Nämlich das Gebotene. Es gibt in den vorausgehenden Sätzen kein maskulines Wort, das als Bezugswort in Frage käme. So kann hier und im Kolon davor nur das inhaltlich Gesagte und Gebotene selbst das Objekt sein. Vielleicht spricht das erste Kolon von der Schöpfung des Himmels und seines Heeres durch das göttliche Wort, das zweite von der Bändigung des Meeres durch göttlichen Befehl.

---

[13] Die Vertreter der jeweiligen Lesarten aus neuerer Zeit sind aufgelistet bei Petersen, *Mythos,* 102 Anm. 1, und 103 Anm. 3. Dort 108f ausführliche Argumentation gegen die Annahme eines Exodusbezugs (obwohl Petersen *nēd* liest).

[14] Reventlow, *Gebet,* 133 Anm. 78.

[l] Für הפיר muß man nach den Usancen der neuzeitlichen Lexikographie eine Nebenwurzel *pwr* »brechen« zu einer Hauptwurzel *prr* postulieren. Sie hätte nur 2 oder 3 Belege. Die Hauptwurzel *prr* selbst verdoppelt sich dann noch einmal (I »brechen«, II »schwanken«). Normalerweise schließt man unsere Stelle an *prr I* »brechen« an, was sich schon deshalb nahelegt, weil mehrere und gerade die ältesten der bei *prr I* eingeordneten Belege mit dem Objekt עצה »Absicht« verbunden sind.[15] Doch hindert nichts daran, die scharfe Aufteilung in *prr I + II* in Frage zu stellen.[16] Wahrscheinlich hat man damals alles als ein einziges Verb mit verschiedenen Bedeutungen empfunden. Dann wäre aber die Grundvorstellung des Schwankens und Umwerfens – nun gegen die Richtung, die Rupperts Überlegungen einschlagen – auch bei den Belegen mit עצה denkbar. Sie paßt eigentlich an allen diesen Stellen gut. Da im Psalm später ausgesprochene Umwälzungsaussagen folgen, scheint mir die Bedeutung »zum Schwanken bringen, umstürzen« die angemessenste zu sein. Ernst Kutsch hat darauf aufmerksam gemacht, daß sich *prr* Hifil hinsichtlich der Objekte deutlich etwa von *šbr* »zerbrechen« und *šḥt* »vernichten« unterscheidet.[17]

[m] Auch das Verb *nwʾ* ist ein sehr seltenes und in seiner Grundbedeutung schwer zu fassendes Wort. Das entsprechende akkadische Wort *nêʾu* hat die Bedeutung »umwenden«. Ich halte es für möglich, daß es hier ebenfalls die Aussage der Umwälzung macht, und übersetze entsprechend.

[n] Singular mit 4QPs[q] (*lectio difficilior*).

[o] Die Zeitstufe der Vergangenheit, die in 9 bei der abschließenden Begründung der Schöpfungsaussagen 6-9 wieder erreicht worden war, gilt auch für 10. Die *qatal*-Sätze bringen durchaus einen individuellen Sachverhalt der Vergangenheit zum Ausdruck, allerhöchstens haben sie eine perfektische Nuance. Die Vereitelung der Völkerpläne ist auf jeden Fall eine Gottestat von Urzeit her. Dann kippt in 11 die Zeitperspektive wieder um, analog zum Vorgang in 7. Vers 11 spricht von unbegrenzter Zukunft. Das zeigen nicht nur die *yiqtol*-Form des Verbs, sondern vor allem die beiden Zeitangaben לעולם »für Ewigkeit« und לדר ודר »für Geschlecht und Geschlecht«. Dann folgt in 12 ein doppelt durchgeführter Nominalsatz, der durch das, was vorausgeht, natürlich auch in futurisch-überzeitlicher Sphäre zu stehen kommt. Die darin zu findende vergangenheitliche Erwählungsaussage (*qatal*) befindet sich in einem Relativsatz (ohne Relativpronomen) und bestimmt deshalb nicht die Zeitsphäre des Hauptsatzes. JHWHs eigenes Geschichtshandeln wird also nicht gesehen, insofern es urzeitlich grundgelegt ist, sondern insofern es noch futurisch aussteht.

[p] Singular mit 4QPs[q] (*lectio difficilior*).

[q] בני (wörtlich: »Söhne von«) individualisiert den Gattungsbegriff אדם »Menschheit«.

[r] Die *qatal*-Form am Ende von 12, selbst wenn sie genau genommen vielleicht als *futurum exactum* übersetzt werden muß, ermöglicht es dem neubeginnenden Psalmteil, wie vorher bei dem Neueinsatz in 10 einfach mit der gleichen Verbform weiterzufahren und dabei wieder in der Urzeit zu sein. In ihr verweilt der Text bis 15 inklusive. Auch das richtende und erwählende

---

15 2 Sam 15,34; 17,14; Jes 8,10; 14,27 (implizit); Esr 4,5; Neh 4,9 – für מחשבה »Plan« vgl. Ijob 5,12 (im Kontext steht auch ערה); Spr 15,22.

16 Vgl. die Überlegungen von Ruppert, Art. »פרר«, 774f.

17 Kutsch, Art. »פרר«, 487.

Handeln Gottes kommt aus Schöpfungsgründen – was in 15 ja auch inhaltlich ausgesagt wird. Die mit Artikel versehenen beiden Partizipien in 15 (היצר) »der Formende« und המבין »der Durch-schauende«) sind nicht Prädikate, sondern die Kernstücke von 2 parallelen, durch יחד zusammen-gebundenen Subjektgruppen der voranstehenden, von 14 gebildeten Prädikatsgruppe. Deren Kernstück ist השגיח »er hat geschaut«, also ein *qatal*-Verb. 15 enthält also untergeordnete Elemente eines insgesamt vergangenheitlichen Satzes.[18]

[s] יחד »in einem, zusammen, miteinander« in etwas ungewöhnlicher, durch den poetischen Parallelismus bedingter Wortstellung bindet die beiden Subjektdefinitionen für den Gesamtsatz 14-15 in 15a und 15b zu einer Einheit zusammen.[19]

[t] Es handelt sich um einen Nominalsatz, dessen Prädikat אין »Nichtsein« lautet – hier frei mit »nicht wahr ists, daß« übersetzt, da das Subjekt ein ganzer Verbalsatz ist, der eine punktuelle vergangenheitliche Behauptung aufstellt.

[u] Nominalsatz, in Analogie zu 16a aufgefaßt. Dabei ist angenommen, daß es sich bei הסוס לתשועה »Das Pferd für die Rettung!« um eine sprichwörtliche Redensart handelt.

[v] Oder, im Blick auf Vers 13, der inhaltlich wiederaufgenommen wird: »war«. Doch im ganzen scheinen die Nominalsätze an den Anfängen der Verse 16-18 grundsätzlich und allzeit geltende Aussagen zu machen, auch wenn sie in der Schöpfungsurzeit grundgelegt sind. In 16b und 17b zeigen die *yiqtol*-Formen, in 19 die Infinitivkonstruktionen, daß die immer geltenden Aussagen für den Beter vor allem im Blick auf die bevorstehende Zukunft wichtig sind. Das führt zur Zukunftsperspektive hin, die den Schluß des Psalms in 20-22 beherrscht.

[w] Zu dieser Übersetzung von חיה Piel vgl. Dtn 6,24; 2 Sam 12,3; Jer 49,11; Koh 7,12; Neh 9,6.[20]

[x] Vers 20 will auf jeden Fall sagen, daß die Sprecher des Psalms im Sinne von 18-19 einzuord-nen sind. Die Aussage wird durch eine *qatal*-Form gemacht. Das kann auf eine in der Ver-gangenheit gefällte Entscheidung hinweisen oder auf eine performative Aussage, die also im Augenblick des Sprechens geschieht. Ich nehme das Zweite an, da in 21a und 22a nur Aussagen über die Zukunft folgen. Auch der Bittcharakter von 22a spricht dafür, daß 20a performativ zu verstehen ist. Die beiden Sätze in 21b und 22c sind von der jeweils vorangehenden Aussage abhängige Sätze und besagen daher nichts für die leitende Zeitsphäre. Sie greifen vom Stand-punkt der im Hauptsatz geltenden Zukunft wieder auf einen Zeitraum zurück, der von der Zukunft aus Vergangenheit ist.

[y] Vers 20b ist ein Nominalsatz (והוא!). Vom Kontext her ist »JHWH (und kein anderer)« als Prädikat zu erwarten. Da das deiktisch für JHWH stehende הוא Endstellung hat, muß der Satz nach den (noch unveröffentlichten) Positionsregeln von Diethelm Michel ein Nebensatz sein. Daher ist er als appositioneller Relativsatz zu ליהוה am Ende von 20a anzusehen.

---

[18] So schon Ewald, *Psalmen*, 423. Überhaupt hat Ewald in seiner Übersetzung die Syntax und die Tempusverhältnisse des Psalms vielleicht am deutlichsten erfaßt.

[19] So schon richtig Hupfeld, *Psalmen II*, 246.

[20] Lohfink, »Deuteronomy 6:24«, 115f.

<sup>z</sup> Es ist nicht einzusehen, warum das כִּי, das Vers 21 eröffnet, nicht begründend sein soll.[21] Die in 20 sich aussprechende Hoffnung auf JHWH hat ihren »motivierenden« Grund in der Erwartung, durch JHWH in Zukunft Freude des Herzens zu finden. Diese Erwartung selbst wiederum wird gerade im Vertrauen auf seinen heiligen Namen »sachlich« begründet sein (כִּי in 21b). Alles wird also JHWH in die Hand gelegt. Deshalb schließt der Psalm in 22 mit einer in die Zukunft ausgreifenden Bitte, die im Entsprechungsdenken gründet: Dem vorauslaufenden menschlichen Vertrauen soll das kommende Handeln Gottes entsprechen.

## 2. Psalm 33 als poetischer Zentralbau[22]

In seiner Grobstruktur ist der Psalm sicher »geradezu das Musterbeispiel eines Hymnus«[23]. Relativ leicht läßt sich folgende Hauptgliederung entwerfen:

| | | |
|---|---|---|
| 1-3 | Einführung | Lobaufforderungen: Pluralische Imperative |
| 4-19 | Hauptstück | Beginn mit כִּי; objektive Aussagen in 3. Person |
| 20-22 | Schlußstück | »wir« und »du«: Vertrauen und Bitte |

Diese Hauptgliederung ist an den in der 3. Spalte angegebenen sehr formalen Merkmalen deutlich zu erkennen und erschließt sich auch schon beim ersten Lese- oder Hörvorgang. Die Ihr-Anrede der Einführung kehrt im gesamten Psalm nicht mehr wieder. Die Wir-Aussage des Schlußstücks, und erst recht die noch dazutretende Du-Zuwendung des Wir zu Gott im letzten Vers sind zwar in der Psalmmitte

---

[21] Gegen die *Einheitsübersetzung*, die hier »ja« hat und das folgende כִּי völlig übergeht.

[22] Detaillierte Analysen der Textstruktur sind erst in jüngerer Zeit systematisch gemacht worden. Ein für allemal sei verwiesen auf Ridderbos, *Psalmen*, 236-245; Vincent, »Recherches«, 447-451; Auffret, *Hymnes*, 55-73; Girard, *Psaumes 1-50*, 260-266; Auffret, »Pensées«. In diesen Arbeiten sind fast alle entscheidenden Beobachtungen gesammelt worden, wenn auch mit unterschiedlichen Folgerungen. Die Beobachtungen werden im folgenden keineswegs alle aufgezählt. Einige der Arbeiten sind wohl etwas zu sehr auf die sprachliche Oberflächengestalt beschränkt und achten kaum noch auf Syntax und Inhalt. Der hier vorgelegte Ansatz versucht vor allem darin neue Wege zu gehen, daß er leserorientiert analysiert.

[23] Hossfeld/Zenger, *Psalmen I*, 205; diese Erkenntnis ist alt, sie findet sich schon bei Rosenmüller, *Psalmi II*, 826. Für Abschluß von Hymnen durch Bitten verweist Ridderbos, *Psalmen*, 236, auf Ps 19,13f; 104,31-35; 139,19ff. Gunkel/Begrich machen diesbezüglich allerdings eine Einschränkung: Solche Bitten seien eher für Babylonien und Ägypten als für Israel typisch (*Einleitung*, 58f). Crüsemann, *Studien*, 129f, zeigt, daß der Psalm alles andere als ein Beispiel für eine ursprünglich reine Gattungsform ist. Nach ihm enthält der Psalm zunächst in 1-4 einen »vollständigen imperativischen Hymnus«, dem der »lange Hauptteil des Psalms in V. 5-19« »angefügt worden« ist, »in dem in offenbar sehr freier und souveräner Weise ganz verschieden geprägte Form- und Stilelemente nebeneinander gesetzt werden«. Schließlich seien noch 20f und 22 als eigene Größen abzuheben. Prinzipiell ist das sicher richtig, wenn auch 4-5 unmöglich auseinandergenommen werden können. Im Grunde greift die Gattungsbestimmung reinen Wassers bei einem so späten Text nicht mehr.

schon insgeheim vorbereitet (12: »Selig das Volk…«), kommen aber dennoch als etwas völlig Neues und sind sicher für die Gesamtform relevant.

Wichtig ist die quantitative Regelmäßigkeit, die sich schon in diesem Grobaufbau zeigt. Insgesamt umfaßt der Psalm 22 Verse, und zwar nur Bikola. Die Zahl 22 entspricht der Buchstabenzahl des Alphabets. Der Psalm ist kein Akrostichon. Aber die reine Zahl der Verse ist schon eine Anspielung auf das Alphabet. Allumfassendes, Vollkommenheit, eine kleine, aber geschlossene literarische »Welt« werden signalisiert. Das wird dadurch verstärkt, daß Einführung und Schlußstück gleich lang sind:

| | | |
|---|---|---|
| 1-3 | Einführung | 3 Verse |
| 4-19 | Hauptstück | 16 Verse |
| 20-22 | Schlußstück | 3 Verse |

Alles hängt nun daran, wie die 16 Verse des Hauptstücks in sich noch genauer gegliedert sind. Sie sollen im folgenden so analysiert werden, wie sie der Leser beim erstmaligen Lesen erlebt. Das heißt: Der Text mit seinen Gliederungsmerkmalen wird in der Leserichtung verfolgt. Dabei wird festgestellt, was der Leser an jedem Punkt von den bisher erhaltenen Informationen her über die Struktur des Psalms schon weiß und was er neu dazu erfährt. Diese Betrachtungsweise erlaubt es auch, damit zu rechnen, daß der Leser zunächst entworfene Gesamthypothesen unterwegs revidieren muß. Manche Sachverhalte können erst von hinterher endgültig durchsichtig werden. Daß der Psalm eine Verszahl hat, die den Buchstaben des Alphabets entspricht, wird dem Leser zum Beispiel erst am Ende klar werden, ja vielleicht erst nach längerem Gebrauch des Textes.

Der Übergang von der hymnischen Aufforderung zum hymnischen Hauptstück, als Übergang von Aufforderungen zu Aussagen, punktuell markiert durch das Wort כי »denn«,[24] wird vor dem Hintergrund der vorauszusetzenden Vertrautheit mit der Gattung des imperativischen Hymnus am Anfang von 4 zweifellos deutlich wahrgenommen. Der Neuansatz wird dadurch noch stärker empfunden, daß die in Vers 1 am Anfang der Einführung angeredete Gruppe (»Gerechte« und »Gerade«) nun in chiastischer Entsprechung die Gottesaussagen der ersten beiden Zeilen prägt: Das Wort JHWHs ist ישר »gerade« (4), und er liebt צדקה ומשפט »Gerechtigkeit und Recht« (5). Auf diese Weise laufen die im Hymnus zu erwartenden Aussagen über Gott an. Sie könnten theoretisch bis zum Ende des Psalms weiterlaufen. Doch schon in 8-9 entsteht zum erstenmal ein Abschlußgefühl.

Hymnen können mit einer kurzen Reprise der Einführung oder der ganzen

---

[24] Gegen die vor allem von Crüsemann, *Formgeschichte*, vertretene Übersetzung durch »ja, fürwahr« vgl. das neue Plädoyer für die alte Wiedergabe durch »denn« bei Miller, *They Cried to the Lord*, 358-362.

Hymnengrundform zu Ende geführt werden.[25] Etwas wie eine Wiederkehr des Hymnus-Grundmusters erlebt man nun in 8-9. Zwar handelt es sich in 8 nicht um eine Lobaufforderung. Aber die Aufforderung, vor JHWH Furcht und Schrecken zu empfinden, fällt auf jeden Fall aus der Sprachwelt des hymnischen Bekenntnisses heraus[26] und ist ein illokutionärer, nämlich ein auffordernder Sprechakt. Wenn dann in 9, mit der hymnischen Übergangspartikel כִּי eingeleitet, eine neue hymnische Begründung folgt, die die Gotteswort- und Schöpfungsaussage der vorangehenden hymnischen Begründung zusammenfaßt, hat man durchaus den Eindruck, jetzt sei der am Anfang des Psalms begonnene Hymnus, und damit womöglich der ganze Psalm, zu Ende. Die Schöpfungsaussage hat ja auch ihren eingeschlagenen Weg durchlaufen. Vom Himmel mit den Sternen hat sie über die an verschiedenen Stellen des Kosmos befindlichen Wasser schließlich – und zwar schon innerhalb der Aufforderung zur JHWHfurcht in 8 – die Erde und auf ihr die Menschen erreicht. Himmel + Himmelsheer auf der einen Seite, Erde + Erdkreisbewohner auf der anderen umrahmen die Schöpfungsgesamtaussage. Der Schlußpunkt scheint schon gekommen. Daß 5 eine Ankündigung ist, die noch weiter ausgreift, weiß man an dieser Stelle des Textes noch nicht. Die Tatsache, daß in 8 aus 5 das Stichwort אֶרֶץ »Erde« wiederkehrt, verschleiert diese Möglichkeit eher.

Der Text geht dann allerdings weiter. Doch der mit 10 fortgesetzte Text scheint den Eindruck, zumindest der Hymnus sei beendet, sofort zu bestätigen. Er spricht von anderem als von der bisher besprochenen Schöpfung. Dazu kommt Formales. Vers 10 setzt mit betont vorangestelltem Subjekt »JHWH« ein. Bisher war der Gottesname zwar schon mehrfach vorgekommen, aber stets als Bezeichnung des Objekts oder im Genitiv, nie für das Subjekt der Aussage. Daß er jetzt erstmalig zur Bezeichnung des Satzsubjekts steht, ist umso auffallender, als im vorangehenden Vers 9 JHWH auch schon zweimal betontes Subjekt war, für ihn aber das Pronomen הוּא »er« stand. In genau analoger Stellung (am Anfang des Verbalsatzes, vor einem qatal-Verb) heißt es nun auf einmal nicht הוּא, sondern יהוה. Das insinuiert Neuansatz.

Es beginnt auch eine ganz neue Thematik, nämlich die des Geschichtsplans, gekennzeichnet durch die beiden Stichwörter עצה »Absicht« und מחשבת »Plan« in 10. Die beiden Wörter wiederholen sich in 11 sofort und in gleicher Reihenfolge. Auch das Gegenüber der vielen Völker und des einen erwählten Volks, das 10 und 12 über 11 hinweg verbindet, ist von der vorangehenden Schöpfungsthematik her nicht ohne weiteres zu erwarten. So gibt sich das Textstück 10-12 als etwas anderes und Neues.

Dieses Stück endet aber dann auch wieder deutlich in 12. Denn mit 13 ist die

---

[25] Gunkel/Begrich, *Einleitung*, 57: »Der Schluß des Ganzen trägt ... nicht selten die Formen der Einführung.« Für einen ganzen Kurzhymnus als Schlußstück vgl. etwa Ps 99,9.

[26] Zur Seltenheit unterbrechender Mahnreden im Hymnus vgl. Gunkel/Begrich, *Einleitung*, 56.

Dimension »Himmel – Erde« von neuem da. Wie 6 mit dem Stichwort »Himmel« begonnen hatte, so jetzt auch wieder 13a. Die in 8 im Parallelismus entfaltete Größe »alle Bewohner der Erde« ist in 13b und 14b auf neue Weise parallelistisch entfaltet:

| | | | |
|---|---|---|---|
| 8a | alle Erde | 8b | alle Bewohner des Erdkreises |
| 13b | alle einzelnen Menschen | 14b | alle Bewohner der Erde |

Das neue Thema ist Gottes schöpferischer Blick in die Herzen hinein. Es zeigt sich auch keineswegs sofort in 13, daß 5 eine verdeckte Vorankündigung des hier beginnenden Teils des Psalms war. Denn das Stichwort חסד »Treue«, das die Verbindung herstellt, wird erst in 18 erklingen. Der Eindruck, daß 10-12 ein bewußt eingeschobenes, andersartiges Zwischenstück war, nach dem dann allerdings der Psalm ähnlich weiterläuft wie vor diesem Intermezzo, bleibt bestehen. Von 13 an zieht sich dagegen eine ununterbrochene Linie durch bis zum Ende des Psalms. Allerhöchstens wirkt der Sprung von der gesamten Menschheit auf die Könige und Kriegshelden in 16 wie ein kleiner Neuanfang. Aber das ist doch kein eigentlicher Bruch. Durch Lexemwiederholungen wirken 12 und 22 wie zwei einander entsprechende Schlußzeilen: vgl. den Gottesnamen יהוה, אשר und לך/לו.

Andererseits ist allerdings der Übergang von der Er- zur Wir-Aussage in 20 markant. Die Vermutung, die sich bei dieser Wendung ins Persönliche einstellt, wird sich bald bestätigen: daß nämlich nun das Schlußstück des Hymnus erreicht ist. Zumindest jetzt ist auch klar, daß – im architektonischen Bild ausgesagt – eine Art Zentralbau vorliegt. 10-12 bilden die Kuppel in der Mitte. Schon jetzt sei festgestellt, daß sich hier die Bundesformel befindet.

Am Ende wird sogar erkennbar, daß 10-12 auch äußerlich-quantitativ ziemlich genau im Zentrum des Psalms stehen.

Natürlich kann bei den 22 Versen, die durch die Buchstabenzahl des Alphabets festliegen, ein Dreizeiler nicht ganz genau die Mitte bilden. Die Mittellinie auf Versebene läuft zwischen den Versen 11 und 12. Zwei Zeilen des Zentralstücks stehen vor ihr, eine nach ihr. Doch sobald man sich von der Zeilenzählung zur Wortzählung begibt, wird die Annahme, der Block stelle das etwas isolierte Zentrum des Psalms dar, noch überzeugender. Der Psalm hat (bei Nichtberücksichtigung der masoretischen Maqqef-Setzung) insgesamt 161 Wörter. Das Mittelwort (Nr. 81) ist das Wort אשרי »selig«, mit dem 12 beginnt. Vor ihm stehen 80 Wörter, hinter ihm kommen ebenfalls 80 Wörter.

Hier müssen wir nach den Konsequenzen fragen, die eine solche Zentralstruktur für die Aussage hat. Wenn in einem Text im Zentrum recht isoliert ein inhaltlich andersartiger Block eingesetzt ist, der wie ein Keil den umgebenden Text in zwei Teile spaltet, dann hat er meist besondere Bezüge zu Anfang und Ende des Gesamttextes. Wie sie im einzelnen zu definieren sind, hängt vom konkreten Text ab. Theoretisch ist alles möglich, keineswegs nur Identität der Aussage. Auch eine Aussagenopposition ist denkbar. Nur: Bezüge sind da.

Nun läuft der Block 10-12 zweifellos auf die Seligpreisung zu, die seine dritte

Zeile bildet. Sie handelt, deutlich an der Anspielung auf die sogenannte »Bundesformel« erkennbar, vom auserwählten Gottesvolk als dem Ziel des Geschichtsplans
JHWHs – wobei allerdings der Name Israel nicht fällt.

Das Fehlen des Wortes »Israel« muß später noch weiter bedacht werden. Hier
nur gerade die Problemanzeige. Wird das Volk des Bundes nicht mehr einfach mit
Israel identifiziert? In der Einführung gab es in Vers 1 eine inhaltliche Beschränkung, die uns auch schon aufgefallen war: Auf für die Psalmen recht außergewöhn-
liche Weise werden dort die »Gerechten« und die »Geraden« zum Lobgesang
aufgefordert. Eine irgendwie korrespondierende Beschränkung läßt sich dann auch
im Schlußstück beobachten. Hier tritt ein »Wir« hervor, das sich vom Vertrauen auf
JHWH her definiert, im Gegensatz zum Vertrauen auf die eigene Kraft. Dieser
Gegensatz war vorher, in 16-19, deutlich herausgearbeitet worden. Er hatte sich
ebenfalls nicht mit dem Stichwort »Israel« verbunden. Sollte diese gemeinsame
Eingrenzung einer Gruppe, der eine Nichtnennung der Größe »Israel« parallelläuft,
der Aspekt sein, der im Blick auf die richtige JHWH-Beziehung Einführung,
Zentralstück und Schlußstück miteinander verbindet? Diese Vermutung soll die
folgenden Ausführungen leiten. Sie läßt jedoch für die genaue Auslegung noch viele
Möglichkeiten offen.

Zunächst nur ein Schema für die vom Lesevorgang her erarbeitete Struktur des
Psalms, bei der vor allem das Mittelstück 10-12 hervortritt:

| 1-3 | Einführung | Hymnische Aufforderung an צדיקים und ישרים | 3 Verse |
|---|---|---|---|
| 4-9 | Hauptstück I | Schöpfung durch das Wort | 6 Verse |
| 10-12 | *Zentralstück* | JHWH und die Völker / sein Volk | 3 Verse |
| 13-19 | Hauptstück II | Gott und die menschliche Freiheit | 7 Verse |
| 20-22 | Schlußstück | Die für JHWHhoffen Entschiedenen sprechen | 3 Verse |

Die quantitative Harmonie ist erstaunlich groß. Die einzige Unregelmäßigkeit,
die Längendifferenz zwischen zweitem und viertem Teil um einen Vers, ist dadurch
bedingt, daß die drei vor allem interessanten Teile am Anfang, in der Mitte und am
Ende je drei Verse umfassen und im Endeffekt wegen der Buchstabenzahl des
Alphabets die gerade Zahl von 22 Versen herauskommen mußte.


## 3. Das Hauptstück als linearer Ablauf von Ankündigung und zwei Strophen

Ist der Leser am Ende von Hauptstück II angelangt, dann kann er allerdings, so
sehr er empfindet, daß ein poetischer Zentralbau jetzt bald durchquert ist, zugleich
ein Erlebnis haben, wie man es bei einem Vexierbild hat: Die Strukturwahrnehmung kippt, und eine andere, eher dynamisch vorwärtsdrängende, lineare Struktur
des gesamten Hauptteils des Psalms zeigt sich.

Der Anlaß dafür ist zunächst einmal, daß die Verse 4-5 jetzt rückblickend als

Dispositionsangabe erkannt werden. Sie sind ein Knotenpunkt des Textes. Sie nehmen nicht nur die Motive des absoluten Psalmanfangs auf (wie oben schon ausgeführt), sondern geben auch lexematische Vorverweise auf das Kommende. Vers 4 wird mit den Stichwörtern »Wort JHWHs« und »sein Werk« (Wurzel עשׂה) sofort in 6 aufgegriffen. Das könnte noch reine Anknüpfung sein. Doch wenn dann in 18, also ganz am Ende des Hauptstücks II, das Stichwort »Treue JHWHs« aus 5b wiederkehrt, kann dem Leser klar werden, daß die Verse 4-5 Ankündigungscharakter gehabt haben müssen. Sie haben Anfangs- und Endmotiv des ganzen Psalmkorpus vorweggenommen. Das fügt sich zu der schon beschriebenen Wahrnehmung, daß 4-5 generelle Aussagen über Gott machen, während erst 6 in die Vergangenheit des Schöpfungsaktes zurückgreift. 4-5 sind nicht nur Beginn der hymnischen Preisung, sondern zugleich deren Vorentwurf. Da diese »Dispositionsangabe« die rahmenden Motive enthält, ist allerdings noch nicht ohne weiteres eine innere Sachgliederung des umgriffenen Textes mitgesetzt.

Doch diese zeigt sich genau in 18, wo der Leser, der den Text in Leserichtung entlanggeht, die Ankündigungsfunktion von 4-5 sowieso gerade erst wahrnehmen kann. Dort in 18 ist nämlich der עין יהוה, das »Auge JHWHs«, zum Harren auf חסדו »seine Treue« in Beziehung gesetzt. Das Auge JHWHs faßt aber eine Thematik zusammen, die seit Vers 13 den Text bestimmt (»Vom Himmel hat JHWH geblickt, er hat angesehen alle einzelnen Menschen«).

Da das Stichwort »Himmel« Vers 6 und Vers 13 prägt, sind 6 und 13 offenbar die Anfangspunkte der beiden in 4-5 durch Nennung der Außenmotive angekündigten Teile. Es läßt sich folgendes Schema aufstellen:

| 4-5 Dispositionsangabe | | |
|---|---|---|
| 4 | Wort JHWHs (דבר־יהוה) / sein Werk (מעשׂהו) | |
| 5 | Treue JHWHs (חסד יהוה) | |
| 6-12 Strophe I: Wort JHWHs | | 6 Himmel (שׁמים) |
| 6 | Wort JHWHs (בדבר יהוה) / 7 gemacht (נעשׂו) | |
| 9 | er sprach / befahl (verbale Rede vom Wort) | |
| 13-19 Strophe II: Blick / Treue JHWHs | | 13 Himmel (שׁמים) |
| 13 | geblickt / gesehen / 14 geschaut (verbale Rede vom Blick) | |
| 18 | Auge JHWHs (עין יהוה) / seine Treue (חסדו) | |

Im Strophe II wird also das Wort »Treue« nicht sofort am Anfang aufgenommen. Zu diesem Thema wird vielmehr hingeleitet durch den in 4-5 nicht formell angekündigten Gedanken vom Sehen, der sofort in dreifacher Durchführung hervortritt (13-14). Nachdem das Wort JHWHs das Weltgebäude geschaffen hat (Strophe I), thront JHWH im Himmel. Entscheidend wird dort sein Auge, das die Schöpfung richtend und erwählend durchdringt (Strophe II). Aus seinem Schauen heraus erst entwickelt sich das Motiv seiner »Treue«, die lexematisch erst gegen Ende des zweiten Teils, in Rahmenentsprechung zu »Wort« am Anfang von Strophe I, wiederkehrt. Vom Wort JHWHs und vom Auge JHWHs kann auch verbal gesprochen werden. Nominale und verbale Aussagen in den beiden Teilen sind ebenfalls chiastisch angeordnet.

Nun zum Umfang der beiden Strophen. Da die zweite sich mindestens von 13-18 erstreckt, ja auch den unselbständigen Vers 19 noch einschließt, umfaßt sie sieben Zeilen. So wird man rückwärtsblickend auch für die erste Strophe eine entsprechende Länge vermuten. Obwohl in 10-12 kein Stichwort aus 4 zu finden ist, spricht daher nichts dafür, daß diese Verse nicht zur ersten Strophe gehören. Dann umfaßt sie 6-12, also ebenfalls sieben Zeilen. Daß 10-12 eng mit den vorangehenden Versen zusammenzulesen ist, zeigt auch die Anbindung durch die sich wiederholende Wurzel עמד »stehen« (9b.11a). Für einen besonderen Zentralteil ist in diesem Strophensystem kein Ort.

Zwischen den beiden Strophen gibt es eine Reihe von Entsprechungen. In Strophe I läßt sich eine von oben nach unten absteigende Linie der Schöpfungswerke des göttlichen Worts beobachten: Himmel (6) – Wasser (7) – Erde (8-9).[27] Dem entspricht in Strophe II die zweimal parallel ausgesagte Bewegung des göttlichen Blicks: Vom Himmel auf die Menschen (13), vom Thron zu den Bewohnern der Erde (14-15).

Interessant sind auch die Endteile der Strophen. In Strophe I stehen am Ende die Völker allesamt dem einen Volk gegenüber, das Gott sich erwählt hat (10 und 12). Strophe II schließt aber ebenfalls mit einem Gegensatz ab. Es ist der Gegensatz zwischen dem Vertrauen auf die militärische Macht, das allen Staaten eigen ist (16-17), und dem Vertrauen und Harren auf die Treue Gottes (18-19), zu dem sich das im Schlußstück redende Wir dann bekennen wird. An beiden Strophenenden ist auch deutlich gesagt, daß Gott der einen genannten Sache fern ist und die andere mag. Diese Endstücke der Strophen – 10-12 und 16-19 – entsprechen einander also. Man könnte folgendes Strukturschema aufstellen:

| I | A | 6-9 | JHWHs Wort hat den Kosmos geschaffen | 4 Verse |
| | B | 10-12 | JHWHs Geschichtsplan geht auf ein auserwähltes Volk | 3 Verse |
| II | A' | 13-15 | JHWHs Blick hat die Freiheit aller Menschen geschaffen | 3 Verse |
| | B' | 16-19 | Wahl: Vertrauen auf eigene Macht oder auf JHWH | 4 Verse |

[27] Genau genommen folgt der Erstellung und Bevölkerung (durch Sterne) des Himmels die Neuplazierung des Wassers, zum Teil auch im unterirdischen Bereich, und dann wird der Blick auf die dadurch hervorgetretene Erdfläche mit ihren Bewohnern gelenkt.

Quantitativ ist die Verteilung der inhaltlich und zeitstufenmäßig eher parallel angeordneten Blöcke chiastisch: 4 + 3 / 3 + 4 Verszeilen.

Diese Struktur des hymnischen Hauptstücks, die erst von 18 ab erkennbar wird und die vorher wahrgenommene Zentralstruktur in Frage stellt, ist dynamisch-linear. Beim Leseprozeß kann sie sich auf jeden Fall erst dann wirklich zeigen, wenn man bei den letzten Versen des Hauptstücks angekommen ist. Vorher drängte sich die zentralbetonte Struktur auf. Diese erweist sich dann auch nicht einfach als überholt und nicht vorhanden. Denn genau an der Stelle, wo die lineare Struktur erfahrbar wird, verknüpft sie sich auch schon mit der vorher allein erkennbaren zentralbestimmten. 10-12, das Zentrum der einen Struktur, ist nun als Stück I B der ersten Strophe dem Stück II B' der zweiten Strophe zugeordnet. Dieses wiederum ist, gerade in der inhaltlichen Dynamik, die unentbehrliche Voraussetzung dessen, was dann im rahmenden Schlußstück des ganzen Psalms zur Sprache kommt. Ohne die Darlegung von 16-18, daß allein das Harren auf JHWHs Treue den Menschen rettet, wäre das Bekenntnis zum Harren auf JHWHs Treue in 20-22 nicht denkbar.

## 4. Zur Theologie des Psalmkorpus

Um zunächst eine bisweilen anzutreffende Auslegung beiseitezuschieben: Man kann die beiden Strophen des Hauptstücks wohl kaum so charakterisieren, daß die eine von »JHWH dem Schöpfer« und die andere von »JHWH dem Lenker der Geschichte« handle.[28] Denn um die Geschichte geht es auch schon in I B, und in II stehen sehr aufs Individuum gehende Dinge zur Debatte, weniger Gesellschaftliches und damit Geschichte. Öffentliches Geschehen tritt frühestens in 16 hervor, und ein »Wir« erscheint erst im Schlußstück 20-22.

Es hilft aber auch nichts, sich einfach an die struktursignalisierenden Stichwörter aus 4-5, also »Wort JHWHs« und »Treue (oder, wenn man will, Gnade) JHWHs« zu halten. Diese Wörter müssen, wenn ausgelegt werden soll, aufgeschlüsselt werden, vor allem das zweite, das ja außerdem erst am Ende des ihm zugehörigen Textteils erscheint und vorher von dem Motiv des Auges JHWHs vorbereitet wird. Die Dispositionsangabe in 4-5 nennt, wie gezeigt, den Anfangs- und Endpunkt des Hauptstücks, nicht zwei alles beherrschende Themen. Derartige Stichwörter müssen nicht notwendig die Themen der angekündigten Teile benennen.

Da am Anfang der zweiten Strophe JHWH auf seinem himmlischen Thron vorgestellt wird, liegt der Gedanke nah, ihn hier als den Herrscher und Richter zu sehen. Der Hymnus würde zumindest von nun an zu einem verdeckten JHWH-

---

[28] So sieht etwa Koch, »Wort und Einheit«, 278, in 12 einen »zweiten thematischen Satz«, und von da an »schließt an das Walten des Jahwäwortes in der Schöpfung sich das Walten in der Geschichte Israels an«.

Königs-Lied. Dem läßt sich nachgehen.

In der Ankündigung in 5a ist die Rede von צדקה ומשפט »Gerechtigkeit und Recht«, die JHWH liebe. Auf der Textoberfläche scheint das ein totes Motiv zu bleiben. Die Wörter kehren nicht mehr wieder. Doch ist zu fragen, was hier inhaltlich evoziert wird. Was sagt diese Wortgruppe?

Zum Konkordanzbefund: Die Wortgruppe צדקה ומשפט (in dieser Reihenfolge) findet sich überhaupt nur in Gen 18,9; Ps 33,5; Spr 21,3; dazu vgl. noch die Aufspaltung in Parallelismen (wieder in der hier vorliegenden Reihenfolge) in Dtn 33,21; Jes 58,2; Ps 36,7; 103,6; Spr 8,20; 16,18. Der Doppelausdruck צדק ומשפט (nochmals in dieser Reihenfolge) steht in Hos 2,21 (dann folgt חסד); Ps 37,6; 89,15; 97,2; 119,75 (dann folgt אמונה); Spr 1,3 (dann folgt מישרים); 2,9 (ditto); dazu in Parallelismen aufgespalten in Jes 32,1; Jer 22,13; Ps 72,2; Ijob 29,14. Die Gesamtverbalgruppe אהב צדקה ומשפט kommt sonst niemals mehr vor. אהב nimmt von den Wörtern, um die es hier geht, als Objekt nur משפט allein zu sich (Jes 61,8; Ps 37,28; 99,4); die beiden Stellen Ps 11,7 und Spr 15,9, die man eventuell für צדקה heranziehen möchte, weichen bei genauem Zusehen beide etwas ab; für אהב mit צדק gibt es keinen einzigen Beleg.

Analysiert man dieses Feld einander mehr oder weniger nahestehender Stellen genauer, dann ergibt sich der Verdacht, daß vor allem Ps 89,15; 97,2; 99,4 zur Erklärung unseres Psalms herangezogen werden können. An allen drei Stellen finden sich auch andere Wörter und Motive, die in Psalm 33 begegnen. Es scheint sich in Ps 33,5 um eine Verbindung der auch sonst belegten Gottesaussage אהב משפט mit der Vorstellung von Recht, Gerechtigkeit, Treue und Wahrheit als Stützen des göttlichen Throns beziehungsweise als Begleitwesen Gottes zu handeln.

Das heißt aber: Die Vorstellung königlichen Thronens wäre schon in Vers 5a der Sache nach vorhanden. Dann ist es natürlich interessant, daß nach Vers 5b im Gegensatz zu den zum himmlischen Thron gehörenden Größen צדקה ומשפט sich die Größe חסד unten auf der Erde befindet. Sie erfüllt den Raum unterhalb des Himmels. Andererseits zeigt das Nebeneinander der beiden Aussagen in 5a und 5b, daß die Größen צדקה ומשפט offenbar den himmlischen Maßstab für den in der subsolaren Welt waltenden göttlichen חסד abgeben.[29] Diese hier schon gespannte Brücke zwischen Himmel und Erde erlaubt die nun folgende Überlegung zum Zusammenhang zwischen Vers 5 und dem Text von Vers 13 an.

Die 2. Strophe des Hauptstücks ist von Vers 16 ab hintergründig von der Überzeugung bestimmt, daß Menschen in Not sind und gerettet, herausgezogen, beschützt werden müssen. Das Zentrum königlichen (und damit auch gott-königlichen) Richtens im Alten Orient war in der Tat nicht einfach die Bestrafung von Verbrechen und die Herstellung abstrakter Entsprechung von Schuld und Strafe, sondern die (Wieder-)Herstellung einer gerechten Ordnung durch Hilfe für die Armen und Benachteiligten, die sich selbst ihren Anteil an der Welt nicht mehr erkämpfen können. Dadurch eigentlich wird erst »Gerechtigkeit und Recht« hergestellt. Vermutlich sind diejenigen, die sich als die Benachteiligten der Welt von Gott den חסד, also seine königliche Treue und Huld, schenken lassen, die wahren »Gerechten«. Wir hätten so etwas wie eine Rechtfertigungslehre.

Das hieße aber, daß wir die »Wir«-Sprecher des Schlußstücks 20-22 mit den »Gerechten« identifizieren müssen, die am Anfang des Psalms zum Lobgesang aufgefor-

---

[29] Vgl. Koch, »Wort und Einheit«, 274f.

dert werden – obwohl das Wort »Gerechte/Gerechtigkeit« am Ende nicht wieder aufgegriffen wird. Die Identität der »Gerechten/Geraden« von Vers 1 und des redenden »Wir« von Vers 20-22 liegt umso näher, als Anfang und Schluß eines Textes ja oft aufeinander bezogen sind, besonders bei palindromischer Anlage, und die spezifische Aufforderung an die »Gerechten«, Gott zu loben, die am Anfang des Psalmes steht, etwas durchaus Ungewöhnliches ist. All dies ist oben schon vermutungsweise erörtert worden.

Die Hebräische Bibel kennt durchaus eine der paulinischen vorauslaufende Rechtfertigungslehre, etwa in der deuteronomischen Aussage, Israel erhalte die göttliche Gabe des Landes nicht wegen seiner »eigenen Gerechtigkeit«, sondern obwohl es ein widersetzliches und halsstarriges Volk ist, allein wegen Gottes Verheißung an die Erzväter.[30] Dabei spielt ebenso wie bei Paulus der Begriff der Sünde eine entscheidende Rolle. Doch hier in Psalm 33 wird offenbar eine andersartige Rechtfertigungslehre entwickelt. Sie kommt ohne den Leitbegriff Sünde aus. Sie arbeitet allein mit dem Gegensatz zwischen menschlicher Selbstbestimmung, Eigenplanung und Machtentfaltung einerseits und menschlicher Armut und Offenheit für göttliches Handeln andererseits. Dem paulinischen Glauben entspricht dabei das Vertrauen und die Hoffnung.

Das ist deshalb besonders auffällig, weil der vorangehende Psalm 32, als dessen Fortsetzung Psalm 33 auftritt, markant vom Thema »Sünde« und »Sündenvergebung« bestimmt ist. Wir müssen nicht folgern, hier werde eine Gegentheologie zu der von Psalm 32 entwickelt. Es könnte sich auch um so etwas wie eine Rechtfertigung nach der Sündenvergebung handeln.

Das mag offen bleiben. Denn leider kann in diesem Zusammenhang keine umfassende Auslegung des Psalms geboten werden. Doch hat dieser Psalm sicher noch nicht die Beachtung, vor allem auch der systematischen Theologen, gefunden, die er verdiente.

## II. Die Bundesformel in Ps 33,12

Die Bundesformel in Vers 12 ist wichtig zur Beurteilung der Rechtfertigungslehre des Psalms. Auch wenn in der 2. Strophe deutlich wird, daß Gottes aus dem Schöpfungsgeschehen heraus geschehende Determination der menschlichen Freiheit je auf den einzelnen Menschen geht, so zeigen – von der zentralbestimmten Struktur des Psalms her gesprochen – gerade Anfang, Mitte und Ende des Psalms, daß Gottes Rechtfertigungswille letztlich auf ein Wir, auf ein »Volk« zielt, nicht auf einzelne Seelen. Genau das drückt auch die im Zentrum des Psalms stehende Selig-

---

[30]  Dtn 9,1-7. Vgl. Braulik, »Entstehung der Rechtfertigungslehre.«

preisung aus, die sich der Bundesformel bedient. Welches »Volk« ist hier ins Auge gefaßt? Israel? Gewöhnlich wird der Psalm spontan so ausgelegt. Doch muß der Frage analytisch nachgegangen werden. Denn allein schon die Gestalt der Bundesformel in Ps 33,12 ist ziemlich einmalig.

## 1. Die Anreicherung der Bundesformel

Gegenüber der Grundform der Bundesformel weist ihr Beleg in Ps 33,12 eine ganze Reihe von Varianten auf.

Zunächst einmal ist die Formel in eine Seligpreisung eingebettet. Das ist für die volle Bundesformel einmalig. Vergleichen ließe sich nur noch Ps 144,15b, wo am Ende einer Seligpreisung, die zunächst den konkreten Psalm weiterführt, die eine Hälfte der Bundesformel steht, zugleich als Ende des ganzen Psalms. In Ps 33,12 dürfte die Form der Seligpreisung wohl am einfachsten als Referenz auf den Anfang des vorangehenden Psalmes 32 erklärbar sein. Dort wird Psalm 32 eröffnet durch zwei Seligpreisungen des Sünders, der Vergebung gefunden hat. Demgegenüber wird hier, im Zentrum des Psalms 33, offenbar bewußt eine andere Sicht in den Vordergrund gestellt. Hier spielt die Frage nach der Sünde keine Rolle. So sehr die Form der Seligpreisung zugleich einen Höhepunkt des Textverlaufs signalisiert, sichert sie also vor allem auch einen Querbezug im Psalterzusammenhang.

Abweichend von der Normalform ist auch, daß die Bundesformel in beiden Gliedern vom menschlichen Bundespartner her formuliert ist. Aber auch das ist leicht erklärbar. Es wird durch die Entscheidung zum Makarismus als der umfangenden Form notwendig. Ein Makarismus muß die Seliggepriesenen zum Subjekt der Aussage machen.

Da in beiden Gliedern der Bundesformel vom menschlichen Partner her formuliert ist, erzwingt der Parallelismus neben dem in der Bundesformel üblichen Wort עם »Volk« auch das poetische Parallelwort גוי »Nation«. Überraschend ist jedoch, daß das unübliche Wort גוי an erster Stelle steht. Das lockert die enge Beziehung zu dem normalerweise als עם auftretenden Israel und verstärkt die Beziehung der Aussage zu der Gesamtheit der Weltvölker, von der in 10 ebenfalls in der Reihenfolge עמים – גוים »Nationen – Völker« gesprochen worden war. Eine chiastische Wiederkehr des Wortpaares wäre durchaus möglich gewesen.

Ebenfalls nicht nötig und insofern bewußt und signifikant gesetzt ist der im zweiten Kolon an das Wort עם angeschlossene asyndetische Relativsatz: לנחלה לו בחר »(das Volk, das) er sich zum Erbe erwählt hat«. Hier ist für das in der Bundesformel benannte Volk erstens das führende Wort für »Erwählung« und zweitens die Qualifikation des gemeinten Volks als »Erbschaft/Erbbesitz« der Gottheit eingeführt. Diese Kombination von Wörtern und Motiven ist in der ganzen Hebräischen Bibel einmalig. Das spricht nicht nur für den späten Ursprung des Psalms, sondern auch für den ausgesprochenen Willen, verschiedene und je einzeln als charakteristisch empfundene traditionelle Israel-Aussagen zusammenzuführen.[31]

Die Wendung בחר לו לנחלה »sich etwas zum Erbe erwählen« ist in der hebräischen Bibel nur hier belegt. Das weist schon darauf hin, daß hier Elemente der Tradition miteinander verbunden werden, die sonst nur je für sich existieren.

Die Aussage über eine Erwählung Israels (Terminus: בחר) findet sich mehrfach und damit wohl typisch sowohl in der deuteronomistischen Sprache als auch bei Deuterojesaja. Dazu kommen wenige und isolierte andere Stellen.[32]

Älter könnte die Bezeichnung Israels als JHWHs נחלה »Erbteil, Erbbesitz« sein. Sie ist auch breiter gestreut und steht häufig in Bittgebeten. Typisch ist sie wieder in der deuteronomistischen Sprache, dazu in der Psalmensprache.[33] Die Belege überschneiden sich nicht mit denen der Auserwählungsaussagen.[34] Eine Formulierung, die an die Bundesformel in ihrer einen Hälfte erinnert, findet sich einmal.[35] Auffällig ist noch, daß im Kontext oft eine Aussage über die Herausführung aus Ägypten vorkommt. Das ist in Ps 33,12 nicht der Fall. Für die Exodus-Tradition typische Wörter wie »herausführen« (יצא Hifil) oder »loskaufen« (פדה) fehlen in Psalm 33 überhaupt, obwohl sie durchaus hätten vorkommen können.[36]

Im ganzen wird sich sagen lassen, daß die in Ps 33,12 eingeführte Bundesformel bewußt mit Aussagen angereichert wurde, die traditionellerweise das besondere Verhältnis zwischen Israel und JHWH zum Ausdruck bringen. Andererseits fällt

---

[31] Man wird daher Seebaß, Art. »בחר«, 606, kaum zustimmen, wenn er Ps 33,8-15 (sic!) als das entscheidende und genau besehen einzige Zeugnis für seine Annahme anführt, die Aussage von der Erwählung Israels stamme aus der »hymnischen Tradition«. Denn sonst zitiert er nur noch Psalm 117, wo das Wort בחר aber nicht vorkommt. Psalm 135,4, ebenfalls in einem späten Psalm, schiebt er erstaunlicherweise beiseite, weil nur die »Diener JHWHs in den Vorhöfen« angeredet seien. Doch Vers 4 spricht hier trotzdem von Israel. Aber auch dieser Text könnte die These nicht tragen. Andere Belege in Hymnen gibt es nicht.

[32] Die Belege sind: Dtn 4,37; 7,6; 10,15; 14,2; 1 Kön 3,8; Jes 14,1; 41,8f; 43,10; 44,1f; 49,7; Jer 33,24; Ez 20,5; Ps 33,12; 135,4. Da die deuteronomischen Belege alle in Spätschichten stehen, könnte allenfalls 1 Kön 3,8 schon aus einer ältesten und vorexilischen deuteronomistischen Schicht stammen. Dieser Stelle steht Psalm 33 vielleicht wegen 1 Kön 3,6 sogar besonders nah.

[33] Die Belege für עם in Parallele oder anderer Verbindung mit נחלה sind: Dtn 4,20; 9,26.29; 32,9; 1 Kön 8,51.53; Jes 19,25; 47,6; 63,17; Joël 2,17; 4,2; Ps 28,9; 33,12; 78,62.71; 94,5.14; 106,40. Weitere Sachbelege, aber ohne das Wort עם: 1 Sam 10,1; 2 Sam 21,3; 2 Kön 21,14; Jer 10,16; 12,8f; 51,19; Mi 7,14.18; Ps 74,2; 106,5. Gerade einige der Erzähltexte könnten auf höheres Alter weisen. Zu נחלה in der Nagid-Formel (1 Sam 10,1) vgl. Lohfink, »עם יהוה«, 283-285.

[34] Es sei denn, man tauscht Vokabeln aus. Für Auserwählungsaussagen mit anderen Verben vgl. Dtn 32,9; 1 Kön 8,53. Ein anderes Wort für »Besitz« (סגלה) steht in Dtn 7,6; 14,2; Ps 135,4.

[35] Dtn 4,20.

[36] Vgl. die Belege der für den Exodus weniger typischen Wurzeln ישע »retten« (16.17), נצל »herausreißen« (33,16.19) und מלט »entkommen« (17) aus dem gleichen Wortfeld.

trotz aller inhaltlichen Anreicherungen weder der Name Israel noch werden allein von Israel aussagbare historische Ereignisse wie der Exodus genannt. Das ist zumindest auffallend. Daß in Psalm 33 das Thema »Sünde und Sündenvergebung« fehlt, ist demgegenüber viel leichter erklärbar. Es war das Thema des vorangehenden Psalms. Dieser sollte offenbar bewußt durch einen anderen Aspekt ergänzt werden. Selbst diese Annahme bestätigt sich noch einmal von der Auffüllung der Bundesformel durch das Motiv »Israel der Erbbesitz Gottes« aus. Denn in dem für die Bundestheologie und die Theologie der Sündenvergebung zentralen Kapitel Exodus 34 endet die Bitte Moses um Vergebung der Sünde des Volkes in Vers 9 mit der Bitte, das Volk als Erbe anzunehmen:

אם־נא מצאתי חן בעיניך אדני
ילך־נא אדני בקרבנו
כי  עם־קשה־ערף הוא
וסלחת לעוננו ולחטאתנו
ונחלתנו

Wenn ich deine Gnade gefunden habe, mein Herr,
dann ziehe mein Herr doch in unserer Mitte mit.
Auch wenn es ein Volk mit steifem Nacken ist,
vergib uns unsere Sünde und Verirrung
und mach uns zum Erbbesitz![37]

So mag das Thema »Sündenvergebung« in Psalm 33 fehlen – die kanonische Grundstelle für Bund und Sündenvergebung in Exodus 34 zeigt dennoch die große Nähe. Das Fehlen des Namens Israel und jeder Anspielung auf Israels Geschichte bedarf dagegen einer Erklärung.

Vorher noch ein anderer Hinweis! Auch in Psalm 95 und Psalm 100 ist die Volks-Aussage der Bundesformel erweitert. Doch sieht die Erweiterung anders aus. Sie lautet:

Ps 95,7    עם מרעיתו וצאן ידו
»das Volk seiner Weide und die Herde seiner Hand«

Ps 100,3    עמו וצאן מרעיתו
»sein Volk und die Herde seiner Weide«

Hier ist das Volk zu der von Gott geweideten Herde geworden. Das ist uralte Königsmetaphorik. Die JHWH-Königsvorstellung wird also in die Bundesformel eingeführt. Das ist ein analoger Vorgang wie der, der sich in Ps 33,12 mit der Erwählungs- und Erbbesitz-Vorstellung feststellen ließ. Angesichts der schon angedeuteten und später noch einmal aufzugreifenden Vermutung, die drei Psalter-Belege der Bundesformel besäßen einen redaktionellen Zusammenhang, stellt sich

---

[37] Hier wird das Verb נחל gebraucht. Deshalb erscheint die Stelle nicht in den oben gegebenen Beleglisten.

allerdings die Frage, warum hier eine andere Auffüllung der Grundformel gewählt wurde. Man kann natürlich antworten, ein solches Faktum sei vom Ausleger einfach entgegenzunehmen. Doch lassen sich zumindest zwei Beobachtungen namhaft machen, die zeigen könnten, wo die Erklärung liegt. Einmal enthält das einzige Vorkommen des Parallelismus von עם und נחלה *vor* Psalm 33, nämlich Ps 28,9 (wohlbekannt aus dem *Te Deum*), auch noch das Verb רעה »weiden«.

| | |
|---|---|
| וברך את־נחלתך | הושיעה את־עמך |
| עד־העולם | ורעם ונשאם |

| | |
|---|---|
| und segne dein Erbe | Rette dein Volk |
| bis in die Ewigkeit! | und weide sie und trage sie |

Man kann also eine Aufgabelung der Endmotive des Psalms 28 in die verschiedenen Belege der Bundesformel hinein beobachten.

Zum andern tritt die genaue Formulierung, mit der die Bundesformel in den Psalmen 95 und 100 ausgebaut ist, erst im dritten Psalmenbuch auf, wird dort jedoch zu einem Leitmotiv.[38] So konnte Ps 95,7 sie leicht aufgreifen. Dabei konnte durchaus auch im Bewußtsein stehen, daß diese Wendung sich im dritten Psalmenbuch auch mit der Rede von Gottes Volk als seiner נחלה, seinem »Erbbesitz«, paart.[39] Ferner spielte die Rede von JHWHs Erbbesitz noch in Psalm 94 eine Rolle, der dem Psalm 95 direkt vorangeht (94,5.14). Genaueres Zusehen verstärkt also eher den Gedanken, daß die Belege der Bundesformel im Psalter zusammenhängen, als daß es ihn erschwerte.

## 2. Die Loslösung der Bundesformel vom konkreten Israel und seiner Geschichte

Bei einem so massiven Rückgriff auf zentrale Traditionen Israels, wie er sich in 33,12 in der Anreicherung der Bundesformel zeigt, ist es wahrlich überraschend, zugleich die genannten Leerstellen feststellen zu müssen. Man sieht sie vielleicht noch deutlicher, wenn man beobachtet, wie Ausleger sie auffüllen, indem sie etwa das Wort »Israel« in die Auslegung einbringen. Bernhard Duhm tut es elegant-indirekt:

V. 12 erinnert an Dtn 33 29.[40]

Denn Dtn 33,29 ist eine explizite Seligpreisung Israels. Viel deutlicher ist Hans-Joachim Kraus:

---

[38] Ps 74,1; 77,21; 78,52.71f; 79,13; 80,2.

[39] Vgl. Ps 74,1f; ebenfalls 78,71f.

[40] Duhm, *Psalmen*, 96.

Weil »Wort« und »Rat« Jahwes in Israel bekannt[41] werden (Ps 76,2), darum wird das Volk, das Gott erwählt hat, glücklich gepriesen.[42]

Gianfranco Ravasi schreibt:

Der geschichtliche Heilsplan läuft über ein konkretes Volk, dem Vers 12 eine Seligpreisung (Ps 1,1) widmet. Und die Begründung der Seligpreisung ist die Erwählung (*bkr*), durch die Israel zum kostbaren »Erbteil« Gottes wird.[43]

Auch Frank Lothar Hossfeld und Erich Zenger, die in dem Psalm ein Zeugnis weiterentwickelter Armentheologie sehen, berufen sich auf »die variierte Bundesformel 33,12«, um im Psalm von einer »spezifischen Fürsorge für das arme Volk Israel« zu lesen. Sie erkennen allerdings, über die übliche Auslegung hinaus, eine Grenze dieser Israelorientierung des Psalms, wenn sie sofort anschließend schreiben:

Aber es gibt auch die Möglichkeit, daß Gottesfürchtige aus den Menschenkindern der Welt (33,8.13f.) sich unter die Gottesfürchtigen und nach JHWH Ausschauenden einreihen.[44]

Ist das wirklich nur eine Möglichkeit, die *auch* noch, gewissermaßen zusätzlich zum Normalfall, gegeben wird? Kennt der Psalm eine solche Aufteilung in Normalfall und zusätzliche Randfälle? Es ist eigentlich erstaunlich, daß auch da, wo man in dem Psalm eines der spätesten Stücke des Psalters sieht, der Gedanke, daß hier nicht mehr naiv vom konkret vorhandenen Israel gesprochen werde, sich nicht aufgedrängt hat. Ihm soll nun etwas nachgespürt werden.

Durch den Psalm hallen die Signale des Umfassenden, Universalen. Sieben mal steht das Wort כל »alles, ganz«.[45] Nicht nur räumlich wird mehrfach die ganze Dimension der Schöpfung abgeschritten, sondern auch zeitlich erstreckt sich die Welt des Psalms von der immer wieder evozierten Schöpfungs-Urvergangenheit bis in die fernste kosmische (לעולם) und menschheitlich-geschichtliche Zukunft (ודר לדר – beides in Vers 11). Die Negativaussagen von 10 und 16-17 sind als Negativaussagen allumfassend. Auch die dem Alphabet entsprechende Verszahl trägt zu diesem Eindruck bei.

Noch interessanter ist die verwandelte Wiederkehr des Wortes חסד »Treue« und die ebenfalls in diesem Zusammenhang stehende Wiederholung von ירא »fürchten« und יחל »harren«. Nach 5 ist die »Erde«, das heißt der ganze subsolare Raum des

[41] Gemeint ist wohl: im Bekenntnis ausgesprochen werden.

[42] Kraus, *Psalmen I*, 413.

[43] Ravasi, *Salmi I*, 605 (Übersetzung N.L.).

[44] Hossfeld/Zenger, »Thronsitz«, 387.

[45] Ps 33,4b.6b.8a.b.13b.14b.15. Die beiden Außenbelege bilden durch das gleiche Nomen (מעשה) für diese Siebenheit einen Rahmen.

Weltgebäudes, »angefüllt« (מלאה) von JHWHs Treue – nicht nur das Land Israel.[46] Doch wie konkretisiert sich das? Nach 18 sind die, die auf JHWHs Treue harren, identisch mit denen, die JHWH fürchten. Zur JHWH-Furcht sind aber wiederum nach 8 nicht die Israeliten aufgerufen, sondern »alle Erde«, »alle Bewohner des Erdkreises«. Am Ende des Psalms formiert sich sprachlich ein »Wir«. Es ist ausdrücklich durch das Harren auf JHWHs Treue (vgl. 18) definiert (22b), dagegen nicht durch Zugehörigkeit zum historischen Israel. Sein Gebet geht auf den Genuß von JHWHs Treue (22a). Diese ohne den Namen Israel auskommende und durch mehrfache Wortwiederholungen verdeutlichte Aussagenvernetzung bestimmt den ganzen Psalm.

Eine Ausweitung der Perspektive dürfte auch durch die Verbalphrase שיר חדש שיר »einen neuen Gesang singen« gleich am Anfang des Psalms (Ps 33,3) bewirkt sein. Sie ist wahrscheinlich in Jes 42,10 erstmalig formuliert worden und gehört schon dort über die Heimkehr aus Babylon in den weltweiten Kontext der neuen Botschaft von JHWHs Wirken in der gesamten Völkerwelt.[47] Das ist die volle Dimension des »Neuen«, das in einem Gesang besungen werden soll. Was ist der Sinn der Wendung im Psalter? Erstmalig steht sie in Ps 33,3. Dann ist sie wieder in 40,4 belegt. Dieser Psalm gehört schon zum Abschluß des ersten Psalmenbuchs und resümiert aus ihm wichtige Aussagen.[48] Die Verse 4-5 stecken voller Lexem- und Aussagebezüge zu Psalm 33, so daß wir bei der Rede vom neuen Gesang wohl nur einen Rückverweis auf Ps 33,3 haben[49]. Dann folgen nur noch Belege innerhalb von genau umreißbaren Psalmengruppen. Die zweite davon ist der Schluß des Gesamtpsalters. Hier haben wir den Ausdruck im vorletzten Psalm des letzten Davidpsalters und im vorletzten Psalm des großen Schlußhallels, nämlich in 144,9 und 149,1. Dieser Psalmenkomplex ist nochmals später und nimmt offenbar das vorgegebene Motiv vom »neuen Lied« wieder auf, zumindest in Ps 149,1 durchaus auch im festen Motivrahmen der Beziehung zur Völkerwelt. So bleibt nur die

---

[46] Die Kommentare weisen oft auf Jes 6,3 als Hintergrund hin. Das mag nicht falsch sein. Doch noch näher stehen Texte wie Gen 6,13; Jes 11,9; Ps 104,24, wo noch expliziter die gesamte Menschheit im Blick ist.

[47] Vgl. jetzt Matheus, Neues Lied, 133-142.

[48] Vgl. Hossfeld/Zenger, »Selig«, 29-33. Die grundlegende Monographie zu Ps 40 ist Braulik, Psalm 40.

[49] Man achte auch auf die in 40,4 vorliegende Vergangenheitsaussage. Es wird also geradezu mitgeteilt, daß zitiert wird. Braulik, Psalm 40, 109, hat schon darauf aufmerksam gemacht, daß dies der einzige Beleg der Wendung ist, in der sie nicht als (hymnische) Aufforderung auftritt. Hossfeld/Zenger, »Selig«, 30 Anm. 19, erklären die Passage vom »neuen Lied« vom redaktionellen Gegensatz zum »Verstummen« in Ps 38,14 und 39,10 (so wohl statt 39,14) her: »Mit dem ›neuen Lied‹ hat JHWH selbst diesen Zustand überwunden.« Aber ist diese geprägte Wendung einfach durch Kontextkontraste erklärbar? Doch sagen die beiden Autoren selbst, 40,4a »könnte auch erst auf die Schlußredaktion des Psalters zurückgehen.«

Gruppe der Psalmen 93-100. In ihr bilden die Psalmen 96 und 98 den innersten Kreis um den Zentralpsalm 97, der die Offenbarung des Königtums JHWHs vor allem Völkern besingt[50]. Sie beginnen beide mit der Aufforderung, einen neuen Gesang zu singen (96,1; 98,1). Sie enden beide beim Thema des Kommens JHWHs zu einem Gericht in צדק »Gerechtigkeit« und אמונה »Wirklichkeitsdichte« bzw. מישרים »Geradheit« (vgl. die beiden fast identischen Schlußstücke 96,11-13 und 98,7-9) – alles voller Reminiszenzen an Psalm 33. Diese Zusammenhänge sind spezifisch. Sie sind nicht aus generell zur Verfügung stehender Formelsprache erklärbar. Das Motiv der Neuordnung des Verhältnisses Israel-Völker steht im Zentrum.

In Ps 33,10 wird vom Umsturz der Geschichtsprojekte der Völker vergangenheitlich gesprochen, doch wenn in 11 die Rede von der Durchsetzung der Pläne Gottes ist, blickt der Psalm in die Zukunft. Die Seligpreisung des von Gott erwählten Volkes in 12 blickt zwar vergangenheitlich auf dessen Erwählung durch Gott zurück. Aber das geht, gerade auch im Blick auf die folgenden drei Verse, eher auf mit der Schöpfung verbundene urzeitliche Erwählung als auf geschichtliche Ereignisse wie den Exodus oder, erst recht nicht, den nachexilischen Wiederaufbau des Tempels.[51] Es gibt also keinen Rückblick auf eine schon in der Geschichte zu Tage getretene Erwählung, etwa beim Auszug aus Ägypten.

Geschichtliches könnte in 16 in den Blick treten – falls die Deutung als Negation einer zitierten Aussage zutrifft. Aber die behauptete Rettung eines Königs (oder jeglichen denkbaren Königs) ist in keiner Weise als die eines Königs von Israel qualifiziert. Im Blick auf 10 ist eher wieder die Völkerwelt allgemein ins Auge gefaßt.

Eine weitere Frage kommt hinzu. Warum ist das Begriffspaar »Gerechtigkeit und Recht« oder der Begriff »Gottesfurcht« in Psalm 33 niemals auf das Gesetz hin explizitert? In anderen Psalmen, auch solchen vor Psalm 33, geschieht das durchaus. Auch eine Israel-orientierte Armenfrömmigkeit tritt nicht hervor.[52] Zumindest

---

[50] Zur Disposition dieser Psalmengruppe vgl. Zenger, »Israel und Kirche im gemeinsamen Gottesbund«, 240-242. Mehr dazu im sechsten Kapitel dieses Buches.

[51] Ohne jede Basis im Text schreibt Graetz, *Psalmen I*, 264, zu Ps 33,10: »Welche für Israel verderbliche Pläne und welcher Völker hat Gott vereitelt? Oder objectiv: Welche Pläne sind zugunsten Israels gestört worden und von welcher Seite waren sie ausgegangen? Wahrscheinlich bezieht es sich auf die Pläne ›der Feinde Jehuda's und Benjamins‹, welche den Tempelbau und die Befestigung der zurückgewanderten Colonie nach dem babylonischen Exile gestört hatten, bis Darius die Erlaubnis dazu ertheilte und Cyrus' wohlwollendes Verhalten gegen das judäische Volk fortsetzte. Eine andere Zeitepoche läßt sich für diese historische Voraussetzung nicht finden.«

[52] So die Annahme von Zenger in Hossfeld/Zenger, *Psalmen I*, 206: Der Psalm könnte »eine ›literarische‹ Komposition der nachexilischen ›Armenfrömmigkeit‹ sein.« Dafür könnte man einzig 19 »für ihren Unterhalt zu sorgen in der Hungersnot« anführen. Nun kann die Erwähnung von

hat sich der Psalm weit von einer eventuellen armentheologischen Herkunft entfernt, ist sehr ins Allgemeinere und Abstraktere geraten. Gerettet werden muß nach diesem Psalm im Bereich der ganzen Schöpfung jedermann, auch der mächtige Staat. Der Psalm ist *nicht* festgelegt auf eine Gleichsetzung von Armen und Israel oder von Armen und einem »wahren Israel«. Er wäre durchaus auch für eine Aussage über Völker, die im Zusammenhang der Völkerwallfahrt zum Harren auf JHWH gelangen, offen.

Daher lassen sich nun einige Vermutungen entwickeln. Der Psalm befreit sich von der Vorstellung eines mit Sicherheit auf das historische Israel gerichteten souveränen Geschichtswillens Gottes und stellt diejenigen, die der an sich ja die ganze Schöpfung erfüllenden »Treue JHWHs« (5) teilhaft werden wollen, unter einen Maßstab, nämlich den des Verzichts auf eigene Kraft und des vollen Hoffens auf JHWH. Bezieht man die Aussage der Bundesformel in 12 naiv-unreflektiert einfach auf das konkrete Israel, dann wird die These, die 11 aufstellt, daß nämlich JHWHs Absicht und Plan niemals zuschanden werden, letztlich in Frage gestellt. Denn ist sich der Schöpfer des Vertrauens seines konkreten Volkes Israel so sicher? Die ganze Geschichte Israels spricht dagegen. Daher darf man eine Identität der »Gerechten« dieses Psalms mit dem historisch-konkreten Volk Israel gar nicht so ohne weiteres voraussetzen.

Es wird keine andere Identifizierung angeboten. Die Frage der jetzt mit dem Gottesvolk der Bundesformel gemeinten Gruppe wird vielmehr offengehalten. Die Identität von Israel einerseits, »Gottesvolk«, »Gerechten« und »Wir« andererseits wird nicht einmal einfach negiert. Es bleibt nur in der Schwebe, ob es sie gibt oder nicht. Mit Sicherheit steht allein fest, daß JHWH sich ein Volk bereiten wird, dessen Gott er ist und das seinen Erbbesitz in der Welt darstellt. Was er beabsichtigt, wird geschehen. Das sagt der Psalm genau in seinem Zentrum. Und er sagt es aus dem Erfahrungs- und Wortschatz Israels heraus. Zugleich hat das Zustandekommen von Gottes Zielen aber seine Bedingungen. So ist die Frage die, mit wem JHWH am Ende seine Ziele verwirklichen, wer sein Bundesvolk sein wird. Es ist die alte Frage, die schon am Sinai da war, als JHWH Mose sagte, er wolle dieses Volk vernichten und aus ihm, Mose, ein neues, besseres Volk entstehen lassen (Ex 32,10; Dtn 9,14, vgl. Num 14,12). In unserem Psalm ist die Bedingung dafür, daß Bundesvolk entsteht, genannt. Es ist nicht die Gesetzesbeobachtung. Die Bedingung ist – neutestamentlich gesprochen – der »Glaube«: sich allein auf JHWHs Treue zu verlassen, auf keinen eigenen Plan und keine eigene Macht.

---

Hunger zwar auf Armut verweisen, doch hier klingt der Text eher nach einer Hungersnot, die Arm und Reich gleicherweise treffen kann. Es geht in einem Psalm, der so stark auch von Schöpfungsmotiven bestimmt ist, eher um die grundsätzliche Angewiesenheit aller Menschen auf die Fruchtbarkeit der Erde. Der Psalm enthält jedenfalls keine gesellschaftlich-wirtschaftliche Entgegensetzung zu einer Gegengruppe »Reiche«. Die Gegengruppe ist anders definiert.

So zeichnet sich die offengehaltene Möglichkeit ab, daß das erwählte Gottesvolk im Endeffekt keineswegs mit dem real existierenden Israel identisch ist. Das wiederum läßt sich in zwei Richtungen entwickeln: Einmal als die Idee eines »wahren Israel« innerhalb des geschichtlich-realen Israel. Hierhin tendiert ja die aus vielen Texten und speziell auch aus den Psalmen erschließbare »Armentheologie«. Zum anderen (das erste dann wohl voraussetzend und zu ihm hinzutretend) im Sinne einer Partizipation der Völker (oder von Menschen aus den Völkern) am erwählten Gottesvolk. Die zweite Vorstellung ist auf der Ebene der redaktionellen Psalmenverkettung seit dem Schlußstück von Psalm 22 thematisch. Zum letzten Mal vor Psalm 33 ist sie wohl bei Psalm 25 und 26 beobachtbar[53]. Sollte die Thematik der »Völkerwallfahrt« auch in Psalm 33 noch einmal wiederkehren?

Wenn JHWH nach Ps 33,10 die Absicht und den Plan der Völker umgeworfen und auf den Kopf gestellt hat, heißt das ja nicht, daß er ihnen nicht auf der Linie seiner eigenen Absicht und seines eigenen Planes neue Möglichkeiten bereiten könnte – eben im Kontext des von ihm erwählten Volkes. Und umgekehrt: Wenn es nach 16f auf Täuschung hinausläuft, auf Macht und militärische Kraft zu vertrauen, heißt das ja nicht, man habe das nur bei den anderen Völkern getan, und nie im konkreten Israel. Insofern man es tut, kann man, auch wenn man äußerlich zu Israel gehört, gerade nicht zu dem »Wir« gehören, das am Ende des Psalmes spricht.

Da für diese schwebende Aussage die Bundesformel benutzt wird, muß man folgern, daß auch in Psalm 33 der »Bund« Israels für die Völker offengehalten wird. Der Unterschied zu Psalm 25 ist dabei zu beachten. Dort betet (auf Endtextebene) ein anderes Volk, oder ein Beter aus den Völkern. Er spricht vom Bund Israels, in den er aufgenommen wird. Hier haben wir einen Psalm, dessen Beter keineswegs so deutlich festgelegt ist. Er spricht von einem Plan Gottes, der auf ein Bundesvolk geht, das nicht einfach mit Israel identisch ist, und kennt eine Bundesformel, die für die Zugehörigkeit von Nichtisraeliten zumindest offen ist.

### 3. Psalm 33 und die Psalmen davor

In einer gründlichen Analyse der Kompositionsverhältnisse im Bereich der Psalmen 25-34 haben Frank Lothar Hossfeld und Erich Zenger die These vertreten, Psalm 33 nehme darin eine »Sonderstellung« ein.[54] Er sei in die innerhalb des ersten Davidpsalters schon bestehende palindromische Komposition, deren Rahmenpsalmen die Psalmen 25 und 34 und deren Zentrum Psalm 29 seien, in hellenistischer Zeit,

---

[53] Vgl. oben Kapitel III.
[54] Hossfeld/Zenger, »Thronsitz«, 386 (Abschnittsüberschrift).

vielleicht erst von »einer Makroredaktion des Psalmenbuchs«,[55] als ein »nachträglicher Kommentar hinter Ps 32 eingeschoben« worden.[56]

Vieles am Psalm spricht für nachexilischen Ursprung.[57] Oben schon gemachte Beobachtungen und die von Hossfeld und Zenger zusammengestellten, auffallend starken Bezüge zu Psalm 32, ebenso aber die Zusammenhänge mit weiter entfernten Bereichen des Psalters[58] lassen es zumindest als möglich erscheinen, daß der Psalm erst für seine Einfügung in den Psalter, und zwar an dieser Stelle, geschaffen worden ist. Erich Zenger führt allerdings als Gründe für eine ursprüngliche »Verwendung im offiziellen Tempelkult« an: 1. Die nach Instrumenten entfaltete Lobaufforderung in 1-3; 2. die Tatsache, daß die Gattung des Hymnus, die »Lehre«, wenn nicht sogar »dogmatische Lehre« umfängt, ohnedies ursprünglich die kultische Gemeinde als »Sitz im Leben« verlangt.[59] Doch beides erlaubt nur Folgerungen für die Herkunft der Gattung, nicht jedoch für die erste Zweckbestimmung jedes konkreten Textes, der dem Gattungsmuster folgt. Der Kommentarcharakter des Psalms zu manchem, was vorangeht, ebenso aber auch die Fernbezüge zu Kommendem, bleiben bei einer solchen Annahme unerklärt.

Doch soll es bei unserer synchronen Betrachtung auf solche Ursprungsfragen nicht ankommen. Dagegen ist die Frage drängend, ob die Abgehobenheit gegenüber dem konkret-historischen Israel, die für den ganzen Psalm, vor allem aber auch für die Bundesformel in Ps 33,12 aufgezeigt wurde, im Kompositionsgefüge einen Fremdkörper darstellt oder ob sie sich in einen größeren Bogen einfügt. Unter dieser Fragestellung ist zu den Ausführungen von Hossfeld und Zenger noch einiges ergänzend hinzuzufügen.

Zunächst sei, da die nachexilische Armenfrömmigkeit Israels normalerweise auch einen so oder so gearteten Israelbezug impliziert, noch einmal betont, daß Psalm 33, obwohl er wahrscheinlich jünger ist als die ihn umgebenden Zeugnisse der

---

[55] Hossfeld/Zenger, »Thronsitz«, 388. Dafür sprächen »die Gemeinsamkeiten mit Ps 146-150, aber auch die Berührungen mit Ps 90,17 (Anfang des 4. Psalmenbuchs) und mit Ps 107,41-43 (Anfang des 5. Psalmenbuchs)« (ebd. Anm. 44).

[56] Hossfeld/Zenger, »Thronsitz«, 386.

[57] Inhaltliche und lexematische Argumente stellt Petersen, *Mythos,* 114f, zusammen.

[58] Zu den Fakten sei auf Hossfeld/Zenger, »Thronsitz«, 386f, verwiesen. Für die Beziehungen zu Psalm 34 außerdem auf Auffret, »Allez, fils«, 22-27. Der Psalm greift auch stärker, als aus Hossfeld/Zenger, ebd., 387, Anm. 40, deutlich wird, Motive vorangehender Psalmen auf. So vergleiche man zu den Stichwörtern »Gerechtigkeit« und »Geradheit« (33,1.4f) Ps 11,7, zu den Absichten der Völker (33,10) Ps 1,1; 20,5, zum Herabblicken Gottes vom Himmel (33,13-15) Ps 11,4-7 und 14,2, zum Prüfen des Herzens (33,15) Ps 11,4f; 26,2, zur Erfolgslosigkeit militärischer Machtentfaltung (33,16f) Ps 20,8f, zu JHWH als »Schild« (33,20) 7,11; 18,3.31.36; 28,7. In allen diesen Fällen werden jedoch die Perspektiven neu eingestellt, ja es werden zu den aus den ähnlichen Stellen vorher erwachsenen Erwartungen Dementis gegeben.

[59] Hossfeld/Zenger, *Psalmen I,* 206.

Armenfrömmigkeit, selbst nicht zu diesen Zeugnissen gehört. Zur Verdeutlichung ein kurzer Überblick.

Die Armenpsalmen sind im Psalter nicht gleichmäßig gestreut. Das gilt vor allem auch vom ersten Psalmenbuch. Lexeme für Armut fehlen völlig bis Psalm 8, also bis zur Mitte der ersten kompositionellen Einheit des 1. Psalmenbuches (Psalmen 3-14)[60]. Mit Psalm 9/10 setzen sie genau in deren Mitte schlagartig ein und treten dann auch in der zweiten kompositionellen Einheit (Psalmen 15-24)[61] mit einer gewissen Regelmäßigkeit auf. Die dritte kompositionelle Einheit (Psalmen 25-34) ist dann dadurch gekennzeichnet, daß die Rahmenpsalmen (25 und 34) die Armenthematik deutlich enthalten. Die Armenterminologie kommt in ihnen besonders reichlich vor, und das ist sicher auch als hermeneutische Vorgabe für die Endtextinterpretation der gesamten umrahmten Psalmengruppe gemeint. In ihr, also innerhalb des Rahmens, fehlt die Textzuordnung zu Armen dagegen praktisch ganz. Die beiden einzigen Stellen, die man nennen könnte, sind Ps 31,8 (ראית את־עניי »du hast mein Unterdrücktsein angesehen« – aber das ist als Anspielung auf das Exoduscredo voll erklärt) und unsere Stelle Ps 33,19, wo nur das Motiv des Hungers vorkommt, das ebenfalls nicht notwendig auf Armenspiritualität verweist – wie oben ausgeführt. Bei synchron-kanonischer Lektüre strahlt die rahmenhafte Armenthematik natürlich in den ganzen umrahmten Bereich. Doch dann bleibt es trotzdem dabei, daß in Psalm 33 die Armen und von dorther ein »armes Israel« nicht thematisch werden. Insofern das Licht der Armentheologie von der Komposition her auf Psalm 33 fällt, ist seine Lichtquelle eher Psalm 25 als der erst nachfolgende Psalm 34. In Psalm 25 ordnet sich aber auf der uns interessierenden Endtextebene der zu den »Völkern« gehörende Beter in die Armentheoreme der Armenfrömmigkeit Israels ein. Durch eventuell vorhandene Armentheologie steht also einer Öffnung des Psalms zu einer Bundesaussage auch für die Völker nichts im Wege.

Doch nun die entscheidende Frage: Ist die Völkerwallfahrtsthematik, die die Psalmen von Psalm 22 an auf Endtextebene prägte, nach Psalm 26 nicht längst wieder versunken, und es handelt sich wieder um reine Israel-Gebete? Ragt deshalb Psalm 33 auf dieser Ebene nicht doch wie ein Fremdkörper in den Psalter hinein, falls er die längst wieder gewonnene »Israelperspektive« nochmals sprengt? Dieser Frage muß gerade bei den hier in den Vordergrund gestellten Aspekten genau nachgegangen werden.

Für eine (bei einer früheren redaktionellen Bearbeitung in die Psalmengruppe schon eingetragene) »Israelperspektive« lassen sich nur folgende Stellen benennen: Ps 25,22; 28,9; 29,11; 34,23.[62] Sieht man genau hin, dann entdeckt man aber nur

---

[60] Vgl. zu dieser Komposition Hossfeld/Zenger, »Selig«.

[61] Hossfeld/Zenger, »Berg JHWHs«.

[62] So die Formulierung bei Hossfeld/Zenger, »Thronsitz«, 386.

in Ps 25,22 den Namen »Israel«. Am Ende seines Gebetes bittet der Beter aus den Völkern auch für Israel, zu dem er gezogen ist. Die anderen Stellen sprechen von JHWHs »Volk« und »Erbteil« (28,9), von JHWHs »Volk« (29,11), von JHWHs »Knechten« (34,23) – alles Bezeichnungen, die, wenn Armentheologie oder der Völkerwallfahrtsgedanke in der Luft liegen, auch eingeschränkter oder offener verstanden werden können als genau im Blick auf das konkrete Volk Israel. So wird man fragen müssen, in welchem Sinn hier zumindest auf Endtextebene überhaupt »Israelperspektive« vorhanden ist.

Um das Phänomen vor den rechten Hintergrund zu stellen, sei ein Kurzüberblick über die Verteilung der Namen Israel, Zion und Jerusalem sowie über die Verwendung von עם »Volk« für Israel im gesamten Psalter gegeben. Um den Vergleich zu ermöglichen, sei der Psalter dabei in 15 Gruppen zu je 10 Psalmen aufgeteilt:

| Psalmen | Israel | Zion | Jerus. | Volk |
|---|---|---|---|---|
| Ps 1-10 | - | 3x | - | 1x |
| Ps 11-20 | 2x | 2x | - | 2x |
| Ps 21-30 | 3x[63] | - | - | 4x[64] |
| Ps 31-40 | - | - | - | 1x[65] |
| Ps 41-50 | 2x | 4x | - | 4x |
| Ps 51-60 | 3x | 2x | 1x | 4x |
| Ps 61-70 | 5x | 2x | 1x | 3x |
| Ps 71-80 | 12x | 3x | 2x | 12x |
| Ps 81-90 | 6x | 3x | - | 9x |
| Ps 91-100 | 1x | 2x | - | 6x |
| Ps 101-110 | 4x | 3x | 1x | 9x |
| Ps 111-120 | 5x | - | 1x | 5x |
| Ps 121-130 | 8x | 4x | 5x | 1x |
| Ps 131-140 | 7x | 6x | 4x | 3x |
| Ps 141-150 | 5x | 3x | 2x | 6x |

Die Übersicht müßte viel mehr ins Detail gehen, wollte man größere Folgerungen ziehen. Andere Namen müßten hinzutreten, etwa Jakob, Efraim, Juda. Vielleicht sollten Zion und Jerusalem zusammengenommen werden. Aber für die Zwecke der hier gestellten Fragen genügt das Bild, das entsteht. Das erste Psalmenbuch (Ps 1-41) fällt, was »Israelperspektive« angeht, deutlich aus dem Rest des Psalters heraus. Und besonders gilt das von dem Bereich, der hier interessant ist, von den Psalmen 25-34. Hier zeigt sich keine auch nur durch redaktionelle Zusätze erzeugte, konkret greifbare, durch entsprechende Markierungen aufrechterhaltene »Israelperspektive« von der Art, wie sie im restlichen Psalter vorliegt.

Nun gibt es dafür eine naheliegende Erklärung. Es könnte sich um die älteste

---

[63] Zum letzten Mal in Ps 25,22.

[64] Belege: Ps 22,32 (?); 28,9; 29,11 (2x). Näheres wurde oben schon im Haupttext gesagt.

[65] Dieser eine Beleg ist die hier diskutierte Bundesformel in 33,12.

Sammlung des Psalters handeln, an die sich der Rest ankristallisiert hat, und diese Sammlung kam in ihrem Kernbestand von Klage- und Dankliturgien her, möglicherweise gar nicht aus dem Hochkult. In ihnen ging es nicht um Israel und Jerusalem, sondern um die Einzelnen, manchmal auch den König, und um deren Nöte. Unter solchen Voraussetzungen sind aber die gesuchten Sprachelemente nicht zu erwarten. Die Auskunft ist vermutlich richtig. Trotzdem bleibt die Frage, warum die redaktionelle Überarbeitung, die zweifellos hier wie sonst im Psalter stattgefunden hat und bei der die Gebete des einzelnen ihrem ursprünglichen Privatzusammenhang (soweit es ihn gab) entnommen wurden, nicht auch im ersten Psalmenbuch eine deutlichere Israelmarkierung eingebracht hat.

Der Befund scheint zumindest zwischen Psalm 25 und Psalm 33 doch damit zusammenzuhängen, daß vorher das Thema »Völkerwallfahrt« im Vordergrund stand. Daraus, daß Psalm 25 und 26 im Anschluß an Psalm 24, dessen Stichworte sie aufnehmen, als Gebete von Menschen aus den Völkern verstanden werden müssen, folgt zwar nicht, daß jetzt alle weiteren Psalmen die gleiche Subjektzuteilung erhalten. Dafür wäre wohl doch in jedem Fall ein deutlicher Anschluß an den jeweils vorangehenden Psalm oder an den immer weiter zurückliegenden Psalm 24 zu fordern. Die Psalmenfolge wird schon wieder auf das Normalsubjekt, nämlich das betende Israel, zurücksinken. Nur gilt jetzt, daß dieses Israel nicht mehr aus Israel allein besteht. Die Völker, die zum Zion gekommen sind, sind dabei, oder sie können zumindest immer dabei sein. Sie beten mit. Daher eine Offenheit dieser Psalmen, die sich darin zeigt, daß keine Israelperspektive ausdrücklich markiert ist.

In einem solchen Makrozusammenhang ist dann aber die Offenheit der Gottesvolks- und Bundesaussage von Psalm 33,12 nicht nur voll verständlich, sondern sogar gefordert. Der Psalm hebt nur das deutlicher heraus, was in der vorauslaufenden Psalmenkette latent stets vorhanden war. Erst die Schlußdoxologie des ersten Psalmenbuchs wird wieder emphatisch den Volksnamen »Israel« zurückbringen (Ps 41,14), und so kann das zweite Psalmenbuch neu anfangen, gewissermaßen mit neuer Israelnaivität. Insofern ist dann Psalm 33 für die Aussage der Aufnahme der Völker in den Bund Israels mit seinem Gott zugleich eine Art Aussagenbrücke zu dem Bereich hin, in dem das Thema nochmals breit aufgenommen werden soll: der Psalmengruppe, die auf Psalm 100 zuläuft.

Die hier entwickelte Sicht für die Psalmen 25-34 wird wohl noch einmal dadurch bestätigt, daß die fehlende Israelperspektive nicht mit einer fehlenden Tempelperspektive parallelläuft. Der Tempel spielt, wie Hossfeld und Zenger zu Recht betonen, eine große Rolle. Er ist »der Ort der erbetenen bzw. erfahrenen Rettung, weil der Götter- und Weltenkönig JHWH an ihm präsent ist (Ps 29).«[66] Doch die Völkerwallfahrt führt ja gerade zum Tempel auf dem Zion, und ohne den Tempel

---

[66] Hossfeld/Zenger, »Thronsitz«, 283.

käme dieses Theologumenon gar nicht aus.

Wenn in den Psalmen 27 und 28 auch das Thema »Königtum« virulent bleibt, dann ist Psalm 27 durchaus auch für einen König aus den Völkern sprechbar.[67] Oder für einen Messias, der auf einem auch von den Völkern besuchten Zion residiert. In Psalm 28 tritt kaum der Sprecher selbst als König hervor. Nur am Ende ist ein Gebet für Volk und »Gesalbten« angefügt (Ps 28,8-9). Das ist, in anderer Gestalt, ein ähnlicher Schluß mit Israelzuwendung, wie er schon in Ps 25,22 zu beobachten war.

Die Aussage vom möglichen Zugang der Völker zu Israels Gottesbund, die Psalm 25 auf Endtextebene enthält, wird also durch die eigentümliche Verwendung der Bundesformel in Ps 33,12 gewissermaßen als offene Möglichkeit weitergetragen. Die folgenden Kapitel werden sich zwei Bereichen des Psalters zuwenden, in denen das Thema noch einmal ausdrücklich entwickelt wird.

---

[67] Würde Vers 10a, bei dem sich viele Ausleger trotz vorhandener Parallelen winden, dann nicht einen ganz neuen, tiefen Sinn bekommen?

# V.
## Zion als Mutter der Völker in Psalm 87[1]

Mit »Zion« und »Jerusalem« verbinden sich für die Religion Israels wichtige Vorstellungen, deren Wurzeln bis in die vorisraelitische Zeit zurückreichen.[2] Als »Berg
Gottes« und »Stadt Gottes« ist Jerusalem Königssitz und Thronstätte des höchsten
Gottes. Von hier aus hält er das kosmische Chaos nieder. Am Gottesberg scheitert
der chaotische Sturm der Völker. Vor allem ist der Zion »Erscheinungsort« JHWHs
als der »Sonne der Gerechtigkeit«. Der auf dem Zion thronende Gott gibt den in der
Gottesstadt wohnenden Menschen Schutz und Rettung. Schon in den beiden vorangehenden Kapiteln unseres Buches wurde sichtbar, daß diese Qualitäten des Zion
von den Völkern in der »Völkerwallfahrt« gesucht werden. In diesem Kapitel soll
die theologische Qualität des Zion weiter vertieft werden. In einer wichtigen Studie
hat Odil Hannes Steck 1989 darauf aufmerksam gemacht, »daß die Stadt Jerusalem
in den Texten nicht selten als Größe sui generis zwischen Jahwe und den Bewohnern steht... Jerusalem/Zion ist... in diesen Texten des Alten Testaments... nicht
einfach ein Kollektivbegriff für die Bewohner, ein Ausdruck also, für den auch
Bevölkerung, Israel, Volk stehen könnte, aber auch nicht einfach nur ein Ausdruck
für lebloses Gelände und seine Bauten. Die Stadt als Ort hat hier überraschender-
weise zugleich eine tätige Funktion an und für Menschen. Ja mehr noch – diese
Qualität tätiger Funktion verdichtet sich offenbar nachgerade darin, daß Zion als –
und nicht nur vergleichend wie! – eine Person dargestellt wird, als eine weibliche
Person mit einer zweifachen personalen Relation: hinsichtlich Jahwes und hinsichtlich der Menschen.«[3] In Psalm 87, synchron-kontextuell gelesen, wird diese Eigenart Zions für die Völkerwelt geöffnet: Zion/Jerusalem ist »Geliebte« JHWHs *und*
»Mutter der Völker«.

## I. JHWH, Zion und die Völker in Psalm 87

### 1. Ein schwieriger Psalm – »kühn bis zur Rätselhaftigkeit« (H. Gunkel)?

Daß der Psalm 87 für unser Thema relevant ist, ist nicht unbestritten. Dies hängt
zunächst mit dem nach Meinung vieler Exegeten beinahe unverständlichen hebräi-

---

[1]  Dieses Kapitel greift teilweise auf meine zwei Studien »Korachpsalmen« und »Psalm 83« zurück.

[2]  Vgl. zuletzt Keel, »Jerusalemer Kulttraditionen«.

[3]  Steck, »Zion als Gelände und Gestalt«, 127; vgl. auch die materialreiche Skizze über den
altorientalischen Vorstellungszusammenhang Gottheit–Stadt–Bewohner der Stadt als »Kinder«
der Stadt/Gottheit bei Spieckermann, »Stadtgott«.

schen Text des Psalms zusammen. Schon die alten Übersetzungen dokumentieren durch ihre Divergenzen die Schwierigkeiten, die sie mit ihrem »Original« hatten.[4] Und die modernen Übersetzer und Kommentatoren haben oft versucht, durch Textumstellungen und Konjekturen einen »lesbaren« Text herzustellen. Der große Psalmenforscher Hermann Gunkel beispielsweise machte für die Schwierigkeiten, die er im überlieferten Text sieht, einen »schlafenden Abschreiber« verantwortlich: »Man wird annehmen müssen, daß der Abschreiber zuerst 5c.6.7 überschlagen hatte, die dann an den Rand geschrieben und an falscher Stelle nachgetragen sind, und daß außerdem 1b hinter 2 und 4ab hinter 4c geraten sind.« Gunkel stellt deshalb um und rekonstruiert als ursprünglichen Psalm die Versfolge 2.1b.5c.7.3. 6.4c.4ab.5ab – mit folgender Bewertung: »Natürlich entschließt sich der Forscher zu solcher Umschüttelung der Zeilen nur mit schwerem Herzen; aber das glänzende Ergebnis zeugt für die Richtigkeit der Vermutung; anstelle der Verwirrung, die ein schlafender Abschreiber angerichtet hat, tritt so ein durchaus einheitlicher Zusammenhang.«[5]

Schon vor Gunkel und auch nach ihm gab es noch zahlreiche andere »Textschüttelungen«, um Psalm 87 verstehbarer zu machen.[6] Aber selbst nach solchen

---

[4]  Schon die alten griechischen Übersetzungen (Septuaginta, Aquila, Theodotion und Symmachus) haben hier für den vergleichsweise kurzen Psalm ungewöhnlich zahlreiche Differenzen, die eine eigene Erörterung verdienten. Die drei wichtigsten Differenzen sind: (1) Die Übersetzungen gebrauchen unterschiedliche Zeitstufen, was mit dem Thema des Psalms zusammenhängt (Gegenwartsaussage? Zukunftsvision?). (2) Die Septuaginta liest in 5 ausdrücklich: μήτηρ Σιων, ἐρεῖ ἄνθρωπος »Mutter Zion, wird ein Mensch (= man) sagen«, woraus manche Exegeten einen entsprechenden hebräischen Text rekonstruieren, in dem die Mutterprädikation explizit stand: »Und zu Zion sagt man: Mutter!« Nach Meinung anderer Exegeten, denen ich mich anschließe, ist die Lesart der Septuaginta eine »Deutung« des Textes oder eine spätere Verlesung von ursprünglich μὴ τῇ (MH THI) Σιων ἐρεῖ. (3) In 7 lesen die griechischen Übersetzungen »Wohnung« (κατοικία) statt »Quellen« (hebräischer Text). Eine knappe, aber gute Diskussion bietet Booij, »Psalm LXXXVII«; vgl. auch Schmuttermayr, »Psalm 87«.

[5]  Gunkel, *Psalmen*, 378.

[6]  Vgl. die Zusammenstellung der Positionen bei Booij, »Psalm LXXXVII«, 16 Anm. 2. Noch 1986 empfiehlt K. Seybold (freilich noch vor der »neuen Zeit« der synchronen und kanonischen Psalmenexegese) in seiner schönen Einführung *Die Psalmen* folgende Textgestalt:

V.2   JHWH liebt die Tore Zions
　　　 mehr als alle Wohnstätten Jakobs.
V.1   Seine Gründung liegt auf heiligen Bergen;
V.5b  er hat es selbst befestigt, der Höchste.
V.4a  »Rahab und Babel zähle ich zu meinen Bekannten,
　　　 ja Philister und Tyrus samt Kusch;
V.5a  aber zu Zion sage ich: ›Mutter‹,
　　　 und: ›ein Mann ist in ihr geboren!‹«
V.3   Herrlich spricht man von dir, du Gottesstadt! Sela.
V.7   Sänger wie Tänzer, alle die dich (besingen).
V.6   JHWH, man erzähle (unter) den Völkern:

Umstellungen bleibt für viele der Psalm sonderbar und rätselhaft. So ist Artur Weiser, der die Textfolge 1b.5b.2-3.6.4.5a.7 postuliert, der Meinung, daß der Psalm »infolge seiner Eigenart der Auslegung Schwierigkeiten« bereitet, denn »die Sprache des Dichters ist alles andere als flüssig. Mit einer geradezu kühnen abrupten Art stellt er seine kurzen Sätze hin, so daß nur einige markante Züge scharf heraustreten, der innere Zusammenhang jedoch im Dunkel bleibt. Der Eigenart seiner Sprache entsprechen auch die Gedanken des Psalms. Eine geschlossene Gedankenführung ist auf den ersten Blick nicht zu erkennen. Die Gedankenverbindungen herzustellen, bleibt dem Leser überlassen. Ich glaube, den Mangel an sichtbarem Gedankenzusammenhang und die stilistische Eigenart des Liedes aus der besonderen Situation erklären zu müssen, der vermutlich der Psalm seine Entstehung verdankt. Der Dichter befindet sich im Tempel von Jerusalem beim großen Wallfahrtsfest. In feierlicher Prozession zum Takt der Lieder schreitet die festliche Menge einher. Gestalten aus aller Herren Länder ziehen an dem Auge des Sängers vorüber. Es ist, als ob die ganze Welt sich hier ein Stelldichein gäbe. Vom Nil und vom Euphrat, aus dem Land der Philister und Phönizier sind sie gekommen, und selbst die schwarzen Gestalten aus dem fernen Äthiopien fehlen nicht bei dieser Völkerschau im Gotteshaus auf dem Zion. Mögen sie an Sprache und Aussehen noch so verschieden sein voneinander, sie alle vereinigt e i n Glaube an den e i - n e n Gott, zu dem sie sich gemeinsam bekennen. Was sie singen (V.7), prägt sich tief in des Dichters Ohr; hier im Tempel von Jerusalem haben sie alle eine Heimat, mag auch ihre Wiege in weiter Ferne gestanden haben. In einer fast visionären Schau, die mit einem Blick Nähe und Ferne umspannt, erwachen dem Dichter die Gedanken, um die sich sein Lied kristallisiert: die Größe Gottes, zu dem alle Welt sich bekennt, und die Bedeutung Jerusalems als des geistlichen Mittelpunkts der Welt! Solcher Art wird das Erleben gewesen sein, das zur Entstehung des Psalms geführt hat. Es erklärt aus ein und derselben Lage heraus in gleicher Weise die hymnische Begeisterung, das seherische Moment wie die kultische Bindung in der Schilderung und macht auch das unverbundene Nebeneinander der verschiedenen Gedanken, Bilder und Stilformen verständlich.«[7]

Gegenüber derart massiven Textumstellungen ist die heutige Exegese mit Recht skeptisch bis ablehnend. Es liegen sogar neuere Studien vor, die den überlieferten Text weitgehendst beibehalten und als sinnvolles Ganzes interpretieren.[8] Auch wir wollen diesen Weg gehen und zugleich den Psalm, dem in unserer Studie praktizier-

---

›Dieser ist dort geboren!‹ Sela.«
Er kommentiert diese »Textschüttelung«, ähnlich wie H. Gunkel (s.o.), folgendermaßen: »Eine Restauration, die für sich selbst sprechen muß. Das neu zusammengesetzte (und nach LXX z.T. verbesserte) Mosaik dieses Zionspsalms ist von besonderer Formschönheit«(*Psalmen*, 68).

[7]   Weiser, *Psalmen*, 394f.

[8]   Booij, »Psalm LXXXVII«; Smith, »Psalm LXXXVII«; Stadelmann, »Psalm 87«; Bos, »Psalm 87«.

ten methodischen Ansatz entsprechend, im kompositionellen Zusammenhang seiner Nachbarpsalmen betrachten. Es wird sich zeigen, daß der Psalm weder der Gefühlswallung bei einem Jerusalemer Tempelfest entstammt noch schwer verständliche Gedankenfetzen nebeneinanderstellt. Der Psalm ist vielmehr ein nachkultischer Psalm,[9] der programmatisch das Thema »Israel und die Völker« zusammenfaßt; möglicherweise ist er sogar erst für den »literarischen« Zusammenhang geschaffen worden, in dem er nun steht.

Vom kontextuellen Zusammenhang her soll hier auch die in der Forschung kontroverse Diskussion über das Gesamtverständnis des Psalms entschieden werden. Ob der Psalm den Diasporajuden, einzelnen Proselyten oder den Völkern auf dem Zion ein »theologisches« Bürgerrecht zuschreibt, ist bis heute offen und umstritten. Aus der bunten Vielfalt exegetischer Meinungen können hier nur einige referiert werden – zugleich als Problemschärfung für unsere eigene Auslegung.

In der für ihn typischen, »judenkritischen« Art schreibt B. Duhm in seinem Psalmenkommentar zu unserem Psalm: »Die Juden sind überall im Ausland ganz und gar eingebürgert, aber sie fühlen sich dort doch als Ausländer. Die Völker werden von Gott nur berücksichtigt, soweit sie Juden unter sich haben. Andererseits denken die Diasporajuden durchaus nicht an eine Übersiedlung nach Palästina, haben auch gar kein Bedürfnis danach; es genügt ihnen das Gefühl, das Bürgerrecht Zions und seines Tempels zu haben und auch Jahwe ist es zufrieden.« Weil er insbesondere in V.4 nicht »Ich rühme/zähle Rahab... *zu* denen, die mich kennen«, sondern »ich rühme Rahab... *ob/wegen* meiner Bekenner« übersetzt, kommentiert er V.4-5 folgendermaßen: »Die genannten Länder beherbergen große Judenkolonien, daher rühmt Jahwe sie oder gedenkt er ihrer...; von ihnen sagt er: hier, in Tyrus, Babel u.s.w. ist der und der Jude geboren, das giebt dann jenen Ländern und Städten einen gewissen Wert. Von Proselyten ist natürlich nicht die Rede.«[10]

Klassischer Vertreter der Position, die *auch* die Proselyten mitgemeint sein läßt, ist H. Gunkel in seinem Psalmenkommentar: »Mit lebhafter, überraschender Wendung versetzt uns die zweite Strophe in den Himmel zu Jahve selber. Der Gott besitzt, so stellt sich der Dichter vor, eine Völker-›Schrift‹, d.h. eine himmlische Stammrolle, wie sie die Könige auf Erden von ihren Untertanen führen (Ez 13,9)... Hier wird vorausgesetzt, daß in Gottes Buch alle Einzelnen samt einem Vermerk über ihren Geburtsort eingetragen werden. Die israelitische Religion, die sich diese Vorstellung in ihrer Weise zurechtlegt, denkt dabei natürlich an die Jahve-Frommen, die so verzeichnet stehen, und spricht damit den tröstlichen Gedanken aus, daß der Höchste die Seinen kennt. Der Dichter dieses Psalms stellt sich Jahve vor,

---

[9]    Zu diesem Begriff, der den »Abschied« von der Dominanz der gattungsgeschichtlichen Psalmenexegese signalisiert, vgl. Stolz, *Psalmen*; van Oorschot, »Nachkultische Psalmen«; zur Sache auch Mathys, *Dichtung*, 231-251.

[10]   Duhm, *Psalmen*, 218f.

wie er seine Eintragungen in dieses Buch macht; er sieht ihm dabei gewissermaßen über die Schulter und belauscht die Worte, die er beim Schreiben zu sich selber redet... ›Der ist hier geboren, und jener dort.‹ Der Gott selber muß erstaunen, an wieviel verschiedenen Orten die Seinen zu buchen sind; da gibt es Juden genug, die in Babel geboren sind und in Ägypten!... Und mit stolzer Freude sieht der Gott, wieviel Gläubige er aller Orten hat... Was dem Dichter konkret vor Augen steht, ist, daß es in allen Ländern Juden und Proselyten die Fülle gibt. Seine Kühnheit... macht daraus, daß diese Völker Jahve ›kennen‹... Aber wenn Rahab und Babel so den Ehrentitel ›Jahves Bekenner‹ erhalten, so darf auch Zion eines Namens nicht entbehren. Und dieser Name kann kein anderer sein als ›Allmutter‹; Zion ist die ›Mutterstadt‹ (II Sam 20,19) ihrer aller: ›darin ist Mann für Mann zu Hause‹: hier hat jeder, der sich zu Jahve hält, wo auch seine Wiege gestanden haben mag, sein Bürgerrecht, seine wahre Heimat, hier ist seine Geburt noch einmal verzeichnet.« Daß Psalm 87 eine eschatologische Vision entwirft, wird freilich von Gunkel massiv in Abrede gestellt: »Der Gedanke an die Heidenbekehrung der Endzeit, den viele Erklärer hier eingetragen haben, liegt vom Psalm weit ab, in dem nicht von einer Hoffnung, sondern von der Gegenwart geredet wird.«[11]

Dezidiert auf die Proselyten aus aller Welt deutet R. Kittel den Psalm: »Je mehr Jahwe Bekenner unter den Heiden fand, je zahlreicher die Kinder wurden, die der lange Unfruchtbaren geboren wurden (Jes 55,1; vgl. 44,4f.), desto mehr wurde Jerusalem die geistige Mutter aller Völker. Die Proselyten aus den Heiden nennen sich Zions Kinder, weil sie hier das Beste gefunden haben, die Erkenntnis des wahren Gottes und die Gemeinschaft mit ihm als dem geistigen Mittelpunkt der Welt (Jes 2,2ff.). Es ist wohl möglich, daß wir es mit einem Wallfahrtslied der Proselyten zu tun haben, das sie anstimmten, wenn sie zum Fest nach dem Ort ihrer Sehnsucht und geistigen Neugeburt pilgerten.«[12]

Die universale, eschatologische Perspektive will F. Nötscher zumindest offenhalten. Nach ihm »fragt es sich, ob er [d.i. der Dichter] Jerusalem nur als die geistige Heimat der damals, etwa in der Perserzeit, in der Diaspora lebenden Israeliten und Proselyten feiert, oder ob er die Bekehrung der Heiden in der messianischen bzw. heilseschatologischen Zeit ankünden will. Bei dem bekannten Mangel der prophetischen Perspektive ist vielleicht beides nicht auseinandergehalten.«[13]

Die universale Linie sieht demgegenüber A. Deissler in unserem Psalm klar ausgezogen: »Ps 87 ist ein Sionslied (vgl. Ps 46; 48; 132) mit endzeitlichem Ausblick und mit einer bemerkenswert universalen Weite... Die Menschen aus Ägypten und Babel, also aus West und Ost, die Nahen aus Kanaan und die Fernen in Äthio-

[11] Gunkel, *Psalmen*, 379f.
[12] Kittel, *Psalmen*, 289.
[13] Nötscher, *Psalmen*, 192.

pien tragen gleichsam im Geburtsschein die Ortsangabe Jerusalem. Das betrifft einmal alle Diasporajuden, die in fremden Ländern ganze Kolonien bildeten (z.B. Elephantine bei Assuan in Oberägypten), sodann die Proselyten im engeren wie im weiteren Sinn (= Gottesfürchtige), mit denen wir in der nachexilischen Zeit immer stärker rechnen dürfen. Für sie alle ist Jerusalem die Stadt Jahwes, ihres Bundesgottes. Der feierliche Gottesspruch greift aber sicher weiter und in die Zukunft aus. Er wird zum Echo von Zach 2,15: ›Viele Völker schließen sich Jahwe an zu jener Zeit. Sie werden ihm gehören als Volk. Sie wohnen in deiner Mitte‹ (vgl. Is 2,2ff. und 60,1ff.) und von Is 19,23ff.: ›Ägypten samt Assur werden Jahwe dienen. An jenem Tage wird Israel der dritte im Bunde mit Ägypten und Assur sein, ein Segen inmitten der Erde, wozu Jahwe es gemacht hat, indem er sprach: ›Gesegnet sei Ägypten, mein Volk, und Assur, das Werk meiner Hände, und Israel, mein Eigentum.‹... V.6 spricht dasselbe in einem neuen, wenn auch verwandten Bilde aus: Jahwe legt wie in Is 4,3 und Ez 13,9 eine Bürgerliste für das heilszeitliche Jerusalem an, die zugleich das ›Buch des Lebens‹ bedeutet (vgl. Is 4,3; Ps 69,29; Ex 32,32; Dan 12,1; Mal 3,16), und trägt die Völker bzw. ihren aus den Katastrophen geretteten Rest (vgl. Zach 9,7) darin ein. Der Schlußvers schaut sie beim Gottesdienst als Sänger (vgl. 2 Chr 5,12) und Reigentänzer (vgl. 2 Sam 6,14...). Hier geht Jer 31,4 in eine universale Erfüllung: ›Jungfrau Israel, wieder schmückst du dich mit deinen Pauken, ziehst aus im Reigen der Fröhlichen‹ (vgl. Jer 31,13).«[14]

Gegen derart universalistische Deutungen, die im übrigen in den letzten Jahren zunehmend vertreten werden,[15] gibt es auch scharfe Proteste – nicht zuletzt im Namen eines angeblichen Proprium Christianum *und* der besonderen Berufung Israels. So meint E. Beaucamp in seinem Psalmenkommentar: Wer die Völkerperspektive in den Psalm 87 eintrage, vergesse, daß doch gerade erst der Kreuzestod Jesu die Universalität des Heils gebracht habe: »Es ist deshalb verkehrt, in dieser Hinsicht schon im Alten Testament irgendeine Vorwegnahme zu suchen. Israel hatte nicht die Möglichkeit und auch nicht das Recht, auf das (singuläre) Privileg zu verzichten, das ihm sein Bundesgott auferlegt hatte.«[16] Die universalistische Sicht, die Zion zum Gottes-Zentrum aller Völker macht, ist nach Beaucamp aber auch aus dem Text von Psalm 87 keineswegs begründbar. Er teilt den Psalm in die zwei Abschnitte V.1-4 und V.5-7. Der Abschnitt V.1-4 enthält das Gottesorakel V.4, das JHWH den Getreuen aus seinem Volk verkündet. Dieses Orakel hat seine Brisanz gerade angesichts der in der deuteronomistischen Gerichtstheologie angekündigten Verwerfung Jerusalems, gegen die Psalm 87 festhält: JHWH steht in Treue zu seiner Erwählung, in der er Zion liebt (vgl. Ps 78,68f). Mit V.4a erinnert JHWH

---

[14] Deissler, *Psalmen II*, 171f.

[15] Besonders eindrucksvoll zuletzt: Alonso-Schökel, *Salmos*, 1121-1129 (mit ekklesiologischer »Relecture«, leider ohne Blick auf das christlich-jüdische Verhältnis); Mays, *Psalms*, 280-282.

[16] Beaucamp, *Psautier II*, 76 (Übersetzung E. Z.).

»seine Verehrer« an die beiden großen Erweise seiner Liebe: »Ich erinnere die, die mich kennen, an Ägypten und Babel«, d.h. an den ersten und zweiten Exodus! Und er kündigt, in Aufnahme deuterojesajanischer Heilsbilder, an, daß »die Völker« zum Zion kommen, um JHWH bzw. dem auf dem Zion lebenden Volk JHWHs ihre Huldigung und ihre Gaben zu bringen (vgl. Jes 45,14-16). Diese Völkerhuldigung sei keine Anerkenntnis JHWHs als Gott der Völker, sondern die Kehrseite jener Medaille, die dem Zionvolk das Heil und den Frieden bringen soll.

Auch die jüngste, ausführliche Studie zu Psalm 87 von Andreas Stadelmann plädiert für eine »enge«, geradezu partikularistische Interpretation. Stadelmann überrascht zunächst mit einer »universalistischen« Deutung der in V.2 genannten Stätten Jakobs: »Es besteht kein Zweifel, daß V 2 an Stätten authentischer Jahweverehrung außerhalb Jerusalems denkt. Die gibt es aber zur Zeit der Korachiter innerhalb der Grenzen der alten Stammesgebiete nicht mehr. Was es aber gibt, sind von Zion-Jerusalem mehr oder weniger entfernt lebende Jahwegemeinden. Der Dichter hat offenbar solche Jahweverehrer im Auge, denn wo immer diese leben und sich in Gebetshäusern versammeln, da ist *Jakob* (im nationalen und religiösen Sinn)«. Daß »Jakob« zur Zeit der Korachiter in Ägypten und in Babel, im Philisterland und in Phönikien durch die dort lebenden Juden seine Wohnstatt genommen hat, ist nach Stadelmann die erste wichtige Botschaft unseres Psalms, die dieser in V.4 verkündet: »*Jakob* als nationale und religiöse Größe hat bis ans Ende der Welt (*Kusch*) seine Wohnsitze aufgeschlagen.« Das Thema von Psalm 87 ist nicht das Verhältnis Israel-Völker, sondern das Verhältnis dieser Größe »Jakob« zur Gottesstadt Jerusalem bzw. zum Zion: »Es geht... um die aktuelle Gegenwart Jahwes in Zion-Jerusalem und um die in alle Winde verstreuten Jahwegetreuen.« Das zeigt sich für Stadelmann gerade beim Vergleich unseres Psalms mit den prophetischen Texten, die zeitgleich mit Psalm 87 entstanden sind. Er faßt das Ergebnis seiner Studie deshalb so zusammen: »Mustert man Ps 87 auf dem Hintergrund der Perserzeit, als prophetische Eschatologie und Frühapokalyptik eine bedeutende Rolle spielten, muß man dieses wohl reinste Zionslied des Psalters als ausgesprochen unprophetisch und uneschatologisch, ja als im Ansatz anti-eschatologisch einstufen. H. Gunkels Erkenntnis, wonach der Gedanke an die Heidenbekehrung der Endzeit weit vom Psalm abliege, weil er nicht von einer Hoffnung spreche, sondern von der Gegenwart rede, ist noch immer voll beizupflichten. Ps 87 beschäftigt sich mit jahwetreuen Pilgern, die schon da waren, gerade in Zion-Jerusalem weilen oder noch (wieder)kommen werden. Die Korachiter sind nicht an Völkern interessiert, sondern vertreten weiterhin eine nationalistisch und konfessionell orientierte Theologie. Von missionarischem Eifer und von besonderer Wertschätzung der Proselyten ist nichts zu spüren.... Auch der Meinung von R. Sorg, daß der Psalm einen Geist vertrete, der die exklusiven und integralistischen Eingrenzungen der Esra-Restauration sprenge, kann man kaum zustimmen; eher trifft das Gegenteil zu. Dieses Lob auf den Zion gibt nun einmal die Gefühle wieder, welche Diaspora-Juden für Zion-

Jerusalem hegen... Ps 87 ist nationalistisch geprägt und bleibt grundsätzlich für Anhänger der Jahwereligion bestimmt.«[17]

## 2. Das Programm von Psalm 87

Zwar haben schon die alten Übersetzungen, wie ihre Divergenzen untereinander und besonders ihre Differenzen gegenüber dem masoretischen Text dokumentieren, offensichtlich Schwierigkeiten beim Verstehen des Psalms gehabt. Doch ist es durchaus möglich, den überlieferten hebräischen Text weitgehend beizubehalten – und ihm einen guten Sinn abzugewinnen. Löst man sich von den gattungsgeschichtlichen Postulaten, daß der Psalm einen liturgischen Sitz im Leben haben und daß er dementsprechend strukturiert werden muß, ergibt sich eine erstaunlich kunstvolle Text- und Bildstruktur, wie das folgende Druckbild zeigen kann:[18]

| Psalm 87 |
| --- |
| 1a  Von den Korachiten. Ein Psalm. Ein Lied. |
| 1b  Seine Gründung auf heiligen Bergen<br>2a     liebt JHWH,<br>2b  die Tore Zions<br>2c     mehr als alle Wohnstätten Jakobs. |
| 3a  Herrliches wird gesagt *in/von dir*,<br>3b     Stadt Gottes. [*Sela*] |
| 4a  «Ich verzeichne Rahab und Babel unter die, die mich kennen,<br>4b     siehe, hinsichtlich Philistäa und Tyrus zusammen mit Kusch:<br>4c  *Der ist dort geboren.*«<br>5a  Ja, zu Zion wird gesprochen:<br>5b     *«Jeder einzelne ist in/aus ihr geboren.*<br>5c     Ja, er hat sie zugerüstet, der Höchste.«<br>6a  JHWH zählt,<br>6b     wenn er die Völker aufschreibt:<br>6c  *«Der ist dort geboren.«* [*Sela*] |
| 7a  Sie singen und tanzen:<br>7b     «Alle meine Quellen sind *in/von dir.*« |

[17]  Stadelmann, »Psalm 87«; der von Stadelmann zitierte Beitrag von Sorg ist: »Ecumenic Psalm 87«.
[18]  Zu dieser Struktur vgl. Ravasi, *Salmi II*, 796f; Booij, »Psalm LXXXVII«, 22-25 (gliedert freilich: 1-2.3-5.6-7); Smith, »Psalm LXXXVII« (gliedert: 1-2.3-7).

Liest man diesen Psalm nach der Leseregie, die sein Anfang vorgibt, will er die besondere Liebe JHWHs zu Zion poetisch darstellen.[19] Dann aber ist die in der Exegese kontroverse Frage nach dem Sprecher der in V.4-6 mit direkter Rede zitierten Geburtsproklamationen eigentlich schon entschieden: Es ist JHWH selbst, wie ja auch V.6 unmißverständlich sagt. So ergibt sich als mittlerer Abschnitt des Psalms V.4-6. Er ist konzentrisch gegliedert, worauf zwei Bauformen hinweisen:

(1) Die Abfolge der drei Geburtsproklamationen ist nach dem Schema ABA gestaltet:

A Der ist dort geboren (V.4)

B Jeder einzelne ist in ihr geboren (V.5)

A Der ist dort geboren (V.6)

(2) V.4 und V.6 bilden motivlich einen Rahmen (inclusio); in beiden Versen steht das Bild von JHWH, der die Völker aufschreibt, im Hintergrund.

Um diesen Mittelteil legen sich die beiden Abschnitte V.1b-3b und V.7. Sie sind durch die Angabe »in dir« (V.3a und V.7b) aufeinander bezogen; durch diese Angabe sind sie auch mit dem Zentrum des Psalms V.5b verwoben. Diese skizzierte Dreiteilung von Psalm 87 wird auch durch das am Ende von V.3 und von V.6 stehende Signalwort »Sela« (סלה) angezeigt und bestätigt.

Man kann erwägen, ob man im ersten Abschnitt V.1b-2c nochmals von V.3ab strukturell abtrennt, weil V.3 die Gottesstadt in der 2. Person anredet, während V.1b-2 über Zion in der 3. Person redet. Dann würde V.1b-2 das Thema des Psalms angeben, das anschließend im eigentlichen Psalmkorpus V.3-7 durchgeführt wird.

*Die beiden äußeren Abschnitte* (V.1-3 und V.7) stimmen in ihrer für die Zionstheologie typischen Bild- und Vorstellungswelt zusammen. Zion ist die auf dem »heiligen Berg«, der kosmischer Weltberg und Paradiesesberg zugleich ist, gelegene Gottesstadt, in der JHWH als Weltkönig und als Gott des umfassenden Schalom thront und wohnt. Daß mitten in dieser Stadt bzw. mitten im Palast/Tempel des in ihm wohnenden Gottes »die Lebensquellen« entspringen, gehört konstitutiv zu dieser Vorstellung.[20]

Wenn V.2b »die Tore Zions« nennt, können mehrere Konnotationen vorhanden sein. Nach Ausweis der altorientalischen Ikonographie und vieler Vergleichstexte sind die Stadttore das Spezifikum einer Stadt, zu deren Merkmalen, im Unterschied

---

[19] In den Kommentaren ist kontrovers, ob man V.1b als selbständigen Nominalsatz lesen soll («Seine Gründung liegt auf heiligen Bergen«), dann ist freilich das Pronominalsuffix »seine« zunächst unbestimmt; ich ziehe das Verständnis von 1b als »Casus-pendens-Konstruktion« oder als betont an den Anfang gestelltes Objekt vor.

[20] Vgl. besonders Ps 46,5; Ez 47,1-12; Joel 4,18; Sach 13,1; 14,8, aber auch Gen 2,10-14. Ob eine Anspielung auf den frühjüdischen Topos Sinai/Horeb als »Quellort« der Tora (vgl. nur Ex 17,6) vorliegt, kann hier nicht weiter erörtert werden.

zum Dorf, eben die Stadtmauer mit dem Tor bzw. mit den Toren gehört.[21] Zugleich freilich können »die Tore Zions« metonymisch den Tempelbereich evozieren. Mit »den Toren« des Tempels ist die von JHWH gesetzte und proklamierte Rechts- und Lebensordnung verbunden.[22] Die beiden äußeren Abschnitte besingen dann die Bedeutung Zions als Ort und Quelle der universalen Gerechtigkeit. Wer Sprecher des Abschnitts V.1b-3 ist, ist auf der Oberflächenstruktur des Textes schwer zu entscheiden. Die Sprecher des Zitats in V.7b sind »die Völker«, von denen im mittleren Abschnitt V.4-6 die Rede ist.

Der *Mittelabschnitt* (V.4-6) ist durchgängig von dem Bild geprägt, daß JHWH den Mitgliedern der vielen Völker das Bürgerrecht seiner Gottesstadt zuerkennt, indem er sie in die »Bürgerliste« einträgt. Ob hier die im Alten Orient auch sonst belegte Vorstellung vom himmlischen Lebens- und Schicksalsbuch im Hintergrund steht,[23] oder ob hier (mir wahrscheinlicher) die im Zusammenhang mit der Institution der Bürger-Tempel-Gemeinde[24] aufgekommene namentliche Registrierung ihrer Mitglieder die Idee geliefert hat, ist zweitrangig gegenüber der Feststellung: JHWH spricht hier Angehörigen der beiden großen traditionellen Feindmächte Ägypten (Rahab) und Babel sowie der Länder Philistaia, Phönikien und Kusch rechtlich verbindlich eine personale Bindung (mit Rechten und Pflichten) an Zion zu.

Die Aufzählung der fünf Namen ist nicht exklusiv gemeint. Vielmehr ist der ganze Erdkreis intendiert, als dessen Mitte (»Nabel«) Zion proklamiert wird. Die genannten Namen markieren nämlich die vier Himmelsrichtungen West (Ägypten), Ost (Babel), Nord (Philisterland und Tyrus) und Süd (Kusch). In dieser geographi-schen/räumlichen Perspektive ist Zion ein Ort. Andererseits klingen in der Mitte des Psalms durchaus personale Töne an, die Zion als Frau und Mutter sehen. Diese Multivalenz von Zion als Ort und Zion als Frau entspricht der Metamorphose Zions vom Gelände zur Gestalt bzw. von der Stadt als Ort zur Stadt als Frau im Jesaja-buch.[25] Während in Jes 54,1-10 und in Jes 66,7-14 Zion als Mutter der Israeliten gezeichnet wird, wird diese Metapher hier zu Zion als Mutter der Völker ausgewei-

---

[21] Vgl. Uehlinger, »Stadt«, 153-172.

[22] Zu den Tempeltoren als »Toren der Gerechtigkeit« und den damit verbundenen »Einlaßbedingun-gen«/«Einzugsliturgien« vgl. u.a. Steingrimsson, *Tor der Gerechtigkeit*, 134-139; Beyerlin, *Heilsordnung*, 90-97; sowie oben Kapitel III zu Ps 24.

[23] Vgl. Zenger, »Psalm 87,6«.

[24] Dazu vgl. Jes 4,3 und Ez 13,9, aber auch Ez 32,32. Grundlegend zur Bürger-Tempel-Gemeinde sind die zahlreichen Arbeiten von J.P. Weinberg; vgl. besonders: »Demographische Notizen«; »Beit ʾAbot«; »Bürger-Tempel-Gemeinde«.

[25] Vgl. Steck, »Zion als Gebäude und Gestalt«, 133-144; zu Zion/Jerusalem als Mutter, die Kinder gebiert, großzieht und versorgt, siehe besonders Jes 49,22; 51,18; 54,1 sowie den ganzen Textzusammenhang Jes 60-61 und das Buch Klgl. Der Topos von Zion als Mutter steht m.E. auch im Hintergrund von Ps 8,3; vgl. Hossfeld/Zenger, *Psalmen I*, 79.

tet — freilich nicht durch »natürliche« Geburt, sondern durch Festsetzung und Erwählung JHWHs selbst. Von der Themenangabe in V.1-2 her ist freilich wichtig: JHWH schenkt die Völker Zion als »Kinder«, weil er Zion liebt.

Die in Psalm 87 entworfene Vision einer Verwurzelung der Völker in Zion als ihrer Mutter und Lebensquelle kommt der in Sach 2,14-16 gezeichneten eschatologischen Vision nahe; die Abfolge der thematischen Elemente ist allerdings in beiden Texten gegenläufig, wie unsere Skizze zeigt:

| Sach 2,14-16 | Ps 87 |
|---|---|
| V.14 Juble und freue dich, Tochter Zion; denn siehe ich komme und wohne in deiner Mitte — Spruch JHWHs. | V.7 |
| V.15 An jenem Tage werden sich viele Völker JHWH anschließen, und sie werden mein Volk sein, und ich werde in deiner Mitte wohnen... | V.4-6 |
| V.16 JHWH wird Juda in Besitz nehmen; es wird sein Anteil im Heiligen Land sein. Und er wird Jerusalem erneut erwählen. | V.2 |

Das in Psalm 87 in multiperspektiver Metaphorik entworfene Programm erhält allerdings erst sein konkreteres Profil aus dem kontextuellen Zusammenhang, für den er geschaffen wurde; von ihm her läßt sich dann auch die Frage nach seiner (epochalen) Entstehungszeit angehen. Der kontextuelle Zusammenhang von Psalm 87 ist zum einen die Gruppe der Korachpsalmen; zum anderen muß Psalm 87 im Horizont von Psalm 83 (bzw. der Asafpsalmengruppe 73-83, die durch Psalm 83 abgeschlossen wird) gelesen werden, da er geradezu als Kontrastpsalm dazu konzipiert ist. Der Blick auf die übrigen Korachpsalmen wird uns helfen, das in Psalm 87 strukturell schwierige Kolon V.5c zu verstehen. Der Blick auf Psalm 83 kann klären, daß die in Ps 87,4 aufgeführten fünf Völker- bzw. Ortsnamen auf keinen Fall die dort lebenden Diasporajuden meinen, sondern emblematisch die Gesamtheit der (Feind-)Völker bezeichnen.

## II. Psalm 87 im Zusammenhang der Korachpsalmen

Die Korachpsalmen stehen im Psalmenbuch in zwei Gruppen geordnet beieinander: Ps 42-49 und Ps 84-85.87-88. Ob man auch Psalm 89 als »Korachpsalm« betrachten soll, ist unsicher; zwar fehlt in seiner Überschrift der Vermerk »für die/von den Korachiten«, doch hat er mit seinem Vorgänger Psalm 88, der als Korachpsalm ausgewiesen ist, die Zuschreibung »Ein Weisheitslied. Von/für den Esrachiter...« gemeinsam. Die Korachpsalmen stehen auf der Ebene der Psalmenbuchkomposition an pointierter Stelle: Die Psalmen 42-49 eröffnen das 2. Psalmenbuch (Ps 42-72); die Psalmen 84-88.89 beschließen das 3. Psalmenbuch (Ps 73-89).

## 1. Systematik der Psalmenüberschriften

Auch wenn die (sekundären) Psalmenüberschriften insgesamt immer noch ein ungelöstes Problem der Forschung darstellen, läßt sich, wie der Blick auf die nachfolgende Tabelle der Überschriften der Korachpsalmen zeigt, hinsichtlich dieser Psalmen eine gliedernde Systematik erkennen:[26]

| Ps 42 Ps 43 | Für den Chorleiter. Ein Weisheitslied. Von den Korachiten. |
|---|---|
| Ps 44 | Für den Chorleiter. Von den Korachiten. Ein Weisheitslied. |
| Ps 45 | Für den Chorleiter. Nach der Weise »Lotusblumen«. Von den Korachiten. Ein Weisheitslied. Ein Liebeslied. |
| Ps 46 | Für den Chorleiter. Von den Korachiten. Nach der Weise »Mädchen«. Ein Lied. |
| Ps 47 | Für den Chorleiter. Von den Korachiten. Ein Psalm. |
| Ps 48 | Ein Lied. Ein Psalm. Von den Korachiten. |
| Ps 49 | Für den Chorleiter. Von den Korachiten. Ein Psalm. |
| Ps 84 | Für den Chorleiter. Nach gititischer Weise. Von den Korachiten. Ein Psalm. |
| Ps 85 | Für den Chorleiter. Von den Korachiten. Ein Psalm. |
| [Ps 86] | Ein Bittgebet. Von/für David. |
| Ps 87 | Von den Korachiten. Ein Psalm. Ein Lied. |
| Ps 88 | Ein Lied. Ein Psalm. Von den Korachiten. Für den Chorleiter. Nach der Weise »Krankheit« zu singen. Ein Weisheitslied. Von Heman, dem Esrachiter. |
| Ps 89 | Ein Weisheitslied. Von Etan, dem Esrachiter. |

---

[26] Zur hermeneutischen Relevanz der Psalmenüberschriften vgl. auch Zenger, »Kanonische Psalmenauslegung«, 407-409. Die Überschriften sind in der Regel nicht nur Reflex des Kompositionsprozesses der Teilsammlungen des Psalmenbuchs und untermauern oft die durch redaktionskritische Analysen gewonnenen Ergebnisse hinsichtlich der Wachstumsstufen von Teilsammlungen bzw. des Gesamtpsalters (einfachstes Beispiel: die unterschiedlichen Überschriftensysteme in den »Psalmenbüchern« 3-41.42-72.73-89 und 90-106.107-150 sowie die unterschiedliche »Systematik« im Vergleich der beiden »Davidsammlungen« 3-41.51-72), sondern geben oft auch wichtige Hinweise zur Interpretation des jeweiligen Einzelpsalms im Kontext seiner von der Redaktion als solche intendierten »Nachbarpsalmen« (z.B. Psalm 30 in seiner Beziehung zu Psalm 29; die Kleingruppe 65-68 in ihrer Hinordnung auf die Kleingruppen 52-55.56-60.61-64 usw.).

Die im einzelnen variierenden Überschriften lassen rein statistisch einen zahlensymbolischen Gestaltungswillen erkennen. »Psalm« מזמור steht siebenmal, »Lied« שיר fünfmal, »Weisheitslied« משכיל dreimal. Falls die von der größeren Anzahl der Handschriften bezeugte Überlieferung respektiert wird, wonach die von der kritischen Exegese als Einheit interpretierten Psalmen 42 und 43 ursprünglich doch als zwei Psalmen (eben als »Zwillingspsalmen«) zu lesen sind,[27] ergibt sich eine Gesamtzahl von 12 Korachpsalmen – entsprechend den 12 Asafpsalmen Ps 50.73-83.[28] Falls man Psalm 89 als Korachpsalm betrachtet, ergibt sich auch auf der Ebene des vorliegenden Textes die Anzahl 12. Möglicherweise fiel die Überschrift über Psalm 43 weg, als Psalm 89 zur Komposition hinzukam.[29]

Die Psalmen 42 und 44 gehören von der Überschrift her zusammen, da nur in ihnen die drei Elemente »Für den Chorleiter. Ein Weisheitslied. Von den Korachiten« stehen. Diese drei Elemente stehen zwar auch in Psalm 45, der sich dadurch einerseits als Anschluß an die Psalmen 42-44 darbietet. Andererseits enthält die Überschrift zu Psalm 45 zusätzliche Elemente, die ihn in die Gruppe 45-48 einfügen.

Die vier Psalmen 45-48 sind zunächst einmal paarweise zusammenzuordnen. 45 und 46 sind zusammengebunden durch die jeweilige Bezeichnung »Lied« שיר und durch die mit »nach der Weise« על eingeleitete musikalische Angabe. 47 und 48 gehören zusammen durch die ihnen gemeinsame Bezeichnung »Psalm« מזמור. Daß mit 48 eine Zäsur intendiert ist, zeigt die besondere Gestalt seiner Überschrift an. Sie bietet zum einen, abweichend von 47, zusätzlich zu »Psalm« מזמור die Angabe »Lied« שיר. Außerdem fehlt in 48 die Zuweisung »Für den Chorleiter« למנצח.

Psalm 49 hat zwar eine mit Psalm 47 identische Überschrift, doch ist der Psalm wegen der die Gruppe 45-48 markierenden singulären Überschrift in Psalm 48 von der Gruppe 45-48 abgesetzt.

Die Psalmen 84 und 85 bzw. 87 und 88 sind zunächst wieder paarweise zusammengeordnet: 84 und 85 haben die Bezeichnung »Psalm« מזמור gemeinsam, 87 und 88 haben (in chiastischer Anordnung!) »Psalm.Lied« שיר מזמור gemeinsam. Als zusammengehörige Gruppe ist 84-85.87-88 durch die in den beiden Eckpsalmen 84 und 88 gegebenen musiktechnischen Angaben »nach der Weise...« על + x zusammengebunden.

---

[27] Eine Zusammenstellung von Argumenten für die kompositionelle Zusammengehörigkeit von 42 und 43 findet sich bei Hossfeld/Zenger, *Psalmen I*, 265; dagegen freilich Millard, *Komposition*, 12: »Da die Mehrzahl der Handschriften Psalm 43 gegenüber Psalm 42 trotz der Nähe beider Psalmen als abgetrennten Psalm auffaßt und dies textkritisch gesehen die schwierigere Lesart ist, scheint mir die wahrscheinlichere Lösung zu sein, daß Psalm 42 gegenüber Psalm 43 ursprünglich selbständig war.«

[28] Ob sich in dieser Zwölfzahl beider Sammlungen die Rivalität der beiden Trägergruppen (wer immer sie sind) widerspiegelt?

[29] Bei der Formierung des »messianischen Psalters« Ps 2-89; dazu s.u.

Psalm 88 ist von der in seiner Überschrift zusätzlich gegebenen Bezeichnung
»Weisheitslied« משכיל an den Anfang der ersten Korachpsalmenreihe zurückgeord-
net. Das Element »Weisheitslied« משכיל und die Angabe »des Esrachiters« האזרחי
verweisen darüber hinaus nach Psalm 89.

## 2. Gemeinsames sprachliches und theologisches Profil

Daß die Korachpsalmen, analog den Asafpsalmen, ein gemeinsames sprachliches
und motivliches Profil haben, das auf Herkunft aus und Überlieferung in einer
gemeinsamen geistigen Heimat hinweist, ist weitgehender Konsens der Forschung.
In Aufnahme und Weiterführung von Beobachtungen bisheriger Exegese lassen sich
folgende Eigenheiten auflisten, durch die sich die Korachpsalmen zugleich vom
übrigen Psalmenbuch abheben:[30]

Die Gottesbezeichnung »lebendiger Gott« אל־חי begegnet im ganzen Psalter nur
in 42,3; 84,3; im übrigen AT steht sie nur noch in Hos 2,1; Jos 3,10.

Zwar ist die mit kultischen Konnotationen verbundene Vorstellung vom Angesicht JHWHs auch im übrigen Psalter vielfach belegt, doch begegnet sie in den
Korachpsalmen in markanter bzw. sogar singulärer Weise. Textkritisch schwierig
ist die im Refrain von Psalm 42/43 möglicherweise intendierte Vorstellung vom
»rettenden Angesicht« Gottes[31] (42,6.12; 43,5); hier liegt eine Verbindung von
Angesicht Gottes mit dem in den Korachpsalmen vielfach begegnenden Begriffsfeld
der Wurzel »Rettung/Heil« ישע vor. Pointiert steht in 44,25; 88,15 der Vorwurf
an Gott, daß er »sein Angesicht verberge«. Im Psalter singulär ist die in 42,3
belegte Verbindung »vor Gottes Angesicht erscheinen«(ראה Niphal + Angesicht
Gottes), die sonst in kultagendarischem Kontext vorkommt (z.B. Ex 23,15.17;
34,20.23 u.ö.); sie wird nochmals aufgenommen in 84,8.

Auch das Wort »Seele« נפש mit der Konnotation der vitalen Sehnsucht ist
geradezu typische Psalmensprache, doch tritt »Seele« in den Korachpsalmen gehäuft
auf (42/43 passim; 44,26; 49,9.16 [.19]; 84,3; 88,4.15).

Das Nomen לחץ zur Bezeichnung der »Bedrängnis« durch Feinde steht im Psalter
nur in 42,10; 43,2; 44,25.

---

[30] Vgl. besonders Wanke, *Zionstheologie*, 1-38; Goulder, *Sons of Korach*, 3-7; Sperling, *Das Jahwe-Überlegenheitslied*, 309-381. Kelly, *Zion-Victory Songs* untersucht nur die Psalmen 46.48 und 76; die Frage des Unterschieds zwischen den beiden Korachpsalmen 46.48 und dem Asafpsalm 76 kommt dabei zu kurz. Goldingay, *Songs* erbringt für unsere Fragestellung (fast) nichts.

[31] Diese Lesart nimmt einerseits אלהי aus 42,7 zu 42,6 hinzu, ändert in 42,6 פניו von 42,12; 43,5 her in פני und streicht die Syndese ואלהי in 42,12; 43,5 von 42,7 her, so z.B. auch Craigie, *Psalms*, 324.

»Wohnstätten/Wohnungen« מִשְׁכָּנוֹת zur Bezeichnung der Wohnung Gottes findet sich in 43,3; 46,5; 84,2; 87,2; kontrastiv dazu werden in 49,12 die Gräber der Toten ebenfalls »Wohnungen« מִשְׁכָּנוֹת genannt.

Zur Bezeichnung des Gottesvolks wird in den Korachpsalmen nie der Eigenname Israel verwendet; es begegnet nur der Eigenname Jakob (vgl. Jakob: 44,5; 47,5; 85,2; 87,2; Gott Jakobs: 46,8.12; 84,4); demgegenüber verwenden die Asafpsalmen Israel, Jakob und Josef.[32] Die für die Asafpsalmen geradezu typische Selbstbezeichnung Israels als »Volk JHWHs« עַם יהוה kommt in den Korachpsalmen nur in 44,13; 85,3.7 vor – in Stellen, die redaktionell von den Asafpsalmen abhängig sind.[33]

Der Gottesname »JHWH Zebaot« יהוה צְבָאוֹת begegnet im Psalter nur achtmal, davon sechsmal in den Korachpsalmen: 46,8.12; 48,9; 84,2.4.13. Die beiden anderen Belege sind 24,10; 69,7. Die Langform »JHWH *Gott* Zebaot« יהוה אֱלֹהִים צְבָאוֹת steht in 84,9 und außerhalb der Korachsammlung noch in 59,6; 80,5.20; 89,9. In 80,8.15 findet sich darüber hinaus die Verbindung »Gott Zebaot« אֱלֹהִים צְבָאוֹת.

Charakteristisch, wenn auch nicht typisch für die Korachpsalmen sind die Gottesbezeichnungen »El/Gott« אֵל (42,2.9.10; 43,4; 44,21; 84,3; 85,9) und »Höchster« עֶלְיוֹן (46,5; 47,3; 87,5).

Die Wortverbindung »Stadt Elohims« עִיר־(הָ)אֱלֹהִים gibt es alttestamentlich nur in 46,5; 48,2.9; 87,3. In 48,9 steht außerdem noch »Stadt des JHWH Zebaot« עִיר יהוה צְבָאוֹת. Die Verbindung »Stadt JHWHs« עִיר יהוה ist nur noch in Ps 101,8; Jes 60,14 gegeben.

»Schild« מָגֵן als Metonymie für König findet sich inneralttestamentlich nur in den Korachpsalmen 47,10; 84,10 (und davon abhängig in 89,19).

Auch die relativ wenigen Belege für »Verstoßung« (זנח) durch Gott konzentrieren sich auf die Asafpsalmen und die Korachpsalmen (43,2; 44,10.24; 88,15 bzw. 74,1; 77,8); davon abhängig ist der Beleg in 89,39. Darüber hinaus findet sich die Vorstellung nur noch in Ps 60,3.12 (=108,12), wobei das zwischen Psalm 60 und Psalm 44 bestehende literarische Abhängigkeitsverhältnis hier offen bleiben kann.[34]

---

[32] Israel: 50.7; 73,1; 76,2; 78,5; 80,2; 81,5.9.12.14; 83,5. Jakob: 75,10; 76,7; 77,16; 78,5.21.71; 79,7; 81,2.5. Josef: 77,16; 78,67; 80,2; 81,6. Die Eigennamen Efraim (78,9.67; 80,3), Benjamin (80,3) und Manasse (80,3) kommen ebenfalls in den Korachpsalmen nicht vor.

[33] Israel als »Volk JHWHs« in den Asafpsalmen: 50,4.7; 77,16.21; 78,20.52.62.71; 79,13; 80,5; 81,9.12.14. Zu 44,13 als Teil der nachexilischen Fortschreibung des vorexilischen Grundpsalms 44,2-9 vgl. Hossfeld/Zenger, *Psalmen I*, 271f; die theologische Nähe der Fortschreibung 44,10-27 zu den Asafpsalmen zeigt sich besonders in 44,14 (vgl. 79,4; 80,7).18 (vgl. 50,5).21 (vgl. 50,7.22; 81,10f).24 (vgl. 74,1); 77,8; 80,3.27 (vgl. 82,8). Zu Ps 85 als »jüngerem« Korachpsalm, der zur »Fortschreibung« des elohistischen Psalters 42-83 gehört, vgl. unten.

[34] Psalm 60 hat als einziger »Volksklagepsalm« innerhalb der individuellen Klage- bzw. Bittpsalmen 51-64 eine kompositionelle/redaktionelle Sonderstellung; da 60,12-14 zugleich 44,6 (vorexilisch) *und* 44,10 (nachexilisch) »einspielt«, dürfte 60 von 44 abhängen.

131

Insgesamt sind die Psalmen, im einzelnen freilich unterschiedlich stark, von den für die Zionstheologie typischen Vorstellungen und Einzelmotiven geprägt (Chaos-Kosmos; Weltberg, Gottesstadt, Völkersturm, Heiligtumsvorstellungen, Gott als rettendes Licht und Zuflucht; die universale Erde als Horizont des Geschehens, u.a.).

Schließlich sind die Korachpsalmen allesamt mit ähnlichen poetischen Techniken gestaltet.[35] In den meisten Korachpsalmen finden sich strophisch gliedernde Struktursignale, wobei die dadurch angezeigten Bauformen der Psalmen in der Regel nicht den von der Gattungsforschung erarbeiteten sogenannten Grundformen von Klage und/oder Bitte bzw. Hymmnus und/oder Danklied entsprechen. Als Struktursignale fungieren wortgleiche Refrains, formelhafte Wendungen, Motivvariationen als Wiederholungen oder signifikant plazierte syntaktische Partikeln.

### 3. Die Kompositionsstruktur der Korachpsalmen 84-85.87-88

Psalm 87 muß zunächst als einer der vier Korachpsalmen 84-85.87-88 gelesen werden. Deren kompositionelle Abfolge orientiert sich an der ihr vorgegebenen Abfolge der Korachpsalmen 42-49. Daß die beiden Teilgruppen nicht von der gleichen Hand zusammengestellt wurden, ergibt sich aus drei Beobachtungen:

a) Beide Psalmgruppen stehen in unterschiedlichen Büchern des Psalmenbuchs.

b) Während die Gruppe 42-49 »elohistisch« bearbeitet und Teil des sog. elohistischen Psalters 42-83 (dazu s.u.) ist, ist diese Bearbeitung in Ps 84-88* nicht zu erkennen.

c) Die Korachpsalmen 84-88* sind redaktionell mit den ihnen vorausgehenden Asafpsalmen verbunden, was von den Korachpsalmen 42-49 nicht in gleicher Weise gilt.

Das die Korachpsalmen 42-49 prägende Kompositionsschema, das dann auch die Psalmen 84-85.87-88 nachahmen, ist die thematische Abfolge *Klage – Antwort (Gottes) – Klage*.[36]

Die Komposition 42-49 beginnt mit Psalm 42/43 als individuellem Lied der Sehnsucht nach der Begegnung mit dem Ziongott, dessen Verborgenheit bzw. dessen verstoßendes Handeln beklagt wird. Diese individuelle Klage verschärft sich im

---

[35] Vgl. die Zusammenstellung bei Zenger, »Korachpsalmen«, 179-182.

[36] Daß bei der kompositionellen Zusammenstellung von Einzelpsalmen (iuxtapositio) auch »formgeschichtliche« Modelle im Hintergrund stehen, hat Millard, *Komposition* herausgearbeitet; auch wenn ich nicht allen seinen Kompositionsbögen folgen kann, ist seine Erkenntnis grundsätzlich ein fundamentaler Beitrag für die künftige Psalmenexegese. Für die Psalmen 42-49 und 84-85.87-88 findet sich auch bei ihm das oben angeführte dreigliedrige Schema, wenn auch mit anderer Konkretisierung.

folgenden 44. Psalm zur kollektiven Anklage des sein Volk verwerfenden Gottes. Auf diese mehrfache Klage antworten dann die vier Psalmen 45-48 mit der Proklamation des die Bewohner der Gottesstadt und die um sie herum wohnenden »Töchter Judas« rettenden, ja die ganze Erde bzw. Völkerwelt befriedenden Ziongottes. Die sich hymnisch steigernde Proklamation der Königsherrschaft des Ziongottes, die in den Psalmen 45 und 46 mit Zitaten direkter Gottesrede[37] unterstrichen wird, schlägt dann abrupt in die weisheitlich imprägnierte individuelle Vergänglichkeitsklage des 49. Psalms um, der freilich kompositionell als gezielt gesetzter reflektierender Abschlußpsalm (keine Gottesanrede!) der Teilgruppe 42-49 zu lesen ist. Diese kompositionelle Funktion von Psalm 49 ist zum einen daran erkennbar, daß er mit seinem universal ausgreifenden Höraufruf am Anfang (V. 2) die Völkerperspektive der Psalmen 44-48 aufnimmt;[38] die masoretische (vielleicht aber schon eine frühjüdische) Überlieferung hat ohnedies den 48. Psalm am Ende durch die Lesart »gegen den Tod/bis in den Tod/über den Tod hinaus« מות על ausdrücklich mit Psalm 49 verkettet. Zum anderen ist der Individualpsalm 49 als Antwort auf den/die Individualpsalm/en 42/43 gemeint; insbesondere ist die in 49,16 in die Vergänglichkeits- bzw. Todesklage verwobene Hoffnungsaussage, daß Gott die »Seele« נפש aus der Macht des Todes »loskauft«, in Beziehung zu setzen mit der Hoffnungsermutigung an die »Seele« im dreifach wiederholten Refrain 42,6.12; 43,5.

Daß die Korachpsalmen 84-85.87-88 sich in ihrer kompositionellen Abfolge an der Teilgruppe der Psalmen 42-49 orientieren, hat u.a. schon E. Otto vertreten. Er schreibt: »Ps 84;85;87;88 wiederholen diese Struktur. Ps 84 setzt Ps 42/43 voraus … und aktualisiert diese für die Wallfahrtssituation. Ps 44 entsprechend folgt mit Ps 85 ein thematisch eng verwandtes Volksklagelied, mit Ps 87 ein Ps 46; 48 entsprechender nachexilischer Zionshymnus. Ps 88 korrespondiert mit der Todesmotivik dem Ps 49«.[39] Diese These wurde jüngst von M. Millard mit folgenden formgeschichtlichen Beobachtungen untermauert: »Beide Korachpsalmgruppen gliedern sich in Singular- und Pluralpsalmen. Die Pluralpsalmen bilden dabei den Kern der Sammlungen, während die Singularpsalmen die Rahmenposition... bilden. Das formgeschichtliche Grundschema im pluralischen Kern beider Korachpsalmgruppen können wir analog zum Klagelied als Übergang von der Klage zum Lob verstehen.... Besonders bei der zweiten Korachpsalmsammlung kann... vermutet werden, daß diese von vornherein als Nachahmung der ersten angelegt ist

---

[37] 45,11-13; 46,11. Daß in den Psalmen direkte Gottesreden eingesetzt werden können, ohne daß sie explizit als solche eingeleitet werden, zeigen auch 14,5; 75,3f; 91,14-16. Daß in der Gottesrede 45,11-13 Gott von sich selbst in der 3. Person (»der König«) spricht, ist zwar ungewöhnlich, aber nicht unmöglich, wie sich z.B. an 50,14.22; 75,8; 81,16 erkennen läßt.

[38] Darauf weist nun auch Millard, *Komposition*, 77f. hin.

[39] Otto, Art. ציון ṣijjôn, 1015.

und auch ursprünglich weisheitlich-nachkultisch zu verorten ist«.[40]

Psalm 87 ist die theologische Mitte der Komposition 84-85.87-88. Er bündelt zugleich das Programm, das in den Korachpsalmen 45-48 als Mitte der Komposition 42-49 breit entfaltet ist.

Die beiden Anfangspsalmen der Teilgruppe, 84 und 85, bilden eine kompositionelle bzw. redaktionelle Einheit. Der traditionell als Zionslied bestimmte Psalm 84 ist ein von hymnischen Motiven durchsetztes Lied der Sehnsucht nach dem Ziongott und des von ihm ausgehenden Segens. Durch die Juxtaposition von Psalm 85 wird gerade dieses Motiv des vom Zion aus sein Volk und das Land segnenden Gottes weitergeführt und mit einer ganzen Collage von theologischen Fachbegriffen aufgefüllt. Die in 84 nur anklingende Klage wird in 85 verschärft als Klage über den Zorn Gottes.

Sowohl in der strukturellen Abfolge der sich steigernden und ausweitenden Klagen als auch durch Aufnahme wichtiger Stichwörter sind 84-85 mit 42-44 parallelisiert. Wie in 42/43 ist es auch in 84 die »Seele« נפש, die voller Sehnsucht ist nach den »Wohnungen« משכנות und nach dem »Haus« בית des Ziongottes (vgl. 84,2 mit 43,3 sowie 84,5 mit 42,5), der sowohl in 84,4 wie in 42,3.9 das Epitheton »lebendiger Gott« אל־חי hat. Und der heilsgeschichtliche Rückblick der Psalmen 85 und 44 faßt die Zuwendung JHWHs zum Land beidemale in dem Verbum »Gefallen haben, begnaden« רצה (vgl. 85,2; 44,4) zusammen und erhofft als erneute Gabe JHWHs seine »Güte« חסד (vgl. 85,11; 44,27), damit der Zorn JHWHs, an dem sein Volk leidet, zu Ende ist (vgl. 85,5-8 mit 44,18-23). Wohl kaum zufällig dürfte die in 84,4 stehende Gottesanrede »mein König« מלכי sein, die auch in 44,5 verwendet ist.

Der im Stil eines prophetischen Orakels gestaltete Abschnitt Ps 85,9-14, der die umfassende Heilsgabe von Schalom für JHWHs Volk ankündigt, stellt dieses Heil einerseits geradezu als kosmische Erneuerung dar (vgl. Ps 85,12f) und schaut es andererseits als Kommen JHWHs – zum Zion, wie die Anspielungen an das Jesajabuch insinuieren.

Daran schließt sich stimmig Psalm 87 an, der auf der Ebene der Komposition als die durch den Ziongott selbst vom Zion aus gegebene Antwort auf die sehnsuchtsvolle Klage 84-85 zu lesen ist. Dieser Antwortcharakter geht zunächst aus den beiden äußeren Abschnitten des Psalms hervor, in denen die Gottesstadt als die vom Ziongott besonders geliebte Gründung (V. 1b-3) und als Quellort allen Lebens (V. 7) besungen wird. Diese beiden äußeren Abschnitte sind durch Stichwörter auf die

---

[40] Millard, *Komposition*, 78f. Falls diese Position akzeptiert wird, kann die von Wanke, *Zionstheologie*, 3 formulierte (und seither von vielen unbesehen vorausgesetzte) These nicht mehr gehalten werden: »Wir können... annehmen, daß dem ›elohistischen‹ Bearbeiter die Ps 84 85 87 88 nicht bekannt waren, aber dennoch zu der ursprünglichen Korachitensammlung gehört haben, in einem späteren Stadium aber von dieser getrennt worden sind.«

Psalmen 84-85 hingeordnet (zu »Wohnungen Jakobs« in 87,2 vgl. 84,2; 85,2; zu »Herrliches« in 87,3 vgl. 84,12; 85,10; zu »alle Quellen« in 87,7 vgl. 84,7). Im Mittelteil (V. 4-6) ergeht die Antwort Gottes als mehrfache direkte Gottesrede, in der die Gottesstadt Zion die Gestalt der Mutter der Völker annimmt.

Daß Psalm 87 in der Komposition der Korachpsalmengruppe 85-88* strukturell den Psalmen 45-48 in der ersten Korachpsalmengruppe entspricht, wird durch zahlreiche Stichwortanspielungen auf diese vier Psalmen unterstrichen, so daß man Psalm 87 als Summarium der Psalmen 45-48 bezeichnen und interpretieren muß.

Die Bezüge und Anspielungen auf 46 und 48 sind unüberhörbar:

| | |
|---|---|
| »auf heiligen Bergen« בהררי־קדש | V. 1b: vgl. 48,2 |
| »Wohnstätten Jakobs« משכנות יעקב | V. 2b: vgl. 46,5 |
| »Stadt Gottes« עיר האלהים | V. 3b: vgl. 46,5; 48,2.9 |
| »die mich kennen« לידעי | V. 4a: vgl. 46,11 |
| »er hat gegründet« והוא יכוננה | (V. 5b: vgl. 48,9) |
| »der Höchste« עליון | (V. 5b: vgl. 46,5; 47,3) |
| »meine Quellen in dir« מעיני בך | (V. 7b: vgl. 46,5) |

Angesichts dieser starken Stichwortverkettung mit Ps 46-48, die auch gesamtthematisch plausibel ist (Zion als Ort und »Quelle« des Lebens für »Jakob« und die vormals feindliche Völkerwelt), erscheint es mir nicht ausgeschlossen, die in Psalm 87 von JHWH selbst proklamierte Mutterrolle Zions mit der in Psalm 45 ebenfalls von JHWH selbst proklamierten Rolle der von ihm geliebten Königin und Braut[41] in Verbindung zu bringen. Den in den Psalmen 84-85 klagenden Betern wird mit Psalm 87 die Vision von Zion als der von JHWH geliebten Frau entgegengehalten, die zur Mutter der Völker wird.

Die perspektivische Rückbindung an die Psalmen 45-48 gibt Psalm 87 ein überraschendes Tiefenprofil:

(1) Während die Psalmen 45-48 mit der Motivik vom Völkersturm, der an dem vom Zion ausgehenden Gottesschrecken scheitert (Psalmen 46 und 48), mit der freiwilligen oder erzwungenen Völkerhuldigung in Zion und mit der Völkerwallfahrt zum Zion (Psalmen 45 und 47) die besondere Rolle Zions als Gottesstadt und als »Geliebte« des Zionkönigs feiern, wird in Psalm 87 der Blickwinkel umgedreht: Nun geht es nicht mehr um die Rettung Zions, sondern um die Rettung der Völker

---

[41] Zu dieser Sicht, wonach die in Ps 45,11-16 angeredete »Tochter« die Tochter Zion ist, nach deren Liebe der Zionskönig verlangt, Hossfeld/Zenger, *Psalmen I*, 283; vgl. nun auch Millard, *Komposition*, 75f; zur Stützung einer »allegorischen Deutung von Psalm 45 auf die Hochzeit Gottes mit seinem Volk« weist Millard ebda. auf »die Anspielung auf einen Ehevertrag zwischen Gott und Israel z.B. in den prophetischen Zeichenhandlungen Hoseas (Hos 1-3: Israels Götzendienst ist Ehebruch) und den biblischen Geschichtsrückblicken Ezechiels (Ez 16; 23)« hin.

durch Zion/vom Zion aus: »*alle* Quellen« des Lebens sind in Zion zu finden. Diese Lebensfunktion Zions, die der 87. Psalm proklamiert, ist sozusagen die Folge des in den Psalmen 45-48 geschilderten bzw. visionär geschauten Geschehens. Gerade die Zusammenschau dieser fünf Korachpsalmen macht deutlich, daß hier ein Zukunftsgemälde entworfen wird, das dem von Jes 2,1-5; 11,1-10 sehr nahekommt.[42]

(2) Im Horizont der Psalmen 45-48 wird das von vielen Exegeten als sperrig empfundene (und deswegen meist umgestellte oder ganz gestrichene) Kolon 87,5c verstehbar. Es ist nicht nur Zitat aus Ps 48,9, sondern spielt gewissermaßen den ganzen Psalm 48 (als Höhepunkt der kompositionellen Gruppe 45-48) ein. Das in 48,9; 87,5 verwendete Verbum כון Hifil/Polel »gründen, zurüsten« hat ein sehr breites Bedeutungs- und Verwendungsspektrum, das verschiedene Aspekte des schöpferischen, Leben stiftenden und bewahrenden Handelns JHWHs umfaßt. K. Koch faßt die Bedeutung des Verbums im Psalter (כון Hifil = *hekīn*; כון Polel = *kōnen*) so zusammen: »Hymnische Partien des Psalters und die jüngere Weisheit rühmen JHWH, der schöpferisch zurüstet... Dabei bezieht sich *hekīn* nie auf die Schöpfung insgesamt, sondern auf herausragende Werke, denen eine ordnende und heilvolle Wirkung für andere Kreaturen zukommt, wie Himmel (Ps 89,3; Spr 3,19; 8,27), Licht mit Sonne und Mond (Ps 8,4; 74,16), Berge (65,7), besonders aber die Erde als ein mit Regen getränktes Fruchtland, als *tebel* (Ps 24,2; 68,10; Jer 10,12 u.ö.). Genaugenommen meint *hekīn* nicht einen schöpferischen Akt als solchen, sondern ein Ausstatten und Zurüsten bereits erstellter Größen... Der positive, auf Lebenserhaltung und -förderung ausgerichtete Aspekt von *kūn hiph/pol* erklärt, daß in den einschlägigen Äußerungen häufig der Urmeer-Kampf-Mythos als Gegensatz zum göttlichen *hekīn* angeführt wird. Über den unruhigen Meeren hat Gott der Erde Bestand gegeben (Ps 24,1f., vgl. Jer 15,12 = 51,15f.). Nachdem er Leviathan und verwandte Ungeheuer erschlagen hatte, rüstete JHWH Licht und Sonne als Ordnungsmächte aus (Ps 74,12-16) oder die Berge als Stützen des Kosmos (Ps 65,7f.), hat er die Wirkungsgrößen *sædæq* [Gerechtigkeit] und *mišpaṭ* [Recht] als ›Bestandsgarantie‹ seines Thrones entstehen lassen (Ps 89,10-15).«[43] Diese lebensförderliche »Zurüstung« des Zion, von der 87,5c in Anspielung auf bzw. in Aufnahme von Ps 48,9 redet, ist der 2. Akt, der dem in 87,1b genannten 1. Akt der »Gründung/ Errichtung« des Zion folgt.

(3) Möglicherweise klingt in 87,5c auch noch der Modus an, durch den JHWH den Zion zur Lebensquelle für die Völker »zurüstet«. In Ps 48,10-12 wird die in 48,9 angesprochene Zurüstung des Zion ausdrücklich in den dort gegenwärtigen bzw. von dort ausgehenden Heilsgaben »Gerechtigkeit und Recht« gesehen; damit »entmachtet« JHWH als Weltkönig die feindlichen Völker. Dieser rechtliche Aspekt

---

[42] Vgl. dazu oben Kapitel III.

[43] Koch, Art. כון *kûn*, 103f.

ist auch in Psalm 87 mitzusehen: JHWH, der Weltkönig, nimmt an seinem Regierungssitz die Völker rechtlich verbindlich in sein Reich auf und verpflichtet sie dadurch, künftighin den Gesetzen dieses Reiches zu folgen. Daß JHWH in 87,4a erklärt, Rahab und Babel gehörten »zu denen, die ihn (an)erkennen«, bedeutet im Horizont von Ps 46,11 (»Laßt ab und erkennt, daß ich JHWH bin«) genau dies: Die Völker sind bereit, sich von JHWH in seine Weltfriedensordnung einweisen zu lassen. Auf der Ebene des Psalmenbuchs muß 87,4a im Horizont von Ps 25,14 gelesen werden: Ägypten und Babel gehören zu denen, die JHWH erkennen – weil er ihnen Erkenntnis über sich und seinen Bund gegeben hat.[44]

Freilich: Die geschichtliche und die weltpolitische Realität, in der Psalm 87 entstanden ist, ist weit entfernt von der in Psalm 87 entworfenen Vision. Das schärft der kompositionell angeschlossene Psalm 88 ein. Dieser Psalm ist in der Schärfe seiner theologischen Anklage ein massiver offener Schluß nicht nur der kleinen Sammlung Ps 84-88*, sondern der ganzen von den Korachpsalmen gerahmten Teilsammlung 42-88(.89). Kompositionell nimmt Psalm 88 mehrere Motive der (An)Klage der Psalmen 84 und 85 auf; vor allem aber entspricht er motivlich und strukturell der Todesklage von Psalm 49. Die Mitte des 88. Psalms (V.11-13), in denen das klagende Ich des Psalms die Ich-Perspektive verläßt, klagt genau die in den Psalmen 45-48 und in Psalm 87 explizit oder implizit als »Lebensprinzipien« in Zion verwurzelten Gaben der Güte (חסד), der Treue (אמונה) und der Gerechtigkeit (צדקה) JHWHs ein.[45]

Das Kompositionsschema *Klage – Antwort Gottes – Klage*, das beide Korachteilsammlungen Ps 42-49 und Ps 84-88 realisieren, findet sich im übrigen zweimal auch in der Abfolge der Asafpsalmen 73-83; eröffnet wird diese zweifache Abfolge jeweils durch eine weisheitliche Lehre in Psalm 73 bzw. Psalm 78.[46]

| »Lehre« | Klage → | Antwort Gottes → | Klage |
|---------|---------|------------------|-------|
| 73 | 74 (»Wir«) | 75 + 76 | 77 (»Ich«) |
| 78 | 79 + 88 (»Wir«) | 81 + 82 | 83 (»Ich«) |

Diese Strukturanalogie der (gegenüber 84-85.87-88 älteren!) Asafpsalmen spricht dafür, daß die Psalmenreihe 84-85.87-88 auf eine Redaktion zurückgeht, die sich

---

[44] Zur Interpretation von Ps 25,14 vgl. oben Kapitel III. Liest man 87,4 im Horizont von Ps 25,14, rückt Psalm 87 sehr nahe an Jes 19,25 heran; dazu zuletzt Haag, »Mein Volk Ägypten« sowie oben Kapitel IV. Im übrigen ist hier auch der Horizont nach Ps 100,3 geöffnet (dazu unten Kapitel VI).

[45] Zu Komposition und Aussagelinien von Psalm 88 vgl. Groß/Kuschel, *Finsternis*, 51f sowie Zenger, »Korachpsalmen«, 180f.

[46] Vgl. auch das Schema bei Millard, *Komposition*, 46.95.

nicht nur an der Sammlung 42-49, sondern auch an der Asafsammlung inspiriert hat, worauf auch mehrere Stichwortaufnahmen aus den Asafpsalmen hinweisen.[47]

Von diesen (vielleicht etwas verwirrenden) kompositionellen und redaktionsgeschichtlichen Zusammenhängen her ist es nun möglich, die Entstehungszeit des 87. Psalms und der Teilkomposition Ps 84-85.87-88 einzugrenzen und geschichtlich zu konkretisieren.

(1) Da die Teilkomposition Ps 84-85.87-88 sowohl die Abfolge Ps 42-49 als auch die Abfolge Ps 73-83 voraussetzt, muß sie jünger als diese sein, die selbst wieder von ihrer theologischen Konzeption her frühestens in das 5. Jahrhundert datiert werden können.[48]

(2) Die Korachpsalmen 42-49 und die Asafpsalmen 73-83 bilden den Rahmen des sogenannten elohistischen Psalters Ps 42-83. Dessen Spezifikum besteht nach allgemeinem Konsens darin, daß er weitgehend den Gottesnamen JHWH durch die Gottesbezeichnung Elohim ersetzt. *Diese* theologische »Universalisierung« der Psalmen 42-83 hängt m.E. eng mit dem Völkerthema zusammen, das mit den Korachpsalmen 42-49 am Anfang des elohistischen Psalters steht. Auf diese elohistische Redaktion geht z.b. auch die Einfügung des »Völkerpsalms« 67 in seinen jetzigen Zusammenhang zurück. Die elohistische Redaktion wird meist in die 2. Hälfte des 4.Jh. angesetzt.[49]

(3) Da die Psalmen 84-85.87-88 *nicht mehr* »elohistisch« redigiert/konzipiert sind, müssen sie später an den elohistischen Psalter angebunden worden sein. Denkbar ist die Zeit Alexanders des Großen oder, wegen des Klagecharakters der Psalmen 84-85.88, in den die Vision von Psalm 87 eingetaucht ist, eben die Epoche des Zusammenbruchs des Alexanderreichs. Dann ist Psalm 87 als utopischer Gegenentwurf zu lesen.


## III. Psalm 87 als Kontrast zu Psalm 83

### 1. Zusammenhang mit den Asafpsalmen 73-83

Die Korachpsalmengruppe 84-85.87-88 inspiriert sich, so haben wir gesehen, strukturell *auch* an der ihr vorgegebenen Gruppe der Asafpsalmen 73-83. Diese

---

[47] Vgl. z.B. die für die Korachpsalmen atypische »Volk-JHWH-Konzeption« in 85,7.9 sowie zur »Zionstheologie« von 85,5f die Asafpsalmen 77,8; 79,5; 80,4f; zur Zionstheologie von 87,2 vgl. 76,3; 78,68.

[48] Zur in jedem Fall nachexilischen Datierung der Endgestalt der Psalmen 42-49 vgl. Hossfeld/ Zenger, *Psalmen I*; zu den Asafpsalmen vgl. Illmann, *Asafpsalmen*; Nasuti, *Psalms of Asaph*; Schelling, *Asafpsalmen*; Seybold, »Asaph-Psalmen«; Zenger, »Asaf«.

[49] Vgl. z.B. zuletzt Beyerlin, *Im Licht der Traditionen*, 41f.

Gruppe hat ihr durchaus eigenes Profil, durch das sie sich von den (in mancher Hinsicht verwandten) Korachpsalmen abhebt. Sie sind insgesamt stark von der Erfahrung der Verwüstung Zions bestimmt und reflektieren diese Erfahrung in Klage, mit gerichtstheologischer Topik und mit kontrastiver Beschwörung JHWHs als des Schutzgottes Zions. Sie realisieren eine variationsreiche Aufnahme der »klassischen« Überlieferungen Israels über Schöpfung, Exodus und Landnahme. Sie sind stark von den dekalogischen Forderungen JHWHs, insbesondere der Hauptgebotsforderung, bestimmt. In literarischer Hinsicht haben sie mehrfach direkte Gottesrede. Psalm 83 ist ein gezielt gesetzter Schlußpsalm der vorangehenden Teilkomposition der Asafpsalmen 73-83; zusammen mit dem Asafpsalm 50, der als eine »Neufassung« von Psalm 81 gelten kann,[50] bilden die 12 (!) Asafpsalmen nun einen Rahmen um die Sammlung der Davidpsalmen 51-72.

Mit dem Schlußpsalm 83 ist Psalm 87 durch drei wichtige Stichwortaufnahmen verbunden:

a) Die beiden geographischen Bezeichnungen »Philistäa und Tyrus« stehen in 83,8 und 87,4.

b) Psalm 83 kulminiert in der Zielaussage, JHWH möge den Völkern durch seine Theophanie zeigen, daß er allein »der Höchste« ist (83,19). Als »der Höchste« erweist sich JHWH nach Ps 87,5 dadurch, daß er Zion »zurüstet« als »Mitte« und »Lebensquelle« der Völker.

c) Ziel der Intervention JHWHs gegen den Völkersturm, der Israel vernichten will, ist nach Ps 83,19, daß die Völker JHWH und seinen Namen (an)erkennen; in Ps 87,4 verzeichnet JHWH die feindlichen Großmächte als solche, »die ihn (an)erkennen«.

Gemeinsam ist beiden Psalmen vor allem das Thema *JHWH und die Völker*. Psalm 83 reflektiert es »gerichtstheologisch«, Psalm 87 behandelt es mit einer »pazifistischen« Vision. In Psalm 83 scheitern die Völker gewissermaßen an Israel und kommen durch das Gericht JHWHs zur Anerkenntnis JHWHs. In Psalm 87 sind die Völker am Zion versammelt und singen dort tanzend: »Meine Lebensquellen sind in dir.« Von daher kann man Psalm 87 durchaus als Kontrast zu Psalm 83 lesen.

---

[50] Der theologie- und redaktionsgeschichtliche Zusammenhang der drei untereinander verwandten Psalmen 50 81 95 kann hier nicht diskutiert werden. Hossfeld, »Psalm 95« nimmt die Abfolge 81 → 95 → 50 an. Spieckermann, »Rede Gottes« argumentiert demgegenüber für die Abfolge 50 → 95 → 81. Ich selbst denke an die Abfolge 81 → 50 → 95,7b-11 (zu V.7b-11 als kompositionell bedingte Erweiterung von Ps 95 vgl. das nächste Kapitel).

## 2. Das Sprachgeschehen in Psalm 83

| Psalm 83 | |
|---|---|
| 1 | Ein Lied. Ein Psalm von/für Asaf. |
| 2a | Elohim, bleib nicht stumm, |
| 2b | schweige nicht und bleib nicht ruhig, El! |
| 3a | Denn siehe, deine Feinde toben |
| 3b | und die dich hassen erheben das Haupt. |
| 4a | Gegen dein Volk hecken sie Verschwörung aus |
| 4b | und beraten sich gegen deine Schützlinge. |
| 5a | Sie sagen: »Kommt, wir wollen sie ausrotten als Volk |
| 5b | und nie mehr soll erinnert werden der Name Israels!« |
| 6a | Ja, sie beraten sich von Herzen miteinander, |
| 6b | gegen dich schließen sie einen Bund: |
| 7a | Edoms Zelte und die Ismaeliter, |
| 7b | Moab und die Hagariter, |
| 8a | Gebal und Ammon und Amalek, |
| 8b | Philistäa samt den Bewohnern von Tyrus, |
| 9a | auch Assur verbündet sich mit ihnen, |
| 9b | wird zum Arm der Söhne Lots. [Sela.] |
| 10a | Tue ihnen wie Midian, wie Sisera, |
| 10b | wie Jabin am Kischonbach, |
| 11a | die vernichtet wurden zu En-Dor, |
| 11b | die zum Dünger wurden für den Acker, |
| 12a | mache sie, ihre Edlen, wie Oreb und wie Seeb, |
| 12b | und wie Sebach und wie Zalmunna all ihre Fürsten, |
| 13a | die sagten: »Wir wollen für uns in Besitz nehmen |
| 13b | die Triften Elohims!« |
| 14a | Mein Elohim, mache sie wie die Distel, |
| 14b | wie Spreu vor dem Wind. |
| 15a | Wie Feuer, das den Wald entzündet, |
| 15b | wie Lohe, die die Berge umlodert, |
| 16a | so jage sie mit deinem Sturmwind |
| 16b | und mit deinem Wettersturm schrecke sie. |
| 17a | Erfülle ihre Gesichter mit Schmach, |
| 17b | daß sie deinen Namen suchen, JHWH. |
| 18a | Schamrot und schreckensstarr sollen sie sein für ewig, |
| 18b | und sie sollen sich schämen und verschwinden, |
| 19a | und sie sollen erkennen, daß du, dessen Name JHWH ist, |
| 19b | allein der Höchste bist über die ganze Erde. |

Der Psalm[51] ist (explizit oder implizit) durchgängig als appellative Du-Anrede Gottes gestaltet, wobei die anfänglichen drei Vetitive in V.2 und die vier Imperative in V.10.12.14.17 der Du-Anrede eine geradezu kämpferisch-fordernde Dringlichkeit geben: Es ist ein Kampf mit Gott um den Erweis seines Gott-Seins in und für Israel - vor dem Forum der Völkerwelt. Israel macht sich hier zum Anwalt der Sache Gottes selbst, und zwar aus der Erfahrung heraus, daß JHWH und Israel wie die beiden Seiten einer Medaille zusammengehören. Wenn Israel bedroht ist, ist JHWH als Gott Israels bedroht. Wenn Israels Name verschwindet, »verschwindet« JHWH, der Gott Israels. Um es überspitzt zu sagen: In dem Psalm schreit Israel JHWH an, endlich etwas für sein eigenes »Überleben« zu tun. Diese »theodramatische« Dynamik des Psalms wird durch die Anfangs- und Schlußzeilen des Psalms sprachlich ausdrucksstark hervorgehoben. Während die beiden Kola von V.2 so gestaltet sind, daß sie von den Gottesbezeichnungen Elohim und El außen gerahmt werden, stoßen die beiden Kola von V.19 innen in ihrer Mitte mit dem Gottesnamen JHWH bzw. dem Gottestitel »der Höchste« (Eljon) aufeinander. Nur in diesen beiden Parallelismen begegnet in jeder Zeile ausdrücklich die Nennung Gottes, wobei der Vorgang des Gotteserweises, der eingeklagt wird, sehr kunstvoll zusammengefaßt wird: Als der schweigende Gott heißt er »Elohim« und »El«, ist er gewissermaßen ein »ferner Gott«, eine namen- und gesichtslose »Gottheit«; er ist sozusagen »untergetaucht« in die Götterwelt der Völker. Schlimmer noch: Die Völker sind schon drauf und dran, ihn abzuschaffen, ja ihn zu vernichten. Deshalb bedrängt ihn Israel in diesem Psalm mit extremen Bildern seiner Ängste und mit Erinnerungen seiner konstitutiven Gottesgeschichte, doch endlich die Gottesferne und Gottesmüdigkeit aufzugeben und sich in »seinem Namen« JHWH zu offenbaren, der sein partikulares und universales Gott-Sein zugleich (V.19) benennt.

Der Psalm ist, worauf auch das »Sela« am Ende von V.9 aufmerksam macht,

---

[51] Die Datierung des Psalms ist in der Forschung kontrovers. Die jeweiligen Argumente werden meist aus der in V.7-9 gezeichneten »geschichtlichen« Konstellation abgeleitet; teilweise werden auch sprachliche Beobachtungen angeführt. Zu den Forschungsmeinungen, die von der frühen Königszeit bis zur Epoche der Makkabäer reichen, vgl. die Übersicht bei Ravasi, *Salmi*, 725-727. Bei der Option zahlreicher Kommentatoren, die den Psalm vorexilisch ansetzen, spielt die Erwähnung Assurs in V.9 bzw. das Fehlen Ägyptens und Babylons eine entscheidende Rolle. Diese Problematik kann hier nicht näher diskutiert werden. Fünf Bemerkungen müssen genügen: 1. Assur bzw. »der König von Assur« ist in nachexilischen Texten öfter emblematisch die gottbzw. israelfeindliche Weltmacht schlechthin; 2. von der Kompositionsstruktur der »Völkerliste« (9+1) her kann nur eine einzige Großmacht erwähnt werden; 3. die von uns oben herausgearbeitete Systematik der »Völkerliste« spricht gegen alle Versuche, hinter V.6-9 ein einmaliges historisches Ereignis zu suchen; 4. das Thema des gemeinsamen »Völkersturms« gegen Israel/den Zion ist zwar schon vorexilisch denkbar (vgl. Ps 46;48), wird aber vor allem in nachexilischer Theologie aufgegriffen und entfaltet (vgl. Ps 76; Ez 38-39; Joel 4; Sach 14); 5. zumindest bei der »holistischen« Lektüre von Ps 83 als Abschluß der Gruppe 50.73-83 ist 83,3-9 »global« (vgl. Ps 2) zu verstehen.

deutlich in zwei Teile gegliedert. Der *erste Teil (V.2-9)* ist Klage und Protest gegenüber einem Gott, der ungerührt, unbetroffen oder gar ohnmächtig das gegen ihn und gegen sein Volk gerichtete Treiben der Völkerwelt hinnimmt. Die Klage setzt mit der sich dreifach steigernden Vetitivfolge ein, in der sich die ganze Gottesfinsternis Israels verdichtet hat: Daß JHWH redet, handelt, sich betreffen läßt, kurz: daß er ein lebendiger Gott ist, der in und mit seinem Volk lebt, das gehört doch zur Kernaussage des überkommenen Glaubens Israels - und gerade sie wurde und wird durch die Geschichte Israels als unwahr und irrelevant erwiesen, wie in dem Begründungssatzgefüge V.3-9 plastisch entfaltet wird. Dieses Gefüge besteht seinerseits aus den zwei Abschnitten V.3-6 und V.7-9.

Der Abschnitt V.3-6 beklagt in einer chiastischen Komposition das gegen JHWH und sein Volk gerichtete Planen der feindlichen Völker (V.3: gegen JHWH; V.4-5: gegen JHWHs Volk; V.6: gegen JHWH). Die feindlichen Aktionen werden einerseits mit personhafter Metaphorik beschrieben: die Feinde »hassen«, »erheben das Haupt«, »beraten sich«, reden untereinander, haben ein »Herz« und einen »Arm«. Dementsprechend ist auch der transzendente JHWH so immanent-gestalthaft vorgestellt, daß er geradezu als Person bedroht und gefährdet erscheint: »*gegen dich* schließen sie einen Bund« (V.6b). Andererseits gibt das erste Verbum »toben«, das aus der Sprache des Chaoskampfes stammt,[52] der ganzen Aktion eine mythische Dimension, mit der die elementare und fundamentale Bedeutung des hier geschilderten Konfliktes ausgedrückt wird. Daß es nicht um einen punktuellen Kampf gegen Israel, sondern um den mythischen Völkersturm gegen JHWH und dessen an Israel gebundenes Gott-Sein geht, kommt sowohl in der den Völkern in den Mund gelegten Verschwörungsrede V.5 als auch in der die Beschreibung zusammenfassenden Formulierung »sie schließen einen Bund« (V.6b) zum Ausdruck, die als gezielte Opposition gegen die als »Bund« vorausgesetzte Beziehung JHWH-Israel gewählt ist.

Wie radikal unser Psalm die Infragestellung des Gott-Seins JHWHs durch die Geschichte empfindet und deutet, ist auch an dem kunstvoll gestalteten Tableau der Feindvölker abzulesen, das sich als zweiter Abschnitt (V.7-9) anschließt und die Akteure der in V.3-6 beklagten Verschwörung benennt. Gegenüber den in der Exegese immer wieder unternommenen Versuchen, diesen Abschnitt auf eine einmalige historische Konstellation hin auszulegen, muß festgehalten werden: Schon allein von der poetisch-symbolischen Konfiguration des Abschnitts her ist angezeigt, daß es hier um die katastrophische Seite der Geschichte Israels überhaupt geht. Die genannten Völker- und Stammesnamen stehen emblematisch für die von Israel in seiner Geschichte als feindlich erlebte *und* befürchtete Völkerwelt, in deren Mitte

---

[52] Vgl. besonders Ps 46,4.7; 65,8; Jes 17,12; Jer 6,23 = 50,42; 51,55; zum Substantiv המון vgl. u.a. Ri 4,7 (!); Jes 29,5-8; Jer 47,3; 51,42; Ez 7,7-11; Joel 4,14. Zur Beziehung zwischen Psalm 83 und Jes 17,12-14 vgl. Gosse, »Le Psaume 83«.

es lebt. In formaler Hinsicht weist dieses »Völkertableau« fünf interpretatorisch relevante Eigenheiten auf:[53] (1) Es werden 10 Völker genannt, womit bereits deutlich ist, daß es hier um eine Totalität geht, also um eine Art »Geschichtsbilanz«. (2) Die Zehnerreihe ist in sprachlich-stilistischer Hinsicht in die Folge 9+1 gegliedert. Nach der nominalen Reihe der Namen von V.7-8 ist Assur als 10. Glied in V.9 syntaktisch abgesetzt. Diese »Geschichtssumme« weiß also um zwei Ebenen der Geschichte; da sind die »kleinen« Akteure, die ihrerseits wieder von einem »großen« Akteur gestützt und getrieben werden. (3) Die Anordnung der neun »kleinen« Völker folgt einem geographischen Schema, das Israels bedrohliche Umklammerung von Osten und Westen her evoziert.[54] (4) Die Auswahl der Namen ist offensichtlich eine Anspielung an die Überlieferungen, die von Israels Weg in das Verheißene Land und von der Seßhaftwerdung im Land erzählen.[55] (5) Daß gerade neun Namen zu einer Gruppe gebündelt werden, hängt wahrscheinlich mit der in der ägyptischen Ikonographie und »Staatstheologie« vielfach bezeugten Vorstellung von der »Neunheit« der Völker und von den »neun Bogen« zusammen, die alle dem ägyptischen König unterworfenen feindlichen Völker symbolisieren.[56] Wenn unser Psalm also die Revolte dieser Neunergruppe feindlicher Völker beklagt, beschwört Israel damit JHWHs Rolle als Bändiger des Chaos zugunsten des Kosmos.

In drei Anläufen fordert der *zweite Teil* (V.10-19) das Handeln JHWHs ein, wobei sich die Intensität des erflehten Gotteserweises sowohl in der Bildsprache wie in der Verwendung der Gottesbezeichnungen steigert: V.10-13 erinnert mit Anspielungen auf Ri 4-8 das »uranfängliche« Handeln JHWHs an den Feinden Israels,[57] wobei ein expliziter Gottesbezug nur in der als Zitat gestalteten Rede der Feinde gegeben ist; die verwendeten Bilder konkretisieren nicht das Handeln JHWHs, sondern das Schicksal der Feinde. Demgegenüber bringt der nächste

---

[53] Vgl. zu dieser Kompositionstechnik von V.7-9 auch schon Costacurta, »Salmo 83«; Tate, *Psalms 51-100*, 347.

[54] Folgt man der »Bewegung«, die durch die eindeutig lokalisierbaren Namen angezeigt ist, ergibt sich eine zweifache Bewegung von Süden nach Norden. Im Osten: Edom, Moab, Ammon; im Westen/an der Küste: Philistäa, Tyrus. Diesen »Größen« sind die übrigen (Stammes-)Namen zuzuordnen.

[55] Zu Edom, Moab, Ammon in dieser Hinsicht vgl. besonders: Num 20,14-21; 22-24; Ri 11,12-28; 2 Chr 20,10-12; zu Philistäa vgl. Ri 13-16; 1 Sam 4-6; 17-19; 27-31; 2 Sam 5,17-25; zu Tyrus vgl. Jes 23,1-18; Jer 25,22; Ez 26-28.

[56] Vgl. Wifall, »Foreign Nations«, 122; Keel, *Bildsymbolik*, 233.

[57] Zur »urgeschichtlichen«Bedrohung Israels durch die »Kanaanäer« (Jabin und Sisera) vgl. Ri 4-5, durch die Midianiter vgl. Ri 6-8 (besonders Ri 7,23-25; 8,21). Die im Text gegebene Abfolge Midian-Kanaanäer-Midian folgt dem Schema ABA und darf nicht, wie manche Kommentatoren vorschlagen, durch die Streichung von »Midian« am Anfang zerstört werden. Möglicherweise ist die pointierte Nennung von »Midian« an 1. Stelle mit Blick auf Ri 7,2 gesetzt (Vorschlag von Nowack, »Psalm 83«, 55).

Abschnitt V.14-16, der betont mit der Gottesanrede »mein Elohim« einsetzt, Bilder aus dem Sprachspiel der (Natur-)Theophanie,[58] wobei die enklitischen Personalsuffixe der 2. Person Singular in V.16 den personhaften Aspekt des Kommens Gottes vorbereiten, der dann im abschließenden Abschnitt V.17-19 mit der zweimaligen Nennung des JHWH-Namens als pointierte Aussage begegnet. Die Bilder dieses letzten Abschnittes, die konventionierte Psalmensprache aufgreifen,[59] zeichnen die Konfrontation zwischen JHWH und den Feindvölkern als eine personhafte Begegnung, die zur (An)Erkenntnis JHWHs durch die Völker und damit zu einem Ende der im Psalm beklagten Leidensgeschichte Israels führen wird.

Das leidenschaftliche Festhalten Israels an der Gottes-Wahrheit als Suche nach neuen Gotteserfahrungen spricht sich in der »Montage« von Gott-Metaphern aus, die in den drei Abschnitten V.10-13.14-16.17-19 durchgeführt ist. Es sind Gott-Metaphern in einem doppelten Sinn: Sie benennen zum einen die im kollektiven Gedächtnis »gesammelten« Gotteserfahrungen und wollen ihre »Wahrheit« neu erfassen, gerade angesichts ihrer Infragestellung durch die Geschichte; mit ihnen mutet sich Israel gewissermaßen selbst zu, das mit JHWH und mit seinem Gerechtigkeit schaffenden Kommen bislang metaphorisch Zusammengebrachte »umzubauen« und neu zu erlernen. Und zum anderen sind es Bilder, die JHWH appellativ entgegengehalten werden, damit er das in ihnen evozierte »Gottespotential« neu ausschöpft - um seiner eigenen »Wahrheit« willen. Die Spannungen und Widersprüche, die in der Metaphernmontage von V.10-19 zwischen den einzelnen Elementen bestehen, dürfen deshalb weder literarkritisch aufgelöst noch theologisch auf eine einzelne Aussage hin nivelliert werden.[60] Vor allem darf der dritte Abschnitt nicht als »orthodoxe« Abschwächung mißverstanden werden. Er bedrängt JHWH, daβ er, der Gott Israels, sich zugleich und endlich als der Eljon, d.h. der Chaoskämpfer vom

---

[58] Weil es sich um eine Montage von Epiphanie-/Theophaniemetaphern handelt, dürfen sie nicht einseitig als Vernichtungsbilder gedeutet werden.

[59] Zu V.17: vgl. 44,16; 69,8; zu V.18: 6,11; 35,4.26; 40,15 = 70,3; 69,7; 71,13.24; zu V.19: 46,11; 97,9; 109,27; Sir 36,5.

[60] In den Kommentaren finden sich drei Modelle, in V.10-19 eine »stimmige« Aussage »herzustellen«: (1) Textänderungen (meist wird die »positive« Aussage von V.17b, weil sie sich nicht mit den »negativen« Aussagen des Kontextes vertrage, geändert; z.B. Gunkel z.St.: »Daß sie deinen Namen suchen‹ ist in diesem Zusammenhang sehr sonderbar... Am leichtesten Ehrlich, Kittel š<sup>e</sup>lom<sup>e</sup>ka ›daß sie den Frieden mit dir suchen‹, d.h. sich ergeben müssen«; vgl. auch M.Dahood und W.Staerk z.St.); (2) Textumstellungen (z.B. Duhm z.St.: »V.14 scheint vor V.17 zu gehören... Zu V.17β ist eine Variante nach V.19α geraten, die *jed<sup>e</sup>c*u für *j<sup>e</sup>baq<sup>e</sup>šu* hat und damit den besseren Text, denn daß jene Völker, denen der Verf. die Vernichtung wünscht, den Namen Jahwes suchen sollen, widerspricht dem Zusammenhang; sie sollen den Namen Jahwes kennen lernen, d.h. erfahren, wie stark er ist.«); (3) literarkritische Textschichtungen (z.B. Briggs/Briggs z.St.: »Glosses make the Ps. more appropriate for public worship by softening the imprecation, making its final purpose the conversion of the nations and the recognition of the God of Israel as the God of all the earth [v.17β.19]«; vgl. auch »The Interpreter's Bible« z.St.).

Zion her, erweisen soll - wie es seinem »Namen« JHWH entspricht, dessen schüt-zend-rettende Macht der Psalm mit seiner metaphorischen Evokation von JHWH als dem Kriegsgott der Anfangsgeschichte Israels einklagt. Gerade die metaphorische »Einspielung« der Erzählungen von der Rettung Israels vor den Kanaanäern und Midianitern, die Israel sein »Gottesland« wegnehmen wollten, drängt nicht auf die naive »Wiederholung« dieser Kriege (das würde JHWH seine »Geschichtsdimension« nehmen und zur mythischen Götterfigur machen!); das Metaphernfeld, mit dem der Psalm arbeitet, ist vielmehr die Kombination von Epiphanie (V.10-16) und Theo-phanie (V.17-19), die zur JHWH-Erkenntnis »aller« Völker hinführen sollen - und darin zur Rettung Israels.

### 3. Der synchrone Zusammenhang mit den übrigen Asafpsalmen

Psalm 83 erhält einen bedeutsamen Auslegungshorizont als Schlußpsalm der zwölf Asafpsalmen 50.73-83, die sich als Rahmen um den Davidpsalter 51-72 legen. Diese kanonische Einbindung gibt dem Psalm folgende zusätzliche Konnotationen:

a) Der Psalm 83 (mit-)eröffnende Appell »schweige nicht (länger)!« greift in der kanonischen Lektüre zurück auf den ersten Asafpsalm 50,3 : »Unser Gott kommt und schweigt nicht«.[61] Die in Psalm 50 angesagte Theophanie JHWHs, der sein Gottesrecht seinem Volk verkündet und es inmitten seines Volkes im Gericht aufrichtet und durchsetzt - und zwar auf der Bühne des Universums (Ps 50,2) -, wird in unserem letzten Asafpsalm 83 als ein sich auch den auf dieser Bühne lebenden Völkern mitteilendes Geschehen konkretisiert. Der Spannungsbogen von Psalm 50 nach Psalm 83 interpretiert dann zugleich, was die in Ps 83,17.19 einge-forderte JHWH-Erkenntnis der Völker meint: Annahme des am Sinai geoffenbarten und von Zion ausgehenden Gottesrechts.

b) In kanonischer Leseweise ist der in Ps 83,6 als »Bundschließung« bezeichnete Vernichtungsplan der Völker die Opposition zu der sich JHWH unterwerfenden »Bundschließung« der Chasidim von Ps 50,5.

c) Der in Psalm 83 geschilderte »Völkersturm« erhält als »kanonische« Zusam-menfassung der in den Psalmen 74 76 79 80 beklagten Bedrohung/Verwüstung des Zion jene tiefe Dramatik, die sich in den »Vernichtungswünschen« des 83. Psalms äußert.

d) Die in Ps 83,17.19 sich andeutende Theologie des »Namens JHWH« wird vorbereitet in der »Namenstheologie« von Ps 74,18; 75,2; 76,2; 80,19.

---

[61] In 50,3 ist das Element »und schweigt nicht« sekundär, d.h. das Element dürfte auf die »Asafre-daktion« zurückgehen, die damit einen Spannungsbogen von Psalm 50 nach Psalm 83 aufbaut; zur Funktion von Psalm 50 als »Eröffnung« der Komposition 50-83 vgl. Hossfeld, »Ps 50«, 100f. Zur Beziehung zwischen Ps 83,2 und Jes 62,6f vgl. Gosse, »Le Psaume 83«.

e) Daß mit der die Asafsammlung abschließenden Gottesprädikation des JHWH Eljon die dem Gott Israels zukommende Rolle des Richters als des universalen Garanten von Recht und Gerechtigkeit anvisiert ist, wird zum einen durch den in der Asafsammlung wiederholt verwendeten Gottestitel Eljon angezeigt (50,14; 73,11; 77,11; 78,17; 82,6; 83,19); zum anderen wird die Metapher »JHWH als Richter« ausdrücklich in Ps 50 (besonders V. 4-6), 75 (besonders V.3.8), 76 (besonders V. 9-10) und 82 (besonders 1.8) aufgegriffen und entfaltet.

f) Das in Ps 83,19 von der Völkerwelt erhoffte »monotheistische« Bekenntnis zu JHWH wird in Psalm 82 durch die Verkündigung des »Todes« aller Götter durch JHWH selbst vorbereitet.

g) Daß Psalm 83 nicht als Ausdruck nationalistischer oder triumphalistischer Machtgelüste mißverstanden werden darf, schärft der mehrfache Stichwortbezug von Psalm 83 nach Psalm 73 ein, der ein sensibles Zeugnis von Israels Leiden an seinem Gott - und von der dennoch in Israel lebendigen Gottessehnsucht ist.[62]

h) Als Schlußpsalm der 12 (!) Asafpsalmen gelesen erweist sich Psalm 83 in einem sehr pointierten Sinn als »Theodizeepsalm«. Dies geschieht freilich nicht, indem er Gott »rechtfertigt«, sondern indem er Gottes Gerechtigkeit so einklagt, daß er JHWH selbst das sein Gott-Sein bedrohende Unrecht entgegenschreit - und diesen Anschrei JHWHs als Metapher der Hoffnung daraufhin vollzieht, daß auch JHWH selbst dieses Unrecht nicht hin- und annehmen wird.[63]

Allerdings: Psalm 83 sieht das Dreiecksverhältnis JHWH-Israel-Völker in der Metaphorik des Krieges und des Gerichtes. In dialektischer Spannung dazu entwirft Psalm 87 die Vision von JHWH, der von Zion aus die Völker auf friedlichem Wege am Lebensstrom seiner Gottesherrschaft teilhaben läßt. Daß Psalm 87 mit den fünf geographischen Bezeichnungen dabei nicht die Diasporajuden, sondern die universale Völkerwelt im Blick hat, ergibt sich gerade aus dieser Dialektik zwischen Psalm 83 und Psalm 87. Daß Psalm 83 mit seinem »Völkertableau« die feindliche Umwelt Israels meint, ist unbestritten. Warum sollte es dann in Ps 87 anders sein? Auch in 87,4 ist die Aufzählung von einer aussagestarken Systematik bestimmt: Rahab und Babel sind im Jesaja- und im Jeremiabuch in den Fremdvölkersprüchen geradezu mythische Figuren der Gewalt und des Krieges. Daß sie nun an erster Stelle genannt werden, hängt mit dieser Emblematik zusammen – und damit, daß sie die beiden großen Vernichtungsmächte für Zion waren. Mit ihrer »Bekehrung« zu JHWH, die JHWH selbst »beschließt« und proklamiert (Ps 87,4), setzt die Erneuerung der ganzen Völkerwelt ein. Das ist die Botschaft von Psalm 87, wenn er als Kontrasttext zu Psalm 83 gelesen wird.

---

[62] Stichwort- und Motivbeziehungen:»El Eljon«: 73,11; 83,2.19; »verschwinden, zugrunde gehen«: 73,27; 83,18; Feindzitat: 73,11; 83,5.13; Interdependenz JHWH-Israel: 73,1; 83,3-6; Erkenntnis JHWHs: 73,16; 83,19.

[63] Zur Anklage Gottes als der einzig angemessenen Artikulation der Theodizeefrage vgl. u.a. Müller, »Theodizee?«, 271.278f; Groß/Kuschel, »Ich schaffe Finsternis«, 53-59.197-218.

## IV. Die messianische Perspektive

### 1. Die Bedeutung von Psalm 86 für seinen Nachfolger Psalm 87

Mitten in die Gruppe der Korachpsalmen 84-85.87-88 ist (zeitgleich mit ihrer Zusammenstellung oder etwas später bei der Bildung des »messianischen Psalters« Ps 2-89, s.u.) Psalm 86 eingefügt worden. Er nimmt einerseits im Kontext seiner unmittelbaren Nachbarpsalmen eine erkennbare Sonderstellung ein:

a) Von der Überschrift her ist Psalm 86 kein Korach-, sondern ein Davidpsalm.

b) Er steht als eindeutiger Ich-Psalm (Individualpsalm) zwischen dem Kollektivpsalm 85 und dem »Zion-Völker-Psalm« 87.

c) Psalm 86 ist stark von »Armentheologie« geprägt; diese fehlt in den Psalmen 84-85.87-88.

Andererseits ist der Psalm kein Fremdkörper in der Komposition. Er berührt sich sogar motivlich mit Psalm 85 (vgl. 86,5 mit 85,3.8; 86,15 mit 85,11) und mit Psalm 87 (vgl. 86,9 mit 87,4-6).

Psalm 86 ist auch auffallend verwandt mit Psalm 72, dem »messianischen« Schlußpsalm des zweiten Davidpsalters 51-72 bzw. des zweiten Psalmenbuchs 42-72. Mit Psalm 72 ist Ps 86 vor allem durch die »Armentheologie« verbunden, aber auch durch motivliche Anklänge (vgl. 86,1f mit 72,12f; 86,10 mit 72,18) und durch wörtliche Aufnahme (vgl. 86,9 mit 72,11).

Ob Psalm 86 erst für seine Einfügung in die Korachpsalmen 84-85.87-88 geschaffen wurde, wie manche Exegeten annehmen,[64] braucht hier nicht entschieden zu werden. Für uns ist wichtig: Der Psalm ist als Gebet eines Armen und Verfolgten, den die Überschrift mit »David« identifiziert, der drängende Appell, JHWH möge doch endlich die in Psalm 87 entworfene Vision von der universalen Befriedung der Völker durch die Durchsetzung seiner Gottesherrschaft (vgl. Ps 86,8-10) Wirklichkeit werden lassen. Im klagenden Schrei nach dieser Gottesherrschaft JHWHs trifft sich Psalm 86 mit dem oben besprochenen Psalm 25 und dem im nächsten Kapitel interpretierten Psalm 103. Wie diese Psalmen, so erhofft auch Psalm 86 die entscheidende, eschatologische Wende vom Offenbarwerden des Sinaibundesgottes, wie mit Zitat von Ex 34 formuliert wird:

> JHWH, du bist gut und bereit zu vergeben,
>    reich an Güte für alle, die dich rufen.
> Du Adonaj, bist ein barmherziger und gnädiger El,
>    langmütig und reich an Güte und Treue (Ps 86,5.15).

Daß der »davidische« Beter des Psalms zugleich in die Rolle des »Knechtes« JHWHs schlüpft (vgl. Ps 86,2.4.16), deutet an, daß das betende Ich eigentlich

---

[64] Vgl. die Überlegungen bei Tate, *Psalms 51-100*, 380 sowie bei Allen, *Psalms 101-150*, 15.

Israel ist, das um Rettung in Gnaden bittet, damit endlich alle Völker zur Anerkenntnis JHWHs kommen, von dem doch gilt:

> Unter den Göttern ist keiner wie du, Adonaj,
> und nichts gleicht den Werken, die du geschaffen hast.
> *Alle Völker werden kommen und sich niederwerfen vor dir,*
> und sie werden *deinem Namen* die Ehre geben.
> Denn (Ja?) groß bist du und Wundertaten wirkend,
> du allein bist Gott (Ps 86,8-10).

Wer von der Lektüre der vorangehenden Psalmen herkommt, wird mit Ps 86,9
nicht nur an die in Ps 72 entworfene Vision von der »messianisch« vermittelten
Völkerwallfahrt zurückverwiesen. Vor allem wird ihm der (oben in Kapitel III
nachgezeichnete) Zusammenhang der Psalmen 22-26 einfallen müssen. Ps 86,8-11
ist ja voller Anspielungen auf diese Psalmengruppe. Die in 86,9 geschaute Völkerwallfahrt und -huldigung vor JHWH entspricht der in Ps 22,28ff eröffneten
Bewegung, die sich in Ps 25,4f in der Bitte verdichtet:

> Deine Wege, JHWH, laß mich erkennen,
> deine Pfade lehre mich!
> Führ mich (die Wege) in deiner Wahrheit und lehre mich!

Blieb es im Textzusammenhang Ps 22-26 auf der Textoberfläche noch offen, ob *die
Völker* diese Bitte um Einweisung in die Tora und um Teilhabe am Bund (mit)spre-
chen, so ist in Psalm 86 offenkundig: Es sind die Völker, die mit Israel zusammen
dieses Gebet sprechen, das in Ps 86,11 (fast wortgleich mit Ps 25,4f) zitiert wird.
Die exegetische Begründung für diese Lesart von Ps 86,11 liefert der Psalmtext
selbst. In Ps 86,9 wird angekündigt, daß die Völker *dem Namen JHWH die Ehre
geben* werden. Genau dies wird im »Gebet« Ps 86,12 vollzogen:

> Ich will dir danken Adonaj, mein Gott, mit ganzem Herzen
> und ich will *deinem Namen die Ehre geben* auf ewig.

Was das Geheimnis dieses Namens ist, das die Völker preisen werden, wird dann
in Ps 86,15 mit der »Sinaiformel« Ex 34,6 zusammengefaßt. Überrascht es dann
noch, daß auf dieses »Zitat« die die IV. Strophe des 25. Psalms einleitende Bitte
zitiert wird:

> Wende dich mir zu und sei mir gnädig (25,16).[65]

Freilich: Psalm 86 ist und bleibt zuallererst »Gebet für David«, für den messianischen König und für sein messianisches Volk, wie die Bezüge zum Königspsalm 72,
aber auch zu dem das dritte Psalmenbuch beschließenden Königspsalm 89 heraus-
stellen.

---

[65] Zwischen Psalm 86 und Psalm 25 gibt es noch weitere Bezüge, die diskutiert werden müßten:
86,2 vgl. 25,20; 86,4b vgl. 25,1; 86,11d vgl. 25,14a; 86,17a vgl. 25,2a.

## 2. Der »messianische Psalter« Ps 2-89

Was diese »messianische« Perspektive für das Verständnis von Psalm 87 bedeutet, müßte nun breiter erörtert werden, zumal die beiden Königspsalmen 72 und 89 ihrerseits Teil einer Leseregie sind, die schon mit dem Königspsalm 2 beginnt. Dies soll an anderer Stelle geschehen. Hier können nur einige Punkte resümiert werden: Die Psalmen 2 72 und 89 stehen auf der Ebene des Psalmenbuchs an kompositionell markanter Stelle: Psalm 2 steht an der Spitze des ersten Psalmenbuchs (Ps 3-41) bzw. an der Spitze des (redaktionsgeschichtlich gesprochen) »elohistischen Davidpsalters«, der mit Psalm 72 abgeschlossen wird (Ps 72,20: »Zu Ende sind die Gebete Davids, des Sohnes Isais«). Psalm 89 beschließt makrostrukturell das 3. Psalmenbuch 73-89. Redaktionsgeschichtlich gesprochen bildet Psalm 89 den Abschluß des (um 300 v.Chr. entstandenen) »messianischen« Psalters Ps 2-89.[66]

In diesem »messianischen« Psalter werden einerseits meditativ die ambivalenten Erfahrungen Israels mit seinem historischen Königtum abgeschritten: Von David (Psalmen 3ff) über Salomo (Psalm 72 ist Gebet des alten David für seinen Sohn Salomo) bis hin zum Ende des Königtums im Jahre 587 (Psalm 89). In Auseinandersetzung mit diesem Weg des Königtums hält der »messianische« Psalter aber die im Davidbund gegebene Verheißung fest: Der eröffnende Programmtext Psalm 2 rekapituliert die Natanverheißung 2 Sam 7,14 (vgl. Ps 2,7) im Kontext der bedrohlichen Völkerwelt. Der abschließende Psalm 89 spielt 2 Sam 7,14-16, dem »geschichtlichen« Standort entsprechend, sowohl als Deutung der Situation wie auch als die Zukunft eröffnende Bitte ein (vgl. Ps 89,27.30.33). Psalm 89 weitet in seinem Schlußabschnitt dann »demokratisierend« die messianische Perspektive auf Israel als Volk aus.[67] Die »David« für seinen »Sohn« zugesprochene Treue Gottes gilt einem »messianischen« Israel[68] – gerade mit Blick auf die Völkerwelt, wie Ps 72,17 (mit Zitat der die Geschichte Israels eröffnenden Völkerperspektive Gen 12,1-3) herausstellt:

Und es sollen sich in ihm segnen alle Völker,
ihn sollen sie glücklich preisen.

---

[66] Vgl. zu dieser Sicht vorläufig Zenger, »So betete David«.

[67] Die Erweiterung Ps 89,47-52 steht im Zusammenhang mit der Anfügung des 4. Psalmenbuchs Ps 90-106, worauf nicht nur die auffallend vielen Motiv- und Stichwortbezüge zwischen 89,47-52 sowohl mit Psalm 90 als auch mit Psalm 102 hinweisen (vgl. dazu unser nächstes Kapitel); zur Analyse von Psalm 89 vgl. Vejola, *Verheißung*.

[68] In Ps 89,51 muß der masoretische Text beibehalten werden: »deine Knechte« (anders die »Einheitsübersetzung«). Ps 89,50 zitiert Jes 55,3, wo die davidischen Verheißungen ebenfalls »demokratisiert« sind. In der Selbstbezeichnung »deine Knechte« wird das Selbstverständnis der Gruppe(n) erkennbar, in der/denen die Psalmenbücher entstanden und tradiert wurden; als »Knechte JHWHs« werden auch die Adressaten des Jesajabuchs vor allem in Jes 65-66 definiert (vgl. auch die Ausweitung über Israel hinaus in Jes 56,6!).

Der messianische Psalter 2-89 taucht also Zion als Mutter der Völker in ein eschatologisches Licht, das Israel eine messianische Mittlerschaft zuspricht – und diese, allen gegenläufigen Erfahrungen zum Trotz, in der Gnade des »Ziongottes« verwurzelt, wie JHWH selbst in Ps 2,6f proklamiert:

> Ich selber habe meinen König eingesetzt
> auf dem *Zion, meinem heiligen Berg* (vgl. Ps 87,2):
> ... Mein Sohn bist du.
> Heute habe *ich dich [in Zion] geboren* (vgl. Ps 87,5.6).[69]

Die in Psalm 2 geschilderte »Weltrevolution« wird in Psalm 87 zu einer großen »Weltfamilie« verwandelt,[70] wenn Zion als Mutter des messianischen Israel (Psalm 2) und als Mutter aller Menschen (Psalm 87) zur »Hauptstadt« des Weltenkönig JHWH selbst wird. Das ist das große Thema des 4. Psalmenbuchs, das wir im nächsten Kapitel in den Blick nehmen wollen.

---

[69]  Zur Übersetzung »gebären« (statt »zeugen«) vgl. auch Görg, *Mythos*, 119-121.

[70]  Zum Zusammenhang von Psalm 2 mit den prophetischen Orakeln gegen die Völker vgl. u.a. Gosse, »Le Psaume 2«.

# VI.
# Das Weltenkönigtum des Gottes Israels (Ps 90-106)[1]

Wie wir im vorangehenden Kapitel abschließend gesehen haben, zeichnet die Abfolge der Königspsalmen 2 72 89 die Dialektik der messianischen Hoffnungen Israels. Es ist die Dialektik von Restauration und Utopie. Im Rückgriff auf die als »Ideal« geschaute Zeit Davids wird die Wiederherstellung jener Anfangszeit beschworen. Zugleich aber erwächst aus der katastrophisch erfahrenen Gegenwart die Vision einer Zukunft, die über das hinausgeht, was einmal war. Diese Spannung zwischen restaurativen und utopischen Tendenzen steigert sich im 4. Psalmenbuch, teilweise im Kontrast zum »messianischen« Konzept von Ps 2-89, zum »theokratischen« Konzept, das die beiden letzten Psalmenbücher 90-106.107-148(.149-150) bestimmt.[2] Im 4. Psalmenbuch führt dies zum insgesamt hymnischen (wenngleich von der Klage gerahmten, s.u.) Entwurf der universalen Königsherrschaft JHWHs, die dieser in einer grandiosen Theophanie an Zion herbeiführt. Zum Erlebnis dieser Theophanie des Weltenkönigs JHWH, der gegen alles Chaos seine Rechtsordnung durchsetzen wird, lädt Israel mit diesen Psalmen abermals die Völker ein. Daß das Judentum einen Teil dieser Psalmen (zusammen mit Psalm 29) gerade am Schabbat, dem Tag der Weltvollendung und der Erlösung, singt, verwundert deshalb nicht. Im Gegenteil: Diese Psalmen sind das Programm für einen Welt-Schabbat, ohne den kein Reich der universalen Gerechtigkeit beginnt.

---

[1] Ich nehme im folgenden meine Studie »Im gemeinsamen Gottesbund« auf, präzisiere sie einerseits in diachroner Hinsicht und lese das 4. Psalmenbuch insgesamt differenzierter in synchroner Absicht. Dabei verdanke ich wichtige Anregungen der nun abgeschlossenen Münsteraner Dissertation: Brunert, *Psalm 102*. Einen wichtigen Anstoß zu meiner Weiterarbeit gaben auch die kritischen Rückfragen von Frank Crüsemann; vgl. dazu Crüsemann, »Bundestheologie« sowie Zenger, »Doch nicht im gemeinsamen Gottesbund?«

[2] Diese Steigerung vom messianischen zum theokratischen Konzept findet sich auch in der Erweiterung von Ps 2,1-9 durch Ps 2,10-12. Die kontrastive Spannung zwischen den Psalmenbüchern 1-3 und 4-5 hat m.w. erstmals in dieser Klarheit Wilson, *Editing* gesehen (allerdings überzeichnet er sie, wenn er Ps 2-89 als »Dokumentation des Scheiterns« liest): »As such this grouping stands as the ›answer‹ to the problem posed in Ps. 89 as to the apparent failure of the Davidic covenant with which Books One-Three are primarily concerned. Briefly summarized the answer given is: (1) YHWH is king; (2) He has been our ›refuge‹ in the past, long before the monarchy existed (i.e., in the Mosaic period); (3) He will continue to be our refuge now that the monarchy is gone; (4) Blessed are they that trust him!« (*Editing*, 215). Vgl. ders. auch »Shaping the Psalter«; allerdings ist seine ebda. vorgeschlagene Kompositionsstruktur des 4. Psalmenbuchs nicht voll überzeugend.

## I. Das Profil des 4. Psalmenbuchs

### 1. Die spezifische Gestalt der Sammlung 90-106

Das auf der Ebene der Endkomposition durch die Schlußdoxologien Ps 89,53 (Ende des 3. Psalmenbuchs Ps 73-89) und Ps 106,48 markierte 4. Psalmenbuch Ps 90-106 hat ein klares literarisches und theologisches Eigenprofil, durch das es sich von den übrigen Büchern deutlich abhebt:[3]

(1) Gegenüber den vorangehenden Psalmenbüchern, in denen beinahe alle Psalmen durch ihre Überschrift einem »Verfasser« (meist David, sonst den Korachiten bzw. Asaf) zugeordnet werden, sind die Psalmen des 4. Buchs überwiegend anonyme oder sogar titellose Psalmen. Psalm 90 ist der einzige Mosepsalm des ganzen Psalters. Psalm 101 und Psalm 103 sind Davidpsalmen.

(2) Während in den ersten drei Psalmenbüchern (3-41.42-72.73-89) Klage- und Bittgebete dominieren, überwiegen nun Hymnen bzw. hymnische Grundstimmung.

(3) Zumindest die Psalmen 93.95-99 sind, schon auf den ersten Blick erkennbar, durch das Thema des universalen Königtums JHWHs so stark miteinander verwandt und sprachlich aufeinander bezogen, daß ihre Zusammenstellung kein Zufall sein kann.

### 2. Die Rahmung durch die Psalmen 90 und 106

Die beiden Eckpsalmen Psalm 90 und Psalm 106 bilden eine Rahmung (inclusio) um die Sammlung. Wie eine diachrone Analyse von Psalm 90 zeigen kann, ist diese Rahmung gezielt geschaffen worden, als Psalm 90 an den Anfang des 4. Psalmenbuchs gestellt wurde.

Die Stichwortbezüge zwischen beiden Psalmen sind unübersehbar:

> 90,13f:
> Laß ab/kehre doch um JHWH! – Wie lange noch?
>     Und laß es dich gereuen über deine Knechte.
> Sättige uns am Morgen mit deiner Güte
>     und wir wollen jubeln und uns freuen alle unsere Tage.
> 106,45:
> Und er gedachte für sie seines Bundes
>     und er ließ es sich gereuen gemäß der Fülle seiner Güte.

Diese Stichwortbezüge sind deshalb als gezielte Rahmung zu beurteilen, weil die

---

[3]  Vgl. zu diesem Profil besonders Koch, »Psalter«, 259-262. Die Studie Goulder, *Fourth Book* erbringt für unsere Fragestellung nichts; sie rekonstruiert einen wenig wahrscheinlichen kultischen »Sitz im Leben« des 4. Buchs.

Verse 13-17 nach breitem Forschungskonsens eine Erweiterung des ursprünglichen Psalms 90,(1.)2-12 darstellen, deren Aussagehorizont sich sowohl zum vorangehenden Schlußpsalm des 3. Buchs Psalm 89 als auch zum folgenden 4. Psalmenbuch hin öffnet. Hier können dafür nur die wichtigsten Beobachtungen genannt werden, zumal unser Interesse auf die synchrone Leseweise zielt.

Daß Psalm 90 keine ursprüngliche Einheit ist, legt sich auf Grund folgender Beobachtungen nahe[4]: a) V.13f ist gegenüber V.12 dadurch als Neueinsatz zu erkennen, daß die imperativische Bitte von V.12 bereits eine Zielangabe des Eingreifens Gottes bringt, womit ein gewisser Abschluß erreicht ist. V.13f setzt erneut mit Imperativen ein, die auf das in V.14b anvisierte Ziel hinführen sollen. Gegenüber der universalen Menschheitsperspektive von V.2-12 und dem mit der Gottesbezeichnung אֵל »Gott« entfalteten nicht-israel-spezifischen Gottesverständnis (das Tetragramm fehlt in V.2-12) tritt ab V.13 die israel-spezifische Beziehung JHWH-JHWHs Knechte bzw. »unser Gott« in den Vordergrund.

b) Während in V.2-12 die Lebensjahre der (vielen) Einzelleben im Blick sind, geht es in V.13-17 um die Tage und Jahre eines generationenübergreifenden Geschichtszusammenhangs.

c) V.1b und V.17 stimmen in der Gottesbezeichnung אֲדֹנָי »Allherrscher« überein; V.1b formuliert zugleich die geschichts- und generationenumfassende Erfahrung, daß JHWH sich als מָעוֹן »Versteck/Zuflucht«[5] erwiesen hat. So dürfte auch V.16 als Erweiterung des Grundpsalms V.2-12, einer »Vergänglichkeitsklage«, zu beurteilen sein.

Die »Erweiterung« von Psalm 90 greift auf Psalm 89, den Schlußpsalm des vorangehenden 3. Buchs zurück. Mit der Gottesbezeichnung »Allherrscher« wird in Ps 89,51f das gedenkende Eingreifen JHWHs zugunsten seiner »Knechte«, die unter dem Spott »all der vielen Völker« leiden, angerufen. Der mit Psalm 90 eröffnete theologische Zusammenhang wird, wie wir sehen werden, genau darauf antworten – mit der Vision eines anderen Verhältnisses von Israel und den Völkern. Daß JHWH in 90,1 als »Zuflucht« prädiziert wird, inspiriert sich terminologisch an Ps 91,9; die generationenübergreifende Perspektive »von Geschlecht zu Geschlecht« präludiert Ps 100,5, den Abschlußvers der »Völkerwallfahrtkomposition« Ps 93-100, die wir noch genauer interpretieren werden. Wenn in Psalm 90 die Spannung zwischen der universalen Vergänglichkeit unter dem »Zorn« Gottes und der Lebensfülle »der Knechte JHWHs«, die sich der Güte und Freundlichkeit JHWHs verdankt, aufgebaut wird, geschieht dies besonders mit Blick auf Psalm 102 (vgl.

---

[4] Daß Ps 90,13-17 eine Erweiterung darstellt, wird von den meisten neueren Arbeiten angenommen, vgl. nur: Müller, »Der 90. Psalm«; Schmidt, »Ps 90«; Zenger, »Dem vergänglichen Werk« (die von mir ebda. vorgeschlagene nochmalige Schichtung von Ps 90,13-17 halte ich heute, nicht zuletzt aus redaktionsgeschichtlicher und holistischer Sicht, für überzogen!).

[5] Gegen die immer wieder vorgenommenen Konjekturen vgl. zu Recht Schmidt, »Ps 90«, 119 Anm. 14: »māʿōn ›Aufenthaltsort, Wohnstatt, Versteck‹ kann im Sinne von ›Zuflucht‹ (Ps 71,3; 91,9) gebraucht werden, so daß die häufig vorgenommene Änderung in māʿōz ›Feste, Zufluchtsstätte‹ (vgl. Ps 27,1; 31,3 u.a.) unnötig ist. Außerdem wird ihr einerseits durch Dtn 33,27 widerraten; andererseits scheint die Übereinstimmung mit Ps 91,9 ein Grund für die Zusammenstellung dieser Psalmen zu sein.« Ist 90,1b erst redaktionell, wie oben angenommen wird, stammt das Wort sogar aus der »Vorlage« 91,9.

besonders Ps 102,25-29); wahrscheinlich schwingt hier auch die im Jesajabuch entfaltete Berufung Israels als »Knecht JHWHs« mit, der einen besonderen Auftrag hat, die Völker zur Anerkenntnis der Königsherrschaft JHWHs zu bewegen.[6]

Die das 4. Buch abschließende Schlußdoxologie Ps 106,48 gleicht weitgehend der Schlußdoxologie des 1. Buchs Ps 41,14. Allerdings gibt die singuläre Schlußaufforderung »und alles/das ganze Volk soll sagen: Amen!« der in Ps 90-106 entworfenen Vision eines »neuen« Verhältnisses von Israel zu den Völkern eine geradezu beschwörende Dringlichkeit.[7]


## 3. Die Mose-Dimension

Das 4. Psalmenbuch hat eine Mose-Dimension, die sie von den anderen Psalmenbüchern unterscheidet. Psalm 90 als erster Psalm der Komposition beginnt mit der in Genesis erzählten Welt- und Menschenschöpfung (Ps 90,3 spielt auf Gen 3,19 an), und Psalm 106 als letzter Psalm rekapituliert die Landnahme und das Leben im Lande, wobei letzteres unter der Perspektive von Dtn 7,1-5.16; 29,26; 31,17; 32,17 beurteilt wird. Insofern ist die Komposition Ps 90-106 Pentateuch-orientiert, d.h. Mose-orientiert. Zudem wird Mose in dieser Sammlung siebenmal (!) genannt (90,1; 99,6; 103,7; 105,26; 106,16.23.32), während er sonst im ganzen Psalter nur noch ein einziges Mal erwähnt wird (77,21). Vor allem ist die durch die (sekundäre) Überschrift Ps 90,1 angezeigte Funktion des Mose zu beachten,[8] die durch die in Psalm 90 anklingenden Bezüge auf die pentateuchische Moseüberlieferung betont wird.

---

[6]  Dazu vgl. oben Kapitel III.

[7]  Daß das 4. Psalmenbuch mit Ps 106 und nicht erst mit Psalm 107 schließt, ist trotz der Einwände H. Geses festzuhalten. Gese, »Büchereinteilung«, 62 argumentiert für seine Position: 1. Ps 105-107 bilden eine zusammengehörende »Kleingruppe«. 2. »Die Doxologie in Ps 106 ist sicherlich nicht zum Abschluß einer Psalmsammlung hinzugesetzt..., sondern ist mit der liturgischen Bitte Ps 106,47 verbunden; sie hat keine redaktionelle Funktion wie Ps 41,14; 72,18; 89,53.« Dazu wäre im einzelnen nachzuweisen: 1. Das von Gese angedeutete Argument, die Psalmen 105-107 seien durch wortgleiche hymnische Einleitungsformeln als Einheit bestimmt, ist schon auf der Textebene selbst nicht ganz richtig; auch ihre Funktion im jeweiligen Psalm ist unterschiedlich. 2. Das Abhängigkeitsverhältnis zwischen Ps 106 und 1 Chr 16 ist doch eher so zu bestimmen, daß »das jetzige Ende von 106 samt der Abschlußformel des 4. Buches... von 1 Chr 16,8-36 vorausgesetzt [wird],... denn die Umsetzung eines doxologischen Aufrufs in eine Erzählung über dessen Durchführung liegt näher als die Erweiterung einer geprägten poetischen Äußerung um eine einzige Langzeile, die einer prosaischen Erzählung entnommen wird. Ebenso sprechen andere Differenzen im Vergleich für chronistische Umgestaltung, vor allem eine Tendenz zur Angleichung an die vorbildliche Davidszeit. Eben darum wird berichtet, daß das damalige Volk den doxologischen Aufruf wirklich befolgt hat« (Koch, »Psalter«, 268). Zur theologischen Programmatik von Psalm 106 im Kontext der Chronik vgl. Mathys, *Dichter*, 201-217.

[8]  Schon die Überschrift תפלה »Bittgebet« könnte auf Dtn 9,26 anspielen.

Gerade wenn man den in Psalm 89 beklagten Tiefpunkt der Geschichte Israels, den die Zerstreuung unter die Völker und deren Verachtung bedeutete, ernst nimmt und wenn diese Katastrophe im Horizont von (deuteronomistischer) »Zorntheologie« beurteilt wird, braucht es den prophetischen Fürbitter par excellence des »Ur-Anfangs«, wenn die Geschichte Gottes mit Israel weitergehen soll. Nicht von ungefähr spielt deshalb Ps 90,13 auf die erfolgreiche Fürbitte des Mose nach der Sünde des Goldenen Kalbs (Ex 32,12-14) an:

»Laß ab von deinem brennenden Zorn! Laß dich das Unheil für dein Volk gereuen. Gedenke Abrahams, Isaaks und Israels, deiner Knechte... Da ließ sich JHWH das Unheil gereuen, das er seinem Volk zu tun gesagt hatte.«

Auch das große »Theodizeegedicht« des Mose Deuteronomium 32, mit dem Israel die Krise des Exils deutete, klingt in Ps 90,13 wörtlich an (vgl. Dtn 32,36); Psalm 90 ist insgesamt auffallend stark mit Deuteronomium 32 verwandt.[9]

Vermutlich spielt sogar die sekundär den Psalm 90 eröffnende Gottesanrede 90,1b »Eine Zuflucht bist du uns gewesen...« auf den Mosesegen Deuteronomium 33 (vgl. Dtn 33,27) an, der ebenso wie Psalm 90 durch seine Überschrift dem (prophetischen) »Gottesmann« (אִישׁ הָאֱלֹהִים) zugeschrieben wird.

Die in Ps 90-106 entworfene Vision steht demnach unter mosaischer Autorität. »Mose« legitimiert, wie wir sehen werden, gerade im Rückgriff auf die »kanonischen« pentateuchischen Überlieferungen die Zusammenführung der Geschichte Israels und der Völkerwelt.

---

9 Das im wesentlichen einheitliche »Moselied« Deuteronomium 32, dessen Entstehung in der Exils-bzw. Frühnachexilszeit immer noch am plausibelsten erscheint, ist »eine Theodizee mit tröstlichem Ausgang« (K. Budde), die, wie das Proömium V.1-3 herausstellt, als weisheitlich-erzieherische »Lehre« den Adressaten neues Leben, Stärkung und Trost zusprechen will. Vor allem will das »Lied«, als dessen Thematik V.4f die Verläßlichkeit und die Gerechtigkeit JHWHs (JHWH ist der rettende »Fels« schlechthin: dieser aus der Zion/Jerusalem-Theologie stammende Gottesname steht in Deuteronomium 32 siebenmal!) im Gegenüber zur Untreue/Schuld Israels proklamiert, Israel dazu fähig machen, gerade angesichts der katastrophischen Erfahrungen seiner Geschichte, sich vor JHWH allein als dem Weltenkönig niederzuwerfen (vgl. Dtn 32,43). Genau dies ist auch die Perspektive des 4. Psalmbuchs; der im 4. Psalmbuch entwickelte universalistische Horizont, der Israel und die Völker in der Anerkenntnis JHWHs zusammenführt, ist wahrscheinlich in einer der Textvarianten von Dtn 32,43 (sekundär?) ebenfalls gegeben: »Preist, ihr Völker, sein Volk!«

## II. Die Eröffnung: Ps 90-92

### 1. Der Kompositionsbogen (iuxtapositio)

Die drei Psalmen 90-92, mit denen das 4. Psalmenbuch eröffnet wird, sind in ihrer Reihenfolge als thematische Einheit gewollt; sie bilden einen fortschreitenden Geschehens- bzw. Aussagebogen.[10] Psalm 90 beginnt als Klage über die menschliche Todesverfallenheit und über das Erleiden des Gotteszorns und steigert sich zur Bitte um die gnädige Zuwendung JHWHs zu seinen Knechten. Auf diese Klage und Bitte antwortet Psalm 91 mit einer doppelten Zusage bzw. Verheißung. Im Stil weisheitlicher Belehrung spricht zunächst ein fiktiver/anonymer Sprecher (ein Weisheitslehrer bzw. auf der Ebene der Komposition Ps 90-92 »Mose«) einem nicht näher gekennzeichneten Du (dem »Weisheitsschüler« bzw. auf der Ebene der Komposition »Israel«) die Gewißheit zu, daß JHWH denen, die sich ihm vertrauend überlassen, rettende Zuflucht ist. Psalm 91 kulminiert sodann in der als direkte Gottesrede gestalteten Zusage langen Lebens und des von JHWH geschenkten Heils (ישועה). Daß diese Zusage kein leeres Wort ist, sondern sich an dem erfüllt, der sich ihr überläßt, wird in dem folgenden Dankpsalm 92 betont, der mit seiner Eröffnung eng mit dem Gottesorakel von Psalm 91 verkettet ist (91,14 »Ich will ihn schützen, denn er kennt meinen Namen«; 92,1 »Gut ist es..., deinem Namen zu singen«).

### 2. Gemeinsame Motivik (concatenatio)

Die Abfolge der drei Psalmen nach dem Schema *Klage – Gotteszuspruch – Dank* wird durch gemeinsame/verwandte Motivik unterstrichen. Der Metapher vom vertrocknenden Grashalm in 90,5-6 setzt 92,13-16 die Metapher von der fruchttragenden Palme und der festverwurzelten, hochragenden Libanonzeder entgegen. Das Vertrauens- und Schutzmotiv, mit dem 90,1 eröffnet wird, ist in 91 und 92 vielfach eingespielt und variiert. Insbesondere werden die in 90,13-17 ausgesprochenen Bitten im Dankpsalm 92 teilweise wörtlich, teilweise kontrastierend so aufgenommen, daß sich die These nahelegt, diese (auf die Redaktion zurückgehenden s.o.) Bitten in Psalm 90 seien von Psalm 92 her formuliert. Auf die Bitte 90,14 »Sättige uns am Morgen mit deiner Güte, daß wir jubeln und uns freuen« blickt 92,3.5 zurück: »Zu verkünden am Morgen deine Güte... Du hast mich erfreut und ich kann jubeln.« Die Bitte 90,16 »Es erscheine an deinen Knechten dein

---

[10] Vgl. auch Reindl, »Weisheitliche Bearbeitung«, 350-354; Millard, *Komposition*, 148f. Weniger überzeugend ist der versuchte Nachweis bei Howard, »Psalm 90-94«, die vier Psalmen 90-94 bildeten einen (gar originären?) Kompositionsbogen.

Wirken« ist erfüllt in 92,5: »Du hast mich erfreut durch dein Wirken.« Der Schluß-
bitte 90,17b »und dem Werk unserer Hände gib du Bestand!« wird in 92,5f kontrastierend die theologische Fundierung gegeben: »Über die Werke deiner Hände
will ich jubeln. Wie groß sind deine Werke, JHWH!«

## 3. Der mosaische Schluß

Der Abschluß der Teilkomposition 90-92 spielt mit 92,16 abermals auf das große
Theodizeegedicht des Mose Deuteronomium 32 an:

Ps 92,16:
um zu verkünden: »Gerade (יָשָׁר) ist JHWH,
    mein Fels ist er und kein Unrecht (עוֹל) ist an ihm.«
Dtn 32,4:
Der Fels ist er: vollkommen ist sein Wirken,
    alle seine Wege sind recht.
Ein Gott der Treue ist er, kein Unrecht (עוֹלָה) ist (an ihm),
    gerecht ist er und gerade (יָשָׁר).

Mit diesem »mosaischen« Schluß öffnet sich die Komposition Ps 90-92 zugleich auf
die folgende Komposition 93-100, in der JHWH als »Fels« (94,22; 95,1) gepriesen
wird. Von Deuteronomium 32 her wird zugleich »eingespielt«, wie sich JHWHs
»Geradheit« erweisen wird: An der Rettung Israels aus der Bedrohung von seiten
der feindlichen Völker durch den Weltkönig JHWH, der Israel und die Völker unter
seiner Königsherrschaft aussöhnen wird (Ps 93-100). Die in Ps 93-100 dominieren-
de Tempel- bzw. Zionsperspektive klingt in der Komposition 90-92 bereits vielfach
an, wodurch Ps 93-100 (nach der Technik der Leseregie) als Fortführung von 90-92
ausgewiesen wird.

## III. Die Mitte: Ps 93-100

Daß die Psalmen 93-100 wegen ihrer semantischen und theologischen Verwandtschaft zusammengestellt wurden, ist keine neue Einsicht.[11] Auch darüber, daß
nicht alle diese Psalmen aus der gleichen Zeit stammen, dürfte Konsens bestehen.
Zwar geht es in diesen allen um das universale Königtum JHWHs, das fundamental
in der Durchsetzung von Recht (מִשְׁפָּט) im Sinne einer gerechten und lebensförderli-
chen Weltordnung besteht.[12] Hinsichtlich der Realisierung der Welt- und Lebens-

---

[11]  Zu diesen Psalmen grundlegend: Jeremias, *Königtum*; Howard, *Psalms 93-100*.
[12]  Darin berührt sich die Gruppe dieser Psalmen auffallend stark mit dem oben in Kap. IV besprochen-
    chenen Psalm 33.

ordnung lassen sich in Ps 93-100 drei unterschiedliche Perspektiven erkennen, die den Ansatz für eine diachrone Schichtung innerhalb der Psalmengruppe erkennen lassen. Die Schichtung entspricht zugleich einer analogen Schichtung im Jesajabuch, von dem sich diese Psalmen in vielfacher Hinsicht inspirieren lassen, wie die zahlreichen semantischen Aufnahmen und Anspielungen belegen.

## 1. Eine erste Aussagelinie: Die Psalmen 93 95* 96 98 99 100

Die sechs Psalmen 93 95* 96 98 99 100, die in diachroner Hinsicht auf einer (redaktionellen) Ebene stehen, beschwören die Weltherrschaft JHWHs als schon jetzt (wenigstens partiell) erfahrbare Wirklichkeit.

(1) *Psalm 93* gibt mit der Proklamationsformel »JHWH ist König geworden/ JHWH herrscht als König« (יהוה מלך) das Thema der dann folgenden Komposition an. In der »Stilform der ›behobenen Krise‹« wird JHWHs ewiges Königsein besungen, das sich als dauerhafte Überwindung des Chaos »von Urzeit an« (V.2) bis in Ewigkeit (V.5) realisiert. Die geschichtliche Vermittlung dieser das Chaos bändigenden Gottesherrschaft geschieht durch das Gesetz *und* durch den Jerusalemer Tempel bzw. durch das von diesem Tempel aus ergehende JHWH-Gesetz (vgl. Jes 2,1-5).[13] Psalm 93 schlägt einerseits durch (den redaktionellen) V.2b »von Urzeit her bist du« den Bogen nach Ps 90,2, den Anfang des 4. Psalmenbuchs, zurück. Andererseits klingen wichtige Themaworte an, die in der folgenden Komposition aufgenommen und entfaltet werden. Das in 93,1 genannte Thema עז »Macht« (des Königs JHWH) wird in 96,6f ausdrücklich mit dem (Jerusalemer) Tempel so in Verbindung gebracht, daß JHWHs Macht als dort gegenwärtig und erfahrbar prädiziert wird – gerade mit Blick auf die Völker, die zur Wallfahrt dorthin aufgefordert werden. Daß die »Macht« dieses Königs in dem Recht und in der Gerechtigkeit besteht, die er in Israel (»Jakob«) geoffenbart hat, erläutert dann 99,4.[14] Ja, in Ps 99,7 könnte durch das Stichwort עדותיו »seine Gebote« eine Anspielung auf den am Sinai verkündeten Dekalog vorliegen. Für diesen Bezug könnte sprechen, daß der redaktionelle Vers Ps 93,5 gezielt den in 99,7 vorgegebenen Ausdruck

---

[13] Zum »urzeitlichen« Verständnis von Psalm 93 vgl. vor allem Spieckermann, *Heilsgegenwart*, 180-186; Janowski, »Königtum Gottes«; Otto, »Mythos und Geschichte«; Podella, »Chaoskampfmythos«, 313-319; Irsigler, »Thronbesteigung«. Die von Mosis, »Ströme erheben« vorgeschlagene Struktur ist in mehrfacher Hinsicht problematisch: (1) Die kolometrische Ausgliederung des »Themasatzes« V.1 ist wenig wahrscheinlich. (2)התאזר »er hat sich gegürtet« ist als Kolon zu kurz. (3) Die enge Zusammenschau von V.2 und V.5 ist zwar wichtig, aber ist dies eine *inclusio*? (4) Ob V.3f wirklich als Klage → Bekenntnis lesbar sind?

[14] Das Verständnis von Ps 99,4 ist in der Forschung freilich sehr umstritten; vgl. den Überblick über die verschiedenen Auslegungsmöglichkeiten bei Scoralick, *Trishagion*, 62-73.

עדות verwendet.[15] Dieser Zusammenhang wird auch durch die in 96,10 aus 93,1b redaktionell eingetragene Aussage »Fürwahr: Festgegründet ist der (hat er den) Erdkreis, so daß er nicht wankt« unterstrichen, weil sie in 96,10 zwischen die unter den Völkern zu verkündende Botschaft »JHWH herrscht als König« und »Er richtet die Völker in Geradheit« (במישרים) eingeschoben ist.[16] Freilich: Die Texte lassen wieder eigenartig in der Schwebe, wie sich dieses »Weltregiment« JHWHs und seine Herrschaft über Israel genauer zueinander verhalten.

(2) Die beiden vielfältig miteinander verwobenen *Psalmen 95 und 99* entfalten die Bedeutung des Königtums JHWHs für Israel. Psalm 95 ist ein zweiteiliger (V.1-5.6-7a) Hymnus und eine (erst redaktionell angefügte) Warnrede JHWHs (V.7b-11).[17] Der Psalm lädt Israel ein, dem »großen« (V.3) Weltkönig JHWH, der größer ist als alle Götter, als *seinem* König zu huldigen und als sein Bundesvolk auf *seine* Stimme zu hören (V.7), »seine Wege« der Tora zu erkennen und zu gehen (V.10). Daß und wie sich der Weltkönig JHWH als König seines Bundesvolks in dessen »kanonischer« Geschichte geoffenbart hat, erläutert der dreiteilige (V.1-3.4-

---

[15] Schon das Verständnis von Ps 99,7 ist wieder kontrovers. Ich schließe mich hier Scoralick, *Trishagion* an, die übersetzt: »In der Wolkensäule sprach er zu ihnen; sie bewahrten seine Gebote und die Satzung, die er ihnen gab.« Man könnte wegen des Motivs von der Wolkensäule und deren von Ps 99,6 her gegebenen Verbindung mit Mose, Aaron und Samuel daran denken, daß »Gebote und Satzung« in Ps 99,7 »generelle Ausdrücke für die konkreten Anweisungen [sind], die Jahwe am Sinai und aus dem Offenbarungszelt erteilte. Ob ʿedotâw dabei eventuell in der Bedeutung ›Bundessatzungen, Gebote‹ zu lesen ist und ḥoq dann unter Umständen an das wiederholte ḥoq ʿôlām der Priestergesetzgebung erinnert, läßt sich hier allenfalls vermuten, belegen kann man es nicht« (Scoralick, *Trishagion*, 101f). Noch umstrittener ist das Verständnis von עדתיך »deine Gebote(?), deine Zeugnisse(?)« in Ps 93,5. Vgl. dazu das Resumee bei Janowski, »Das Königtum Gottes«, 415 (= ders.,*Gottes Gegenwart*, 174) Anm. 94: »Mit SPIEK-KERMANN, Heilsgegenwart, 171 mit Anm. 10, fassen wir ʿedotækā ›deine Zeugnisse‹ nicht als göttliche Bundessatzungen oder Gesetzes- bzw. Vertragsbestimmungen, sondern als ›Jahwes Zeugnisse im (doch wohl priesterlich vermittelten) Wort, als Gebot, Gebet(sformular) oder Orakel‹ (171) auf... Dem − von ihm selbst als spekulativ charakterisierten − Deutungsvorschlag JEREMIAS'‹ (aaO 25f: ›Setzungen‹, aktualisierte Neuinterpretation eines/r älteren Begriffs / Begriffsbedeutung in nachexilischer Zeit) können wir ebensowenig zustimmen wie dem Vorschlag OTTOS (Mythos und Geschichte, 101)..., ʿdwt mit aus dem Aramäischen übernommenem neuassyrischem adê (pl. von adû ›Eid, Verteidigung‹) zu verbinden, da − trotz teilweiser Ähnlichkeit in der Motivik (›Verläßlichkeit‹ der adê − der vorstellungs-/institutionsgeschichtliche Hintergrund ein anderer ist«.

[16] Eine andere literarkritische Entscheidung hinsichtlich des mit drei Stichen »überfüllten« V.10 trifft Jeremias, *Königtum*, 122; der Blick nach 1 Chr 16 hilft nicht weiter, da der Text gerade dort unklar ist. − Liest man Ps 96,10; 98,9 im synchronen Zusammenhang mit Ps 99,4, erhält במשרים »in Geradheit« (Ps 96,10; 98,9) möglicherweise auch die in Ps 99,4 in משרים gegebene Konnotation »Weltordnung«.

[17] Die ursprüngliche Einheitlichkeit von Psalm 95 wird verteidigt bei Hossfeld, »Psalm 95«, 30-32.

5.6-9) Themapsalm 99.[18] Er inspiriert sich an der in Jes 6,1-11 entworfenen Vision von dem auf dem Zion thronenden Welt- und Götterkönig JHWH, mit dem wichtigen Unterschied, daß das Trishagion nun nicht mehr von den Serafen, sondern von Israel und den Völkern gerufen/gesungen werden soll. Das Beziehungsgeflecht zwischen Psalm 95 und Psalm 99 ist sehr eng: Wie Psalm 95 Israel, so fordert Psalm 99 nun Israel und die Völker dazu auf, JHWH, den Gott Israels, zu preisen und sich vor ihm niederzuwerfen (95,6; 95,9), dem »großen« Gott (95,3; 99,2), von dem die Psalmensprecher sagen: Er ist »unser Gott« (95,7; 99,5.8.9). Psalm 99 erläutert und vertieft die in Ps 95,7 für die Beziehung JHWH-Israel gebrauchte »Bundesformel« (JHWH unser Gott – wir sein Volk) auf dreifache Weise: a) durch die Anspielung auf Mose, Aaron und Samuel als »Gründungsfiguren« des Gottesvolks (Anspielung auf »Tora« und »Nebiim«); b) durch den Hinweis auf die Gabe des Gesetzes; c) durch Zitat des zentralen Sinai-Bekenntnisses Ex 34,6f.

(3) Die in der Mitte der Komposition 93 95 96 98 99 100 stehenden *Psalmen 96 und 98* sind imperativische Hymnen (jeweils zweiteilig: 96,1-6.7-13 und 98,1-3.4-9), die ausdrücklich das Verhältnis der Völker zum Gott Israels angesichts seines Handelns an Israel thematisieren. Beide Psalmen sind so vielfältig semantisch miteinander verwoben, »daß sie nur zusammen ausgelegt werden können.«[19] In diesen Psalmen geht es um nichts weniger, als daß die Völker und die Sippen (vgl. Gen 12,3) der Völker aufgefordert werden, zum Zion zu kommen, um so JHWHs universale Weltherrschaft und SEIN Recht anzunehmen. Dabei ist Psalm 98 nochmals eine Steigerung gegenüber Psalm 96. In beiden Psalmen wird zunächst am Anfang die gesamte Völkerwelt aufgefordert, in das »neue Lied« einzustimmen:

96,1:
Singt JHWH ein neues Lied,
    singt JHWH *alle Erde.*
98,1.4:
Singt JHWH ein neues Lied,
    ....
Jauchzt JHWH zu *alle Erde,*
    jubelt, frohlockt und spielt auf.

Daß diese Aufforderung »*an alle Erde*« die Völkerwelt meint, sagt Ps 96,7-9 ausdrücklich. Der Psalm fordert die Völker explizit zur »Völkerwallfahrt« und zur Teilnahme am Tempelgottesdienst auf:

---

[18] Zur Gliederung von Psalm 99 in die drei Strophen V.1-3.4-5.6-9 sowie zur Interpretation vgl. besonders Scoralick, *Trishagion.*

[19] Jeremias, *Königtum*, 131.

96,7-9:
Bringt JHWH dar, ihr Sippen der Völker,
    bringt JHWH dar Ehre und Macht,
    bringt JHWH dar die Ehre seines Namens,
        tragt Gaben herbei und geht hinein in seine Vorhöfe.
    Werft euch nieder vor JHWH in seiner heiligen Majestät,
        bebt vor ihm *alle Erde.*

Daß in 96,10 dann plötzlich nicht mehr »die Sippen der Völker« mitgemeint sein
sollen, sondern nur noch Israel, wie viele Ausleger annehmen,[20] scheint mir gegen
das Gesamtaussagesystem der beiden Psalmen 96 und 98 zu sprechen. In diesen
Psalmen geht es nicht um einen »Missionsauftrag« Israels, sondern darum, daß man
bei und unter den Völkern zur Erkenntnis gelangt:

96,10:
Sagt unter den Völkern (zueinander): »JHWH herrscht als König!
    So ist der Erdkreis festgegründet, so daß er nicht wankt.
    Er richtet die Völker in Geradheit.«

*Wie* die Völker zu dieser Erkenntnis kommen, begründen beide Psalmen explizit
und wortgleich in Anlehnung an das Jesajabuch.[21] Es ist JHWHs Heilshandeln an
Israel:

96,2-3:
Singt JHWH, preist seinen Namen
    verkündet von Tag zu Tag sein Heil,
    erzählt unter den Nationen von seiner Herrlichkeit,
        unter allen Völkern von seinen Wundertaten.

98,1-3:
Singt JHWH ein neues Lied,
    denn Wundertaten hat er gewirkt.
    ...
JHWH hat erkennen lassen sein Heil,
    vor den Augen der Nationen hat er enthüllt seine Gerechtigkeit.
Er gedachte seiner Güte und seiner Treue
    gegenüber dem Haus Israel.
Es haben alle Enden der Erde geschaut
    das Heil/die Rettung durch unseren Gott.

Die erneute Zuwendung JHWHs zu Israel nach dem und mitten im Gericht hat die
Tiefendimension der Gottesherrschaft JHWHs geoffenbart: Ihm geht es nicht um
Vernichtung und Tod, sondern um Rettung und Leben. Deshalb sollen und können
die Völker JHWHs Königsherrschaft anerkennen und sich ihr unterwerfen. Wenn

---

[20] So zuletzt, in ausdrücklichem Widerspruch zu dieser von mir schon in »Im einen Gottesbund«
vertretenen Position, Crüsemann, »Bundestheologie«.

[21] Vgl. besonders Ps 98,1-3 mit Jes 51,4f; 52,10 sowie Ps 96,13; 98,9 mit Jes 2,4.

dies geschieht, wird zugleich die Welt wunderbar verwandelt, wie die kosmische Metaphorik der beiden Psalmen, die wiederum aus dem Jesajabuch schöpft (vgl. Jes 44,23; 49,13; 55,12), andeutet:

96,11-13:
Es freue sich der Himmel und es jubiliere die Erde,
    es brause das Meer und was es füllt,
es jauchze die Steppe und was auf ihr ist,
    es sollen jubeln alle Bäume des Waldes,
vor JHWH, denn er ist gekommen,
    denn er ist gekommen, um zu richten die Erde:
Er richtet/schlichtet den Erdkreis in Gerechtigkeit
    und die Völker in seiner Treue.

98,7-9:
Es brause das Meer und was es füllt,
    der Erdkreis und die auf ihm wohnen,
die Ströme sollen in die Hände klatschen,
    die Berge allesamt sollen jubeln,
vor JHWH, denn er ist gekommen,
    um zu richten die Erde:
Er richtet/schlichtet den Erdkreis in Gerechtigkeit
    und die Völker in Geradheit.

Bei der Aufforderung dieser Psalmen an »alle Erde« bzw. »alle Nationen/Völker« geht es weder um rhetorische Staffage noch um einige Proselyten, schon gar nicht um die aus aller Welt herbeiströmende jüdische Diaspora. Das »neue Lied«, das hier erklingt, ist die Botschaft von JHWH, dem »Richter« der ganzen Erde, der durch die Rettung Israels die gestörte Weltordnung wiederherstellt – vor den Augen aller Völker. »Das Rettungsgeschehen, das DtJes verkündet hatte, ist für Psalm 98 so selbstevident, daß die Völker ›sehend‹ an ihm Anteil genommen haben und es nun an ihnen ist, die Konsequenzen zu ziehen.«[22] Von diesen Konsequenzen der Völker singt Psalm 100 als Schlußpsalm der Komposition 93-100.

(4) *Psalm 100* teilt mit den Psalmen 93 95* 96 98 99 die Perspektive von der als gegenwärtig erfahrbaren Weltherrschaft JHWHs. Zwar fehlt in ihm die Vokabel »König«, doch ist der den Psalm eröffnende Imperativ »Jauchzt JHWH zu« terminus technicus des Königsjubels. Vor allem aber nimmt der Psalm in so dichter Weise das Vokabular und die Vorstellungswelt der vorangehenden Psalmen auf, daß diese, wie wir weiter unten zeigen wollen, seinen Interpretationshorizont abgeben, falls man sich nicht methodisch gegen das Projekt der holistischen Sichtweise sperrt. S.R. Hirsch hat dies bündig zusammengefaßt: »This psalm of thanksgiving is put here as a finale, as it were, to the preceding Psalms which sang of the advent of the new era on earth.«[23]

---

[22]  Jeremias, *Königtum*, 135.
[23]  Hirsch, *Psalms*, 195.

Die sechsteilige Komposition Ps 93 95* 96 98 99 100 ist wegen ihrer theologischen Nähe zu Jes 2,1-4; 51,4f und der dabei entworfenen Vision von einer Weltfriedensordnung, die schon in der Gegenwart wirksam wird, zeitlich zwischen 500 und 400 v.Chr., also in der Perserzeit, gut vorstellbar; möglicherweise ist sie sogar im Umfeld der »Kanonisierung« der Tora unter Esra anzusiedeln.[24]

## 2. Eine weitere Aussagelinie: Psalm 97

In die Mitte dieser Komposition wurde, vermutlich in hellenistischer Zeit nach dem Zusammenbruch des Alexanderreichs, *Psalm 97* gesetzt[25], der die universale Gottesherrschaft JHWHs erst in der eschatologischen Wende und in/nach einem naherwarteten Weltgericht kommen sieht. Der Psalm schöpft einerseits aus seinen Nachbarpsalmen, wie die folgende Skizze belegt:

| V.1: | JHWH ist König (vgl. 93,1; 96,10; 99,1). |
|------|-------------------------------------------|
|      | Es jauchze die Erde (vgl. 96,11). |
|      | Es sollen sich freuen... (vgl. 96,11). |
| V.2: | Gerechtigkeit und Recht (vgl. 96,13; 98,9; 99,4). |
|      | Stütze seines Thrones (vgl. 93,2). |
| V.4: | Erdkreis (vgl. 93,1; 96,10.13; 98,9). |
| V.6: | Alle Völker schauen seine Herrlichkeit (vgl. 96,3; 98,3). |
| V.7: | Alle Götter werfen sich vor ihm nieder (vgl. 95,6; 96,9; 99,5.9). |
| V.9: | Erhaben über alle Götter (vgl. 95,3). |

Andererseits hat der Psalm auffallende Verwandtschaft mit der eschatologischen Vision von Jesaja 65-66:[26]

V.1: Jes 66,19
V.3: Jes 66,14f
V.6: Jes 66,18
V.7: Jes 65,3ff; 66,3.17

J. Jeremias charakterisiert die Differenz gegenüber den Psalmen der Teilkom-

---

[24] Vgl. zu diesem zeitlichen Ansatz auch Steck, *Abschluß*, 108f. Daß die »Kanonisierung« der Tora vom Jerusalemer Tempel aus erfolgte, ist hier nicht eine Nebensache!

[25] Zur Datierung des Psalms in die hellenistische Epoche vgl. Jeremias, *Königtum Gottes,* 142f; Steck, *Abschluß der Prophetie,* 108f. In die zeit- und theologiegeschichtliche Nähe des 97. Psalms werden von Jeremias auch die Psalmen 9/10 und 145 sowie Ps 22,28-31 gerückt. Zur Verwandtschaft von Psalm 97 mit Psalm 33 vgl. oben Kap. IV.

[26] Vgl. dazu Steck, *Abschluß der Prophetie,* 109; im redaktionsgeschichtlichen Modell von O.H. Steck handelt es sich um die »Fortschreibung III im Jesajabuch«, die er zwischen 302/1 und 270 v.Chr. ansetzt (302/1 v.Chr.: Einnahme Jerusalems durch Ptolemaios I.).

position 93 95 96 98 99 100 folgendermaßen: »Die Erwartung einer linearen Vollendung der Gegenwart, wie wir sie in der Perserzeit kennenlernten, macht der Hoffnung auf ein urplötzliches, welterschütterndes Eingreifen Jahwes Platz, bei dem Gottes Recht so zur Geltung kommt, daß die heidnischen, götzendienerischen Mächte für immer gedemütigt werden.«[27] Die Gerichtstheophanie JHWHs, bei der er Recht und Gerechtigkeit durch die Vernichtung der Bösen durchsetzen wird, ist das Erscheinen des Sinaigottes (vgl. die Metaphern von V.2f); zugleich ist es das Aufstrahlen der »Sonne der Gerechtigkeit« (vgl. V.11).

Ob Psalm 97 erst für den Zusammenhang geschrieben wurde, in dem er nun steht, ist schwer zu entscheiden. Vieles spricht freilich dafür, daß dieser Psalm gerade unter Berücksichtigung der zahlreichen Bezüge zu den Nachbarpsalmen »in den Rahmen eines literarischen Lesegebrauchs von Psalmen im Dienst einer sich vergewissernden Frömmigkeit«[28] gehört. Dann aber stellt sich die Frage, ob der Psalm nicht auf jene Redaktion zurückgeht, die das 4. Psalmenbuch überhaupt geschaffen hat. Für diese Annahme sprechen immerhin einige Bezüge von Psalm 97 nach Psalm 104 sowie die Beobachtung, daß auch die Bearbeitungsschicht von Psalm 102, durch die Psalm 102 in den Kontext eingefügt wurde, stark von Jesaja 65-66 (ebenso wie Psalm 97) inspiriert ist.[29]

### 3. Eine dritte Aussagelinie: Psalm 94

Nochmals jünger dürfte *Psalm 94* mit seiner drängenden Aufforderung an JHWH sein, endlich als »Gott der Ahndungen« (אל נקמות) zu erscheinen, um dem Treiben »der Frevler« ein Ende zu setzen und »die Gerechten« zu retten. Dieser Psalm berührt sich mit einer apokalyptischen Tendenz im Psalter, die sich u.a. in Psalm 1 und Ps 2,10-12, aber auch in Psalm 149 artikuliert.[30] Der Psalm dürfte damit auf eine Redaktion zurückgehen, die das gesamte Psalmenbuch im Blick hat. Auch

---

[27] Jeremias, *Königtum Gottes,* 136f.

[28] Steck, *Abschluß der Prophetie,* 109.

[29] Vgl. 97,2f mit 104,3f; 97,5 mit 104,32; 97,10 mit 104,35. Zum Aufweis einer »Fortschreibung« innerhalb von Psalm 102 (V.13-24.25a.27.28a.29) vgl. nun Brunert, *Psalm 102;* ebd. auch die Diskussion der Abhängigkeit dieser »Fortschreibung« vom Jesajabuch; diese notiert auch schon Steck, »Psalm 102«, der freilich den Psalm als insgesamt einheitlich und als solchen für seinen jetzigen literarischen Zusammenhang geschaffen erklärt.

[30] Zur Verwandtschaft von Psalm 94 mit den Psalmen 1; 2,10-12 und 149 vgl. 94,1 mit 149,7; 94,3 mit 1,5f; 94,8 mit 2,10; 94,10 mit 2,11; 94,12 mit 1,2; 94,15 mit 1,5f. Zu den Beziehungen zwischen Psalm 93 und Psalm 94 vor dem Horizont von Jes 59,15b-20 vgl. auch Gosse, »Psaumes 93-94«. Wichtige Beobachtungen zu dieser apokalyptisierenden Schlußredaktion des Psalters bietet nun (wenngleich zu global und literarkritisch überzogen:) Levin, »Gebetbuch«; zum Zusammenhang von Psalm 2 und Psalm 149 vgl. zuletzt Gosse, »Le Psaume CXLIX«.

Psalm 94 inspiriert sich semantisch an den Nachbarpsalmen. Zwar fehlt in Psalm 94 der Begriff »König«, doch gibt es mehrere Aussagen, die zur Topik der Königsherrschaft gehören, zumal sie in den Nachbarpsalmen als Königsaussagen stehen: Dies gilt zum einen von der Prädikation »Richter der Erde« (V.2: vgl. 96,13; 98,9) und zum anderen von der Wortverbindung »Gerechtigkeit und Recht« (V.15), die in den Psalmen 96 97 98 99 als Propria des Königtums JHWHs begegnen. Vor allem ist die in 94,5f formulierte Klage über die Vernichtung der Witwen, Fremden und Waisen vor dem Hintergrund der altorientalischen/altisraelitischen Vorstellung vom König als dem Schützer dieser personae miserabiles zu sehen. Als Klage- und Bittgebet, das angesichts der Bedrohung der Existenz des Gottesvolks durch die Frevler im eigenen Volk und in der Völkerwelt das »Erscheinen« des Gottes der Ahndungen (vgl. Ps 99,8) herbeiruft, gibt Psalm 94 der »geistlichen« Wallfahrt Israels und der Völker zum Tempel als dem Ort, von dem aus JHWH sein Weltenkönigtum ausüben wird, eine unerhörte Dringlichkeit. Das Vertrauensbekenntnis 94,12 zu JHWH, dem Fels, schlägt zugleich den Bogen zurück nach 92,16 und leitet über zum folgenden Psalm 95, der mit der Aufforderung zum Königsjubel vor JHWH, »dem Fels unseres Heils« eröffnet wird.

### 4. Der Höhepunkt der Komposition: Psalm 100

*Psalm 100* ist als Schlußpsalm der Psalmengruppe 93-100 der theologische Höhepunkt der Komposition, in der sich – synchron gelesen – mehrere Strukturen überlagern. Die Psalmen 93-94 bilden die dialektische Eröffnung der Komposition. Psalm 93 gibt das Thema der Komposition an: JHWHs universales Weltkönigtum, das er vom Zion aus durch sein Bundesgesetz ausübt. Psalm 94 kontrastiert diese »hohe« Programmatik mit der gegensätzlichen geschichtlichen Realität, die in Israel selbst, im Verhältnis zwischen Israel und den Völkern, sowie unter den Völkern herrscht. Da dominieren die Frevler, die das Recht beugen, Witwen, Fremde und Waisen umbringen, das Leben der Gerechten vernichten – und dabei sagen: »JHWH sieht es nicht, den Gott Jakobs kümmert es nicht« (94,7). Psalm 94 stellt gewissermaßen sicher, daß sich das Königtum JHWHs im Alltag der kleinen Leute und der Einzelnen ereignen muß. Und zugleich hält er fest, daß die Gottesherrschaft JHWHs bei seinem Volk und Erbteil (94,5.14) beginnen und sichtbar werden muß, wenn die Völker von ihrer weltbefriedenden und weltverwandelnden »Macht« (93,1; 96,4; 99,4) fasziniert und überzeugt werden sollen. *Psalm 95* schließt sich, synchron gelesen, eng an Psalm 94 an. Er macht deutlich, warum die Königsherrschaft JHWHs noch nicht ihre Vollgestalt und insbesondere ihre die Völker verwandelnde Dynamik entfaltet: Weil Israel nicht bundesgemäß (vgl. die Bundesformel in 95,7) lebt und »heute« nicht die Stimme der Tora JHWHs hört. Die kohortativische Selbstaufforderung, mit der Psalm 95 beginnt, ist deshalb die programmatische

Einladung an Israel, die Wege seines Königs JHWH zu gehen – um *so* die Völker zu jener Wallfahrt zum Zion zu motivieren, zu der die Psalmen 96-100 aufrufen. Psalm 95 hat sprachlich die engsten Beziehungen zum Schlußpsalm 100 und bildet mit Psalm 100 zusammen einen Rahmen um die sich an die Völker wendende »imperativische« Gruppe Ps 96-99.

Innerhalb der Gruppe Ps 96-99 bilden die *Psalmen 96-98* eine konzentrische Trias, in deren Mitte der Themapsalm 97 die in den Psalmen 96 und 98 eher schiedlich-friedlich konzipierte Durchsetzung der Gottesherrschaft nun als ein im (Straf-)Gericht sich vollziehendes Geschehen schildert. Die Psalmen 96-98, die, auf der Endtextebene des Psalmenbuchs gelesen, voller Reminiszenzen an den oben in Kapitel IV interpretierten Psalm 33 sind, besingen das »Kommen« JHWHs zu einem Gericht in »Gerechtigkeit« und »Geradheit« als Offenbarung seines Königtums vor allen Völkern. Psalm 99 schließt sich dann szenisch stimmig an, wenn er JHWH nun als Kerubenthroner auf seinem heiligen Berg Zion darstellt.

Nun kann mit *Psalm 100* der szenische und theologische Höhepunkt der ganzen Komposition folgen.[31] Er ruft Israel und die Völker zur *gemeinsamen* Anerkenntnis der Weltherrschaft JHWHs auf. Und dabei wird die in Ps 95,6f genannte Prärogative Israels auf die JHWH anerkennenden (!) Völker ausgeweitet. Auch wenn dies nicht singulär ist (vgl. schon Ps 47,10: »Die Fürsten der Völker sind versammelt *als Volk des Gottes Abrahams*«,[32] aber auch Jes 19,25), so gilt: Psalm 100 bietet eine der spektakulärsten theologischen Aussagen der Hebräischen Bibel, insofern er die Bundesformel nun auch den Völkern als Bekenntnis über ihr »neues« Gottesverhältnis in den Mund legt. Damit kein Mißverständnis bleibt: In diesem Psalm treten »die Völker« nicht an die Stelle Israels, und es werden auch die Differenzen zwischen Israel und den Völkern nicht aufgehoben – die Struktur der Komposition Ps 93-100* hält die Differenzen ja, wie oben skizziert, deutlich fest. Dennoch: Die Komposition entwirft die Vision, daß das »vor den Augen der Völker« offenbar werdende Rettungshandeln JHWHs an Israel die Völker dazu führt, daß sie sich dem »Dienst« Israels unter und an der universalen Gottesherrschaft des Gottes JHWH anschließen.

Diese »Zusammenführung« Israels und der Völker wird in Psalm 100 als Schlußpsalm der Komposition 93-100* dadurch unterstrichen, daß Psalm 100 Elemente sowohl aus dem »Israel-Psalm« 95 als auch aus den »Völker-Psalmen« 96 98 (und aus Psalm 99) wörtlich aufnimmt, wie die folgende Skizze zeigt:

---

[31] Zu Psalm 100 als Höhepunkt der JHWH-Königpsalmen vgl. besonders Howard, *Structure*, 213-215; Lohfink, »Universalisierung«; zur theologischen Relevanz vgl. auch Mays, »Worship«; Brueggemann, »Psalm 100«; McCann, *Introduction*, 64-70.

[32] Zur Interpretation vgl. Zenger, »Gott Abrahams«.

| Psalm 100 | Ps 95 96 98 99 |
|---|---|
| 1a Ein Psalm zum Dank(opfer?) | |
| 1b Jauchzet JHWH zu, alle Erde! | wörtlich: 98,4; vgl. 95,1f, 96,1.9 |
| 2a    Dienet JHWH mit Freude! | Korrelat: JHWH als König |
| 2b    Geht hinein vor sein Angesicht mit Jubel! | vgl. 95,6; 96,4.8 |
| 3a Erkennet: »Ja, JHWH, (nur) er ist Gott; | vgl. 98,2; wörtlich: 95,7 |
| 3b    er hat uns gemacht, wir sind sein: | wörtlich: 95,6.7 |
| 3c    sein Volk und Herde seiner Weide.« | wörtlich: 95,7 |
| 4a Geht hinein in seine Tore mit Dank, | vgl. 96,8; 99,3; 95,2 |
| 4b    in seine Höfe mit Lobpreis! | vgl. 96,4 |
| 4c    Danket ihm, preist seinen Namen: | wörtlich: 96,2; vgl. 99,3 |
| 5a    »Ja, gut ist JHWH | |
| 5b    auf ewig währet seine Güte | vgl. 98,3 |
| 5c    und von Geschlecht zu Geschlecht seine Treue.« | vgl. 96,13; 98,3 |

Die ersten drei Imperative sind eine Aufforderung, JHWH als König huldigend zuzujubeln,[33] ihm als dem König den exklusiven Dienst anzubieten[34] und vor ihm sich einzufinden, um seine Anweisungen entgegenzunehmen.[35] Adressaten dieser Aufforderungen sind nicht, wie die meisten neueren Kommentare meinen, die Israeliten, die aus aller Welt zur Wallfahrt nach Jerusalem gekommen sind und nun sich gegenseitig zum JHWH-Dienst aufrufen.[36] Beachtet man die Bezüge von Psalm 100 zu den Psalmen 93-99 und insbesondere die Tatsache, daß Ps 100,1 wörtlich Ps 98,4a aufnimmt, wo sich der Imperativ vom ganzen Psalm 98 her unbestreitbar an alle auf der ganzen Erde lebenden Völker wendet, legt sich auch für Ps 100,1 nahe: Hier wird durch Israel als Sprecher des Psalms die gesamte Völkerwelt dazu aufgerufen, bei einer großen »Völkerwallfahrt« zum Zion JHWH als ihren König anzunehmen. Von daher schließt Psalm 100 gut an Psalm 99 an, der ja mit dem Inthronisationsruf einsetzte: »JHWH ist König: die Völker sollen erzittern und die Erde soll erbeben!« Was damit eigentlich gemeint ist, entfalten die Aufforderungen von Psalm 100.

---

[33] Zum »Königsjubel« als Reaktion auf die Inthronisation vgl. 1 Sam 10,24; 2 Kön 11,12; auf JHWH übertragen: Ps 47,2f; 98,6.

[34] Zu dieser Bedeutung von עבד את יהוה »JHWH dienen« vgl. Ex 7,26; 8,16; 9,1.13; 10,3; Jos 24,14f.18; Jes 19,23; Mal 3,14.

[35] Zu dieser Bedeutung von בוא לפני »kommen/gehen vor das Angesicht« vgl. 1 Kön 1,28.32.

[36] Noch enger zieht Gunkel, *Psalmen*, 432 den Kreis: die Aufforderung gehe »an alles Land (d.h. prosaisch an alle Bürger des Landes Jahwes, die sich zum Dankfest am Heiligtum zusammengefunden haben).«

Daß diese Aufforderungen als Reaktion auf ein vorgängiges Handeln JHWHs erklingen, unterstreicht der vierte Imperativ, der mit der Erkenntnisformel gestaltet ist. Diese vor allem in der prophetischen (besonders Ezechiel) und priesterlichen (priesterschriftliche Exoduserzählung) Theologie belegte Formel, für die die unumkehrbare Reihenfolge erstens Tat JHWHs, zweitens Erkenntnis von Menschen konstitutiv ist, faßt letztlich den Vorgang zusammen, durch den JHWH sich selbst und das Geheimnis seines Namens in der konkreten Geschichte offenbart: »daran werdet/sollt ihr erkennen, daß ich JHWH euer Gott bin...«[37] Um die (An-)Erkenntnis dieser Selbstoffenbarung JHWHs in der Geschichte Israels vor dem Forum der Völker geht es diesem vierten Imperativ. Was in Ps 95,6f die besondere Würde Israels als Bundesvolk JHWHs beschreibt, wird hier mit entsprechender Abänderung auf alle Völker ausgeweitet: Aus JHWH, dem Gott Israels (95,7: »unser Gott«) wird nun JHWH der Gott schlechthin, der eine Gott aller Völker, der eine Gott aller Völker, die er *geschaffen* hat wie Israel (vgl. 95,6) und die deshalb ihm zu eigen sind wie Israel (vgl. Jes 43,1) – und dies mit einer Würde, die bislang Israel reserviert war: Weil JHWH König aller Völker ist, sind auch die Völker »Volk JHWHs« und »Herde seiner Weide«. Die »Bundesformel« wird im Blick auf die Völker freilich nur schöpfungstheologisch formuliert;[38] andererseits ist es das Bundesvolk Israel, das die Völker

---

[37] Vgl. dazu immer noch grundlegend die beiden Studien von Zimmerli »Erkenntnis Gottes nach dem Buch Ezechiel« und »Das Wort des göttlichen Selbsterweises (Erweiswort), eine prophetische Gattung«.

[38] Nur zwei Beispiele für die im Alten Orient schöpfungstheologisch verwendete Bildrede von den Menschen als Herde der Schöpfergottheiten:
(1) Als im Enuma-Elisch-Epos die Götterversammlung dem Schöpfergott Marduk das Königtum über den gesamten Kosmos überträgt, sagt der Sprecher der Götterversammlung:
»Überragend sei seine Herrschaft, keinen Rivalen möge er bekommen. Er übe das Hirtenamt aus über die Schwarzköpfigen, seine Geschöpfe« (Ee VI,106f).
(2) In der ägyptischen »Lehre für Merikare« heißt es als Antwort auf die Klage angesichts katastrophischer Erfahrungen:
»Wohl versorgt sind die Menschen, das Kleinvieh Gottes.
Er hat für sie das Untier des Chaos beseitigt.«
Für unseren Psalm 100 besonders wichtig ist die Metaphorik vom Schamasch, dem Gott des Rechts, der in seiner Recht schaffenden Lichtmächtigkeit als Hirte besungen wird:
»Die Menschen der Länder insgesamt betreust du;
was immer Ea, der König, der Regent hervorbringen ließ,
ist überall dir übergeben.
Die den Lebensodem haben, die weidest du allzumal;
du bist ihr Hirt, seien sie droben oder drunten.
Du durchmißt die Himmelsbahn ständig immer wieder,
gehst über die weite Erde einher Tag für Tag.
Den Weg über Meer (und) Gebirge, die Erde
gehst du wie ... ständig entlang Tag für Tag.
Was dort unten dem Fürsten Kusu, den Anunnaku zugehört,
betreust du;

zur Partizipation am Bundesverhältnis einlädt.

Die theologische Brisanz der in Ps 100,3 formulierten Erkenntnis, zu der Israel »die Völker« führen soll, geht erst richtig auf, wenn gesehen wird, daß Ps 100,3 gezielt auf die thematisch zusammengehörende Psalmengruppe 46-48 anspielt.[39] In Psalm 46 bekennt Israel seine Überzeugung, daß JHWH sich als Quelle des Lebens nicht im Krieg erweist, sondern gerade durch die Ausschaltung des Kriegs als Mittel der Politik, und fordert die Völker der Welt auf: »Geht, schaut die Werke JHWHs: Er ist es, der den Kriegen ein Ende macht bis an den Rand der Erde« (46,9f). Und der Psalm gipfelt in der als Gottesrede gestalteten Einladung an die Völker: »Laßt ab (von eurer Macht- und Kriegspolitik) und erkennt: Gott bin (nur) ich!« (46,11).[40] Diese Gottesrede wird in Ps 100,3 zitiert und den Völkern in den Mund gelegt: »Ja, JHWH, (nur) er ist Gott!« Psalm 47 zeichnet dann die Vision, daß die Repräsentanten der Völker diese Einladung hören und zur Königshuldigung kommen: »Die Fürsten der Völker sind versammelt als Volk des Gottes Abrahams. Ja, (diesem) Gott gehören die Schilde (d.h. die Regierenden) der Erde« (47,10). Wie nach der Tradition einst Abraham sich von den falschen Göttern seiner Väter trennte, so sagen die Völker sich von ihren bisherigen Göttern los, um »Volk des Königsgottes JHWH« zu werden, denn »ihm gehören sie«.[41] Auf diese Vision von Psalm 47 spielt in Ps 100,3 das Bekenntnis an: »ihm gehören wir, sein Volk sind wir«. Psalm 48 schließlich feiert JHWH als den auf dem Zion thronenden Königsgott, dessen »Gerechtigkeit« in seiner »Güte« besteht (Ps 48,10-12) und den sich die Könige und Völker als ihren königlichen Hirten erwählen: »Auch unser Gott soll er auf ewig und immer sein. Er ist es, der uns als Hirte leiten soll« (48,15).[42] Diese Perspektive klingt in Psalm 100 sowohl in dem Redeelement »und Herde seiner Weide sind wir« (100,3) wie auch in dem Lobspruch 100,5: »auf ewig währt seine Güte!« an. Die Anspielungen von Psalm 100 auf die drei Psalmen 46-48, die JHWH

---

die Oberwelt aller Wohnstätten hältst du in Ordnung.
Der Hirt der unteren Welt, der Hüter der Oberwelt,
der das Licht der ganzen Welt wahrt, Schamasch, bist du!«

[39] Vgl. zur folgenden Deutung der Psalmengruppe 46-48 meine Auslegung in Hossfeld/Zenger, *Psalmen I*, 284-299.

[40] Vgl. zur Deutung der völkerbezogenen Deutung der Anrede in Ps 46,9-11 schon Lohfink, »Der den Kriegen einen Sabbat bereitet.«

[41] Vgl. zur Absage von den falschen Göttern als Voraussetzung der Völkerwallfahrt die Ausführungen oben Kap. III zu Psalm 25.

[42] Die Aufforderung in Ps 48,13-15 zielt nicht, wie meist ausgelegt wird, auf eine kultische Prozession der Ziongemeinde oder eine Inspektion der Mauern auf eventuelle Schäden durch die Bewohner Jerusalems, sondern sie wendet sich — analog der Sprachstruktur der verwandten Nachbarpsalmen — an die Könige, JHWH als den in der Zionstadt gegenwärtigen Gott, den sie »sahen« und vor dem sie »erstarrten« (vgl. Ps 48,6), anzunehmen.

als »Friedenskönig«[43] feiern, ahmen sogar die Reihenfolge dieser Psalmen nach, so daß es keine Frage ist: Mit Psalm 100 wird die Vision entworfen, nach der das Reich Gottes als universales Reich des Friedens und der Gerechtigkeit dadurch Wirklichkeit wird, daß »die Erde erfüllt ist von der Anerkenntnis JHWHs, so wie das Meer mit Wasser angefüllt ist« (Jes 11,9).

Angesichts dieser Vision einer friedlichen Völkerhuldigung vor JHWH steigert die zweite Strophe von Psalm 100 sogar noch. Mit den drei Imperativen von V.4 werden die Völker eingeladen, wie die Israeliten, ja wie die Priester Israels die Tore der Mauern um den Tempelbezirk zu durchschreiten und in den Höfen des Tempelbezirks die traditionellen Lobgesänge auf JHWH[44] und die Dank- und Preisgebete (»die Segnungen«) auf seinen Namen (vgl. Ps 99,3.6-8) mitzusingen (vgl. Ps 117[45]). V.5 faßt diese Loblieder in einem hymnischen Bekenntnis zusammen, das offensichtlich aus damals oft verwendetem liturgischen Formelgut[46] besteht. Daß JHWH »gut« ist (vgl. auch das Jesuswort Mk 10,18), ist die zentrale Aussage, mit der die Rettungserfahrungen des Volkes Israel (vgl. Ps 106; 136) und der einzelnen (vgl. Ps 107; 119) beantwortet werden. Und daß dieses Gut-Sein JHWHs in seiner חסד (»Güte«) wurzelt, die verläßlich und treu ist – und zwar solange die Geschichte währt (»auf ewig und von Geschlecht zu Geschlecht«), wurde, wie die Psalmen 96 98 99 betonen, gerade in der gnädigen Zuwendung JHWHs zum »leidenden Knecht« Israel offenbar. Daß er sein Bundesvolk im und aus dem Gericht gerettet hat und rettet, gründet in seinem Gott-Sein, das in seinem Namen JHWH und in der am Sinai gegebenen Auslegung dieses Namens verkündet wird: »JHWH ging (an Mose) vorüber und rief: JHWH ist ein barmherziger und gnädiger Gott, langmütig und voller Güte und Treue« (Ex 34,6). Mit dem Bekenntnis von V.5, das sie mit Israel zusammen sprechen sollen, erkennen die Völker also nicht nur JHWH als ihren König an (vgl. Ps 100,5 als Aufnahme von Ps 96,13; 98,3), sondern übernehmen zugleich das Grundprinzip der Rechtsordnung JHWHs, das Israel »den Völkern und Königreichen« verkünden soll, wenn diese als »Gottesfürchtige« (vgl. Ps 102,16) sich in Zion »versammeln« (Ps 102,23), um auszuführen, wozu sie Ps 100,2 auffordert: »JHWH zu dienen« (vgl. Ps 102,23).

---

[43] Vgl. die Bezüge zwischen 46,9f und 48,5-8, aber auch die keineswegs militaristisch gemeinte Aussage 47,4.

[44] Vgl. vor allem Ps 96,2.8; 116,17-19; 134,2; 135,19.

[45] Ps 117,2 ist inklusiv gemeint: JHWHs Güte und Treue waltet machtvoll »über uns«, d.h. über Israel *und* die Völker. Das ist gegen die meisten Ausleger festzuhalten, auch gegen Mathys, *Dichter*, 292-297. Daß Psalm 117 gerade in »völkertheologischer«Absicht für das Hallel 113-118 geschaffen wurde, zeigt die Münsteraner Dissertation Schröten, *Psalm 118 im Kontext des Hallel*.

[46] Vgl. Jer 33,11; 1 Chr 16,34; 2 Chr 5,13; 7,3; Esr 3,11.

## IV. Die abschließende Psalmengruppe 101-106

Die auf die JHWH-König-Psalmen 93-100 folgenden sechs Psalmen sind jeweils paarweise zusammengeordnet. Sie bilden zugleich eine kompositionelle Einheit, die sich zusammen mit der Teilkomposition Ps 90-92 als deutender Rahmen um die JHWH-König-Psalmen als Zentrum des 4. Psalmenbuchs legt.

### 1. Das Psalmenpaar 101 und 102

Die Psalmen 101 und 102 haben von der Redaktion die Überschrift »Von/für David« (101) und »Bittgebet von einem/für einen Armen, wenn er... vor JHWH seine Sorge/Klage ausschüttet« (102) erhalten. Die Überschrift in 102 inspiriert sich am davidischen Psalm 142,3. Das spricht dafür, auch Psalm 102 als »davidischen« Psalm zu lesen, zumal die Erweiterung von Psalm 102, durch die der Psalm in die Komposition 101-106 bzw. in das 4. Buch überhaupt eingebunden wurde, mit V.2bβ (»verbirg dein Angesicht nicht vor mir«) auf die »Davidklage« Ps 89,47 und mit V.24 (»er hat meine Tage verkürzt«) auf Ps 89,46 zurückgreift.[47] Beiden Psalmen ist die Sorge des »davidischen/königlichen« Beters um »die Stadt JHWHs« (101,8) und um »Zion/Jerusalem« (102,14.15.17.22) gemeinsam. Beide Psalmen fügen sich in den von den Psalmen 93-100 entworfenen Horizont ein.

*Psalm 101* inspiriert sich am Vorgang/Schema der Einzugsliturgie.[48] Von daher schließt er gut an Psalm 100 an, wo die Völker aufgefordert werden, »die Tore« des JHWH-Heiligtums zu betreten, um dort JHWH als dem Gott von Güte und Recht zu begegnen. Genau dieses »Programm« verkündet der davidische/königliche Beter in Psalm 101. Szenisch gelesen steht er gewissermaßen an den Toren des Heiligtums und formuliert die Einlaßbedingungen. Mehr noch: Dieser König präsentiert sich als ein Mann, der Recht und Gerechtigkeit mit Gewalt durchsetzen und Jerusalem als »Stadt JHWHs« erhalten will, indem er alle Übeltäter ausrottet.

*Psalm 102* ist dazu in mehrfacher Hinsicht ein Kontrast.[49] Der »königliche« Beter dieses Psalms ist nicht der gewalttätige Kämpfer für Recht und Gerechtigkeit, sondern trägt Züge des leidenden Gottesknechts des Jesajabuchs. Zion/Jerusalem ist zerstört und ihre Bewohner sind verschleppt und in Gefangenschaft. Die »Erneuerung« hängt nun nicht an der machtvollen Durchsetzung von Recht und Gerechtig-

---

[47] Zu Psalm 89 als Schlußpsalm des »messianischen Psalters« 2-89 vgl. das vorangehende Kapitel; zur These, daß das 4. Psalmenbuch insgesamt als theokratische Fortführung des »messianischen Psalters« konzipiert ist, vgl. oben S. 151-154.

[48] Vgl. zu dieser Sicht schon (mit freilich anderer Akzentuierung) Steingrimsson, *Tor der Gerechtigkeit*, 138f; Millard, *Komposition*, 147.

[49] Gut herausgearbeitet von Brunert, *Psalm 102*.

keit, sondern am Erbarmen und an der Gnade des Weltkönigs JHWH, der die Klage- und Hilfeschreie »des armen Königs« hört und in der Zuwendung zum verachteten, verspotteten und dem Zorngericht JHWHs verfallenen Israel das Grundprinzip seines Rechts offenbart: daß er dem Schwachen zum Recht verhilft, daß er Gefangenen Freiheit und Todgeweihten Leben schenkt (102,21). *Dies* sind gewissermaßen die »Einlaßbedingungen« in das Heiligtum des Zion- und Weltkönigs JHWH. Wenn diese »Wiederherstellung« Zions aus Gnaden geschieht, wird die in Ps 93-100 eschatologisch geschaute Völkerwallfahrt in Gang gesetzt, wie die Redaktion durch ihre Erweiterung von Psalm 102 mit vielfältigem Rückgriff auf Ps 93-100, aber auch in Aufnahme von Jes 65-66 ankündigt (s.o.).

## 2. *Das Psalmenpaar 103 und 104*

Die Psalmen 103 und 104, die sich anschließen, sind von der Überschrift in Psalm 103 her zunächst (redaktionell) als »Davidpsalm« die Fortsetzung von Ps 101-102. Er vertieft das in Psalm 102 anklingende Thema vom Erbarmen JHWHs als der Grundkraft seiner Königsherrschaft. Mit Psalm 104 ist er so vielfältig verwoben, daß man beide Psalmen geradezu als »Zwillingspsalmen« lesen kann. Auch der Midrasch Tehillim betrachtet Psalm 103 und Psalm 104 als übergreifende Komposition, wenn er die in beiden Psalmen zusammen fünfmal vorkommende Aufforderung »Lobe, meine Seele, JHWH« (103,1.2.22; 104,1.35) ausdrücklich mit den fünf Büchern der Tora vergleicht.[50] In der Tat sind die Aufforderungen in Ps 103,22 und in Ps 104,1.35 redaktionelle Hinzufügungen, durch die die beiden Psalmen zu einer kompositionellen Einheit verklammert werden sollen.[51] Beide Psalmen sind an ihren »Nahtstellen« motivlich miteinander verzahnt. Psalm 103 schließt in 103,19-22 mit dem Bild von JHWH, der im Himmel seinen Königsthron errichtet hat und dort umgeben ist von »seinen Boten« und von »seinen Dienern« (מְשָׁרְתָיו). Mit eben diesem Bild setzt dann Ps 104,2-4 erneut ein, wobei es kein Zufall sein dürfte, daß »die Diener« JHWHs nur in diesen beiden Psalmen im

---

[50] Außerdem ordnet der Midrasch diese fünf Aufforderungen zu einer zusammenhängenden mystischen Biographie Davids: Als David im Mutterschoß war, sprach er Ps 103,1; als er geboren wurde, betete er Ps 103,2; als er in seinem Leben viel unterwegs war, sprach er Ps 103,22; als er starb und die Herrlichkeit Gottes sah, sprach er Ps 104,1; bei der eschatologischen Vollendung wird er Ps 104,35 ausrufen.

[51] Die Aufforderung ist in 103,1f »substantiell« mit dem »Aufgesang« V.1-5 verbunden; »hier entfaltet sich aus ihr heraus der ganze Psalm«, wie Crüsemann, *Studien*, 302 richtig feststellt. In 103,22; 104,1.35 ist sie nachträgliche Rahmung bzw. redaktionelle Verklammerung.

Psalmenbuch überhaupt vorkommen. Auch das sekundäre[52] Kolon Ps 104,29b (»und zu ihrem Staub kehren sie zurück«) schlägt den Bogen nach Ps 103,14b (»er ist eingedenk, daß wir Staub sind«). Wichtige Stichwortverbindungen zwischen beiden Psalmen, die möglicherweise auch erst redaktionell geschaffen wurden,[53] sind die Motive von der »Sättigung mit Gutem« (Ps 103,5; 104,28) und von der »Erneuerung« des Lebens durch JHWH (Ps 103,5; 104,30). Schließlich sind beide Psalmen durch die Bezeichnung »Werke JHWHs« (מעשׂים) für die Schöpfung miteinander verbunden (Ps 103,22; 104,24). Beide Psalmen besingen JHWHs Königswirken und fügen sich so in den Horizont von Ps 93-100 ein: Psalm 103 fordert, wie unsere thematische Interpretation unten erläutern wird, zum Lobpreis der Güte und des Erbarmens JHWHs auf, die er seinem Volk im Sinaibund als einem »Bund zur Vergebung der Sünden« zugesagt hat; Psalm 104 fordert zum Lobpreis seiner Güte auf, mit der er die ganze Schöpfung durchwaltet und belebt. Im Zusammenhang mit Ps 93-100 ist bedeutsam, daß in Psalm 103 die »Rechtsordnung« des Weltkönigs JHWH ausdrücklich als Rettung der Bedrückten und Verachteten charakterisiert (Ps 103,6) wird. Als »Offenbarungsort« *dieser* Rechtsordnung wird in Ps 103-104 die Bundesgeschichte JHWHs mit seinem Volk geschildert. Genau daran knüpft das Psalmenpaar 105-106 an und vermittelt sie mit der leidvollen Gegenwart des »kleinen« Israel, das dennoch auf die Verheißung des Bundesgottes setzen darf – und darauf, daß sich die in den Psalmen 90-106 insgesamt entworfene Vision vom universalen Königtum JHWHs, das Israel und die Völker friedlich zusammenführen wird, verwirklichen wird.

## 3. Die Zwillingspsalmen 105 und 106

Daß die Psalmen 105 und 106 »Zwillingspsalmen« sind, die »nicht einfach zufällig oder auch nur in einer äußerlichen Stichwortassoziation nebeneinander stehen, sondern daß der Redaktor, der sie nebeneinanderordnete, eine Doppelaussage, die in ihrer Verbundenheit gehört werden will, beabsichtigte«, hat schon W.Zimmerli 1972 betont.[54] Beide Psalmen, die insbesondere an ihren »Nahtstellen« auch se-

---

[52] 104,29b ist drittes Kolon. Es weicht stilistisch so offenkundig von dem V.28-30 jeweils in gleicher Weise prägenden Konditionalgefüge Protasis PK 2 Sg sowie asyndetisch angeschlossener Apodosis PK 3 Pl ab, daß der Zusatzcharakter höchst wahrscheinlich ist.

[53] Die Stichwörter sitzen fest im Kontext von Psalm 104; in Psalm 103 könnten sie, insofern V.4 bereits eine Klimax ist (Tod – Leben), eine die Komposition betonende »Fortschreibung« sein, zumal das Motiv »Sättigung mit Gutem« auch in Ps 91,16; 105,40 wichtig ist.

[54] Zimmerli, »Zwillingspsalmen«, 109.

mantische Querverbindungen haben,[55] sind »Geschichtspsalmen«, die die kanoni-
sche Ursprungsgeschichte Israels erzählen. Auch wenn sich der erzählte Geschichts-
bogen teilweise überschneidet, ist die Reihenfolge der beiden Psalmen in der
Abfolge 105-106 zunächst insofern »stimmig«, als Psalm 106 nur knapp den in
Psalm 105 erzählten Geschichtsbogen anfangs rekapituliert, um dann die Zeit des
Exodus, der Wüstenwanderung und insbesondere der Landnahme als eine Zeit der
Sünde und der Treulosigkeit darzustellen. Beide Psalmen stellen die Geschichte
Israels als »Bundesgeschichte« dar, wobei sich die Wirklichkeit des Bundes einmal
darin erweist, daß JHWH seines heiligen Bundeswortes an *Abraham* gedenkt und
Israel aus der Sklaverei Ägyptens heraus- und in »die Länder der Völker« hinein-
führt (vgl. Ps 105,8-10.42-44). Zum anderen erweist sich die Wirklichkeit des
Bundes darin, daß der Bundesgott inmitten seines (berechtigten) Zorns ob der
Sünden seines Volks, nicht zuletzt wegen der Fürbitte des *Mose* (106,23; vgl. dazu
oben zu Psalm 90!) »seines Bundes gedenkt« und sich seines Volks »gemäß der
Fülle seiner Güte erbarmt und es Erbarmen erfahren läßt« (vgl. Ps 106,45f).[56]
Beide Geschichtserzählungen sind von ihrer jeweiligen Eröffnung (Aufforderung
zum Lobpreis: Ps 105,1-6; Ps 106,1-5), aber auch von dem Abschlußsatz der
Komposition (Ps 106,47b) her letztendlich ein Lobpreis der Bundestreue JHWHs im
Angesicht von Bedrückung durch Feinde (Ps 105) und unter der Last der eigenen
Sünde (Ps 106). Der Redaktor, der die beiden Psalmen nebeneinander und an den
Schluß des 4. Psalmenbuchs gestellt hat, will hier »zum Ausdruck bringen, daß im
Lobpreis Gottes die beiden Aussagen zutiefst zusammengehören: Das Rühmen der
unerschütterlichen Bundestreue Jahwes und das offene Bekenntnis der Sündigkeit
der Geschichte des Gottesvolks, in welcher sich auch dessen einzelnes Glied mit-
befaßt weiß. Diese Sündigkeit führt in eine Tiefe, über welche nur das Wunder der
Treue Gottes gegenüber seinem Bundesversprechen Rettung schaffen kann. Das eine
will nicht ohne das andere gehört sein... Über beidem aber geschieht das Rühmen
Gottes, zu dem Israel sich gerufen weiß.«[57] Beide Psalmen spiegeln als Schlußpsal-
men des 4. Psalmenbuchs die katastrophische Situation des Exils und die in der Zeit
der Formierung des 4. Psalmenbuchs nach dem Zusammenbruch des Alexanderreichs erneut für Israel aufgebrochene Situation der Gefährdung wider. Und mehr
noch: Diese katastrophische Situation Israels scheint das Kommen des universalen
Gottesreichs JHWHs, das ja nach Ps 93-100 (und auch den anderen in dieser Studie
behandelten Texten des Psalmenbuchs und des Jesajabuchs) sehr eng mit dem Ge-

---

[55] זכר »gedenken«: 105,42; 106,4; עם יהוה »Volk JHWHs«: 105,43; 106,4; בחירי יהוה »die Erwählten JHWHs«: 105,43; 106,5; שמר »beobachten, bewahren«: 105,45; 106,3; halleluja: 105,45;
106,1.

[56] Kontrastierend dazu sieht Ps 106,6f die Sünde Israels gerade darin, daß sie »nicht der Fülle
seiner Güte gedacht hatten«.

[57] Zimmerli, »Zwillingspsalmen«, 111.

schick Israels verbunden ist, geradezu definitiv auszuschließen. Dem widersprechen die beiden Psalmen 105 und 106 als Abschluß des 4. Psalmenbuchs, insofern sie massiv die Verheißungen an Abraham und den Mosebund beschwören. Darin schlagen sie den Bogen an den Anfang des 4. Psalmenbuchs zurück:»Als Zuflucht hast du dich uns erwiesen von Geschlecht zu Geschlecht« (Ps 90,1).

## 4. Psalm 103

Für die unsere Studie leitende Fragestellung, wie das Verhältnis Israel-Völker biblisch gesehen wird, ist innerhalb der Psalmengruppe 101-106 der 103. Psalm insofern aufschlußreich, als er die bereits in Psalm 100 anklingende Israel und die Völker zusammenbindende Bundesperspektive weiter auszieht.

*Psalm 103*[58] ist ein Lobpreis auf den Gott des Sinaibundes. Die vieldiskutierte Frage, ob der Psalm Danklied für erfahrene Rettung oder Hymnus ist, läßt sich sowohl vom »Aufgesang« (103,1-5)[59] wie vom Hauptteil (103,6-18)[60], aber auch von der formalen Verwandtschaft mit dem benachbarten Schöpfungshymnus Psalm 104[61] her dahingehend entscheiden, daß der Psalm ein Hymnus ist, der JHWHs »heiligen Namen« (103,1) preisen will, gemäß der nach Ex 33-34 dem Mose und Israel am Sinai zuteil gewordenen Offenbarung. Der Psalm spielt mehrfach auf Ex

---

[58] Vgl. zu diesem Psalm, außer den Kommentaren, besonders: Crüsemann, *Studien*, 302-304; Seybold, *Das Gebet*, 142-146; Spieckermann, »Barmherzig und gnädig«; zum Einfluß von Psalm 103 auf die Jesusüberlieferung und auf die »Achtzehn-Bitten« vgl. Betz, »Jesu Lieblingspsalm«.

[59] Die Aufforderung an die eigene Seele, die in V.1-2 ergeht, reicht syntaktisch bis einschließlich V.5: die partizipiale Reihung V.3-5a schließt sich eng an das Tetragramm von V.1-2 an; die Reihe ist durch das archaisierende Feminin-Suffix auf »die Seele« rückbezogen, auch V.5b gehört syntaktisch noch dazu, das Kolon markiert durch den Wechsel von Partizip zu PK den strukturellen Abschluß des Aufgesangs, zumal ab V.6 der Rückbezug auf »die Seele« fehlt und das hymnische Partizip ohne Artikel steht.

[60] In diesem Teil überlagern sich Aussagen im Wir-Stil und Aussagen über die Gruppe der »JHWH-Fürchtenden«; durch diese pluralische Perspektive hebt sich V.6-18 deutlich von V.1-5 ab. Der Teil ist durch drei Stichwortbeziehungengerahmt: עשה »tun, wirken« (6a.18b), צדקה »Gerechtig-keit« (6a.17b), בנים »Söhne, Kinder« (7b.17b). Mit V.19 beginnt der »Abgesang«. Er fordert den ganzen himmlischen Hofstaat und alle Werke der Schöpfung zum Lobpreis JHWHs auf (V.19-22); dabei bilden V.19b und V.22aβ eine inclusio.

[61] Psalm 104 ist ein »Schöpfungshymnus« mit »Aufgesang« (V.1-2a), hymnischem Hauptteil, der sowohl JHWHs Schöpferhandeln »am Anfang« als auch seine bleibende Zuwendung zur Schöpfung preist (V.2b-30), und »Abgesang« (V.31-35). Analog ist Psalm 103 ein »Geschichtshymnus«, der in seinem Hauptteil ebenfalls JHWHs »uranfängliches« Geschichtshandeln am Sinai (V.7 und V.11-13 sind Vergangenheitsformen: »er ließ erkennen«, »seine Güte war stark«, »er entfernte«, »er erbarmte sich«) und seine bleibende, in diesem Geschichtshandeln offenbar gewordene Zuwendung zur Geschichte Israels (und der Völker, s.u.) besingt. Beide Psalmen sind von daher keine individuellen Danklieder.

33-34 an, wobei dem Verfasser des Psalms schon die Endgestalt von Ex 33-34 vorgelegen haben dürfte. Vor allem der Hauptteil des Psalms bietet eine Exegese von Ex 33-34, die den Sinaibund als »Bund der Erneuerung« vorstellt, so wie dies auf der Ebene des Endtextes mit der Abfolge Ex 34,9 (Bitte um Sündenvergebung) und Ex 34,10 (Bundeszusage als Antwort auf diese Bitte) entwickelt ist.[62] Der Hauptteil Ps 103,6-18 wird in V.6 mit einer generalisierenden hymnischen Prädikation eröffnet, die JHWHs Parteinahme als »Gerechtigkeitserweise« für alle Unterdrückten – gewissermaßen als »Summe« des Heilshandelns JHWHs nicht nur an Israel als Ganzem, sondern an Gruppen und Individuen – festhält. V.7-10f spielt dann auf die in Ex 33,13 formulierte Bitte des Mose »Laß mich erkennen deine Wege« und die in Ex 34,6f erzählte Erfüllung dieser Bitte (JHWH zieht an Mose vorüber und erläutert ihm so buchstäblich »seine Wege«, wobei er selbst seinen Namen ausruft und diesen durch eine Reihe antithetisch gegliederter hymnischer Prädikationen expliziert) und ihre Realisierung in Ex 34,9f (JHWH verwirklicht seinen »Namen« durch Sündenvergebung und Bundeserneuerung) an. Gegenüber Ex 34 werden dabei deutlich neue Akzente gesetzt, die sich aus der prophetischen Theologie inspirieren lassen:[63] Was schon im Aufgesang mit Anspielung auf Ex 34,9 pointiert verkündet wird, nämlich daß JHWH »alle (!) Schuld vergibt« (V.3), wird nun in V.8-10 reflektiert entfaltet, indem aus Ex 34,6f nur »die Gnadenformel« zitiert wird, während der Aspekt des strafenden Gottes in viermaliger (!) Bestreitung zurückgenommen wird. Diese »neue« Sinai-Theologie wird sodann in den beiden je sechszeiligen Unterabschnitten V.11-13 und V.14-16 ausführlich begründet, zum einen mit dem Hinweis auf JHWHs Wesen, das zutiefst »Güte« und »Barmherzigkeit«,[64] und zum anderen mit dem Hinweis auf das Wesen der Men-

---

[62] Die drei Phasen des in Ex 19-34 erzählten Bundesgeschehens, nämlich Bundesschluß auf der Basis des Dekalogs (Ex 19-24) – Bundesbruch (Ex 32) – Bundeserneuerung (Ex 33-34) werden in Ex 34,9f präzise auf die Dialektik von Sündenvergebung (34,9) und daraus entspringender Bundeserneuerung (Ex 34,10) mit erneuter Gottesrecht-Proklamation (Ex 34,10-26) enggeführt. Auch wenn in Ex 34 der Begriff »neuer Bund« nicht verwendet wird, ist die Geschichte Israels, die in Ex 34,10 verheißen wird, nur als Geschichte im Horizont des am Sinai »erneuerten« Bundes zu sehen. Wie Jer 31,31-34 zeigt, ist »neuer« Bund eine durch und durch »alttestamentliche« Kategorie. Von seinem innersten Wesen her ist der Gottesbund als Geschenk des barmherzigen Gottes immer schon auf Erneuerung angelegt, wie sich auch von Jes 54,7-10; 61,4-9 her entwickeln ließe. Zur Thematik vgl. besonders Zenger, *Das Erste Testament*, 108-119; Dohmen, »Sinaibund«.

[63] Vgl. zu V.6b: Jer 50,33; V.7: Jes 57,16; V.11: Jes 55,7-9; V.12: Mi 7,19; V.13: Jes 49,15; 63,16; Jer 31,9.20; Hos 2,6; 11,1.3.4.

[64] V.11-13 ist eine Komposition aus drei Vergleichen. Die äußeren beiden (V.11.13) sind durch die Wendung »über die JHWH-Fürchtenden« aufeinander bezogen; sie explizieren die beiden »Themaworte« חסד ורחמים »Güte und Erbarmen« (vgl. V.4b.8). In der Mitte dieser Komposition steht die Aussage über die Sündenvergebung; auf ihr liegt der Ton.

schen, das zutiefst von Vergänglichkeit bestimmt ist.[65] V.17f faßt dann die im Hauptteil verkündeten Gottesprädikationen zusammen, wobei nun auch die wichtige Kategorie ברית (»Bund«) begegnet, die hier freilich, wie das im Parallelismus gebrauchte Nomen פקדים (»Gebote«) sowie das mit ברית verbundene Verbum שמר (»beobachten, bewahren«) zeigt, fast zum Synonym für die Tora geworden ist. Das entspricht durchaus der auch in Jeremia 31 entfalteten Theologie vom »neuen Bund«, dessen Mitte die Tora ist.[66]

Im Zusammenhang der Komposition des 4. Psalmenbuchs stellt sich nun die Frage, ob die in Psalm 103 dreimal genannten Adressaten der Güte und Barmherzigkeit des Sinaigottes, nämlich »die JHWH-Fürchtenden« (V.11.13.17), nur im Kreis der in 103,7 genannten »Kinder Israels« zu suchen oder ob in der Perspektive der kanonischen Lektüre auch »die Völker« anvisiert sind. Daß die in Psalm 103 verkündete »Sinai-Theologie« auch den Völkern gilt, wird m.E. durch zwei Beobachtungen nahegelegt:

(a) Die in Ps 100,4 an die Völker ergehende Aufforderung zum Lob »des Namens JHWH« zielt auf das »Wesen« JHWHs, wie es in Psalm 103 mit Rückgriff auf Ex 33-34 gepriesen wird. Die Lobaufforderungen in Ps 100,4 und in Ps 103,1 verwenden auch beidemale das gleiche Verbum ברך »segnen/preisen«.

(b) Die in Ps 102,16.22f geschilderte Völkerwallfahrt zum erneuerten Zion, die ausgelöst ist durch ein der Gnadenformel Ex 34,6 entsprechendes Handeln JHWHs, ist Ausdruck von Furcht des Namens JHWHs (V.16), also jener Haltung, die in Ps 103,11.13.17 »die Güte« und »das Erbarmen« des Sinaigottes auf sich zieht.


## 5. Die Vision der Psalmenkomposition 90-106

Von der programmatischen Komposition des 4. Psalmenbuchs her ergibt sich für das Verhältnis Israel – Völker demnach die faszinierende Vision: Das von Urzeit her gegründete Königtum JHWHs über die Schöpfung hat sich den Zion erwählt, um hier einerseits inmitten seines Volkes Israel als der gnädige und barmherzige Sinaigott צדקות (»Heilstaten«) zu wirken und um andererseits vom Zion aus die Völker, fasziniert von der an Israel ablesbaren Güte des Sinaigottes, in seinen Bund des Friedens »hineinzulocken« und sie aus der Israel und den Völkern gemeinsamen »Gotteswahrheit« friedlich neben- und miteinander leben zu lassen: »Ja, JHWH, nur er ist Gott. Er hat uns gemacht, ihm gehören wir: sein Volk und Herde seiner Weide!« (Ps 100,3).

---

[65] Auch dieser Abschnitt hat wieder eine Rahmung; diesmal durch die beiden כי-Sätze V.14 und V.16; der Abschnitt inspiriert sich an Jes 40,6-8 bzw. an Ps 90,5f.

[66] Vgl. Jer 31,33; Dtn 30,1-10 sowie vor allem den oben in Kap. III behandelten Psalm 25, mit dem Psalm 103 auffallend viele semantische und motivliche Gemeinsamkeiten aufweist (vgl. besonders 103,3 mit 25,11; 103,7 mit 25,4; 103,8 mit 25,7; 103,17f mit 25,10.14).

Das 4. Psalmenbuch hält an dieser Utopie der universalen Königsherrschaft fest – gegen alle katastrophischen Erfahrungen in der Geschichte Israels (Ps 102.105-106) und gegen alle Vergänglichkeits- und Todeserfahrungen (Ps 90.102). Die Vision von JHWHs Königtum wird im 4. Psalmenbuch, kompositionell angezeigt, unter die Autorität der beiden großen Gründungsgestalten Israels gestellt: Mose (Ps 90-92) und David (Ps 101-106). Ihr Gebet ist das theologische Feuer, das die in Ps 93-100 entworfene Vision von einer neuen Welt – allen Zweifeln zum Trotz – am Leben hält.

# VII.
## Theologische Relevanz:
## Die Dramatik der Bundesgeschichte

Bei unserer weitgehend synchronen Lektüre des Jesajabuchs und der Psalmen sind wir methodisch auf dem »neutralen« Feld der Hebräischen Bibel geblieben. Wir haben sie also weder als Tanach im Horizont des nachbiblischen oder gar des heutigen Judentums gelesen noch haben wir sie in den Kanon der christlichen Bibel gestellt, also als unser Erstes (Altes) Testament interpretiert. Dies wäre nötig, hilfreich und spannend zugleich gewesen – gerade im Blick auf die im ersten Kapitel unseres Buches skizzierte Fragestellung, die uns beide seit Jahren beschäftigt. Daß wir die Sichtweise der Hebräischen Bibel im historischen Moment ihrer Kanonisierung nachzeichnen wollten, hat einen angebbaren Grund. Wir wollen an den Prolegomena arbeiten, auf die sich Juden und Christen verständigen könnten, ehe das notwendige Streitgespräch über die christlichen, jüdischen und gemeinsamen Konsequenzen aus diesem »Befund« geführt werden kann. Wir müssen dahin kommen, daß es geführt wird.

In diesem kurzen Schlußkapitel wollen wir aber wenigstens ansatzweise aus dezidiert christlicher Sicht einige Konsequenzen für eine erneuerte Sicht des jüdisch-christlichen Verhältnisses andeuten. Ausgangspunkt sind die exegetischen Einsichten unserer Analysen:

(1) »Bund« bezeichnet in der Hebräischen Bibel das Verhältnis JHWH-Israel nicht als eine statische Gegebenheit, sondern als ein dynamisches Geschehen. »Bund« evoziert die wechselvolle Geschichte Gottes mit seinem Volk Israel. Zwar ist in unterschiedlichen Kontexten und Zeitepochen von einem Bund die Rede. Auch gibt es unterschiedliche Konzepte von »Bund«, und sie stehen in unterschiedlichen Aussagesystemen. Trotzdem ist aber auch eine »kanonische« Rede vom Bund legitim. In ihr handelt es sich dann nicht um mehrere »Bünde«, sondern um Ausfaltungen und Aktualisierungen des einen, immer wieder neu werdenden (d.h. von JHWH erneuerten) Bundes vom Sinai. Deshalb ist Bund eine den Kanon umgreifende, »offene« Kategorie.

(2) Dieser »Bund« ist eine Prärogative Israels. Er gründet in der Erwählung des Volkes Israel durch Gott. Erwählung bedeutet aber zugleich Indienstnahme Israels durch seinen Gott – und das von Anfang an im Blick auf die Völkerwelt. Die Indienstnahme hat die Gestalt der Tora. Der Bezug auf die Völkerwelt durchzieht als schon in Gen 12,1-3 eingespulter Faden das ganze Gewebe der Hebräischen Bibel. Er wird besonders im Jesajabuch und in den Psalmen sichtbar.

(3) Sowohl im Jesajabuch wie in den Psalmen wird das Motiv der (endzeitlichen) Völkerwallfahrt zum Zion vielfältig aufgenommen und variiert. Ausgelöst wird der Zug der Völker oder einzelner Menschen aus den Völkern durch JHWHs gütiges Rettungshandeln an Israel, das die Völker wahrnehmen, durch das auf Zion leben-

de, die Tora JHWHs verwirklichende Israel, ja sogar an seiner mißlingenden Toraverwirklichung vorbei, schließlich einfach durch die »Erwählung« der Völker zu Mitgliedern von JHWHs Reich. Wie das Verhältnis der von JHWH in sein Reich gerufenen Völker zu seinem Bundesvolk Israel sein wird, lassen die Texte eigenartig in der Schwebe. Man könnte es als Partizipation an der Bundeswirklichkeit oder auch als Hineinnahme in die Bundes*geschichte* denken. Ziel dieser Partizipation ist jedenfalls die Befriedung der Völker untereinander *und* der Friede mit Israel.

(4) Wenn die Völker zum Zion kommen, werden sie dort von JHWH in seine umfassende Weltordnung eingewiesen: Sie werden vertraut gemacht mit den Wegen, die er Mose und sein Volk gelehrt hat. Sie erfahren die erneuernde Kraft der Sündenvergebung. Und sie werden JHWHs schlichtende Rechtsentscheide und seine Willensoffenbarung über Recht und Gerechtigkeit hören. Wie diese Worte JHWHs an und für die Völker der Welt sich zur Tora Israels genauer verhalten, lassen die Texte (offensichtlich gezielt) in der Schwebe. Daß JHWHs Tora durch den Gottesknecht Israel zu den Völkern kommt, sagt das Jesajabuch mehrmals (Jes 42,1-4; 51,4.7). In mehreren Psalmen trägt Israel als Mittler von Gottestora an die Völker »messianische«, also davidische Züge (vgl. die Psalmen 2 und 86 sowie die Psalmenreihe 100-103). In der synchron gelesenen Psalmenabfolge 24-25 wird die Völkertora mit Hilfe des Schemas von der Einzugsliturgie konkretisiert. Wie immer das Verhältnis dieser »Völkertora« zur Mosetora (in Übereinstimmung und Unterscheidung) näher zu bestimmen sein mag − der basso continuo der Texte, die wir analysiert haben, ist: Ohne Israel und seine Tora gibt es kein gottgewirktes universales Heil.[1]

Wenn wir diese exegetischen Einsichten auf das Verhältnis Israel − Kirche applizieren,[2] könnte man in folgende Richtung weiterdenken:

---

[1] Vgl. zur Gesamtproblematik den in Vorbereitung befindlichen Band: Zenger (Hg.), *Tora und Kanon*.

[2] Hier liegt noch ein von der christlichen Theologie weithin unbearbeitetes Feld. Die neueren ekklesiologischen Entwürfe (zuletzt Werbick, *Kirche*) beschreiben und reflektieren zwar das Herauswachsen der Kirche aus Israel. Daß eine bleibende Bindung der Kirche an die zeitgenössischen Juden als Volk des von Gott nie gekündigten Bundes besteht und wie diese Bindung systematisch-theologisch näher zu denken sei, wird kaum erörtert. Wichtige Ansätze dazu finden sich aber bei Vorgrimler, »Israel und Kirche«, bei Marquardt, »Theologie des Bundes« und in den Arbeiten van Burens, vor allem im 2. Band seiner Trilogie *A Theology of the Jewish-Christian Reality* (vgl. dazu nun Schweitzer, *Der Jude Jesus*). Im noch weiteren Horizont des Verhältnisses Judentum − Christentum − Islam bewegen sich die Diskussionen Kuschel, *Streit um Abraham* das Thema »Der Gott Israels und die Völker«. Einen guten Überblick der Diskussion über die Relevanz der Kategorie Volk Gottes für die Bestimmung des jüdisch-christlichen Verhältnisses gibt Frevel, »Die gespaltene Einheit«. − Das von uns behandelte Thema der Völkerwallfahrt wird systematisch-theologisch aufgegriffen und weitergedacht

(1) Juden und Christen glauben daran, daß sie im und vom »Gottesbund« leben. Es sind nicht zwei verschiedene Bünde. Es ist ein und derselbe Bund, an dessen dynamischer Wirklichkeit sie, freilich auf unterschiedliche Weise, Anteil haben. Der Sinaibund wurde mit Israel allein geschlossen. In *dieses* Geschehen zwischen Gott und Israel kann kein Dritter so »hineingenommen« werden, daß dadurch Israels besondere Beziehung zu seinem Gott nachträglich verändert würde. Aber insofern der Sinaibund nicht eine statische, sondern eine dynamische und geschichtlich offene Wirklichkeit konstituierte, ist die christliche Position legitim, die sagt: In und durch Jesus, den Christus, *ist* der Bund Gottes mit Israel auf die Völker bzw. auf alle Menschen hin geöffnet worden.[3] Das ist insofern »schriftgemäß«, als jene Verheißungen und Visionen im Jesajabuch und in den Psalmen, die wir in diesem Buch interpretiert haben, mit so etwas am Ende der Zeit rechnen. Die Kirche ist jener Teil der Völker, der den Ruf Jesu zur Anerkenntnis des Gottes Israels angenommen hat.

Seit Juden und Christen im einzigen, gemeinsamen Gottesbund leben, gibt es eine Art Dialektik der Bundesgeschichte. In ihr stehen Juden und Christen in einer antagonistischen Spannung, insofern sie mit ihrer jeweiligen Identität so im Horizont des einen Gottesbundes leben, daß Israel originär das Bundesvolk Gottes ist und die Kirche nur, insofern sie durch Jesus mit Israel verbunden ist. Andererseits hat die Bundesgeschichte Israels durch ihre »schriftgemäße« Öffnung auf die Kirche hin prinzipiell eine neue dynamische Qualität erhalten, auch wenn faktisch bis heute diese dialektische Verwiesenheit von Israel und Kirche aufeinander für Israel fast nur negative Konsequenzen hatte.

(2) Trotz der weitgehend negativen Bilanz der bisherigen Geschichte des jüdisch-christlichen Verhältnisses wäre es nicht »schriftgemäß«, weder von der jüdischen noch von der christlichen Bibel her, wenn Juden und Christen nun so auf zwei getrennten Straßen gehen wollten, daß sie sich aus dem Wege gehen. Das ist häufig das naive Denkmodell, das »historisch« argumentiert. Da war, so sagt man, zuerst ein einziger Weg. Das war beim Volk Israel vor Jesus. Dann gabelte sich der Weg. Die beiden Straßen liefen auseinander. Die eine war die Straße der Juden. Die andere, die christliche, war die der Heiden. Irgendwann, als die beiden Straßen genügend Distanz zwischen sich hatten, begannen sie vielleicht, parallel zu ver-

---

von Klappert, »Christologie der Völkerwallfahrt«.

[3] Mit diesen Differenzierungen möchten wir zugleich die Anfrage Crüsemanns beantworten, die er in seiner kritischen Diskussion der von der Rheinischen Synode 1980 gebrauchten Formulierungen (»Wir glauben..., daß die Kirche durch Jesus Christus in den Bund Gottes mit seinem Volk hineingenommen ist«) auch an unsere exegetischen Beiträge gerichtet hat. Crüsemanns Hauptbedenken lautet: »Die Formel von der Hereinnahme in den einen bestehenden Bund formuliert gerade nicht die bleibende Identität Israels trotz derartiger damit verbundener Intentionen und Hoffnungen« (Crüsemann, »Bundestheologie«).

laufen. Und das alles wollte Gott auch so. Bis zum Ende der Welt sollen sie nach seiner Absicht parallel weiterlaufen. Auf beide Wege scheint seine Sonne. So sind sie beide Straßen des Heils. Das eine ist die Straße, die er für sein altes erwähltes Volk vorgesehen hat, das andere ist die Straße, die er, vermittelt durch das Bindeglied einer bald untergegangenen und im Grunde recht kleinen Gruppe von Judenchristen, für die anderen Völker, die Heiden, vorgesehen hat. Nur für diese war Jesus von Nazaret relevant. Er ist der Messias der Heiden. Die Juden brauchen ihn nicht, sie sind ohne ihn schon beim himmlischen Vater.

Das mag recht schön klingen. Aber es ist etwas zu viel heilsgeschichtliche Landschaftsplanung dabei. So ist Geschichte nicht, erst recht nicht Heilsgeschichte. Keinesfalls spricht Paulus so. Wer Röm 9-11 so deutet, irrt sich.

Auch das Jesajabuch und die Psalmen erlauben es nicht, wie wir in diesem Buch gezeigt haben, in der Zukunft, die sie entwerfen oder betend herbeisehnen, Israel und die Völker so vor jeder gegenseitigen Berührung zu bewahren. Gott hat einen einzigen Heilsplan, und am Ende will er »einer« sein. In der Geschichte gibt es Schuld. Es gibt Freiheit. Es gibt Reue, und es gibt Versöhnung. Es gibt das Drama, und im Drama affiziert jede Person und jede ihrer Handlungen alle anderen Personen und alle anderen nachfolgenden Handlungen. In diesem Sinne ist die gemeinsame Bundesgeschichte Israels und der Kirche »dramatisch« und bleibt »dramatisch« bis zu ihrer Vollendung, die Gott selbst setzt. Bis zu dieser Vollendung sind Juden und Christen »auf dem Wege« bzw. »im Gehen«. Das hier gemeinte biblische Wort für »Weg« ist nicht die leere Straße, sondern der Weg, den man geht und lebt (»way of life«). »Dramatisch« ist dieser Weg in zweifacher Hinsicht: zum einen, weil er auf »Fortgang« angelegt ist, und zum anderen, weil sich beim Gehen dieses Weges immer wieder neue Landschaften auftun und durchschritten werden. »Dramatisch« ist dieser gemeinsame Weg, weil Juden und Christen ihn jeweils anders gehen und erleben. *In diesem Sinne* kann man auch von zwei Wegen oder von einem doppelten Heilsweg sprechen.

Freilich: In der Zweiheit der Wege steckt so viel Leid, Schuld und Not, durch sie wird das Lob Gottes in seiner Schöpfung so sehr daniedergehalten, daß das Drama weitergehen muß. Es muß aus dieser Not herausführen. Die Christen müssen die Juden zur Eifersucht reizen, die Juden müssen die Christen zur Eifersucht reizen.

Das Bild der beiden »Wege« wirkt etwas zu einleuchtend und selbstverständlich, besonders im Land der tausend Autobahnen. Wir brauchen daneben zumindest noch andere Bilder, die wieder die Erschütterung des Geschichtlichen vermitteln.

Nach der Bildsprache des Alten Testaments ist Gottes Volk für ihn ja seine geliebte Braut. Vielleicht sollten wir einfach fragen: Will Gott polygam sein? Will er zwei Bräute haben? Die Antwort auf diese (als rhetorische gemeinte) Frage kann nicht so aussehen, wie unsere Väter sie an die gotischen Domportale gestellt haben: Hier die stolze Frau »Kirche«, da die zerbrechende, verstoßene Frau »Synagoge«, mit den verbundenen Augen, wenn auch durchaus noch geprägt von der ihr eigenen Schönheit und Würde.

An diesen Portalen ist die Zweiheit der historischen Realität zugegeben. Sie trifft uns erschütternder, weil weniger abstrakt: nicht zwei Wege, sondern zwei Frauen. Und doch verraten diese Figuren am Domportal, daß zugleich der »dramatische« Charakter der Erkenntnis preisgegeben ist. Die transitorische Situation der Zweiheit ist versteinert und als ewig gültig erklärt – auf Kosten der einen Frau, der verstoßenen. So stehen die beiden Straßburger Frauen durchaus zu Recht in Tel Aviv im »Diasporamuseum« als ein stummer Kommentar zu den Zeugnissen der Judenvernichtung in unserem Land. Sie dokumentieren eine statische und damit falsche Sicht der zu Recht erkannten, faktisch vorhandenen Zweiheit.

Die Theorie vom dramatischen, doppelten Heilsweg will den Fehler der Domportale gerade vermeiden. Doch vermeidet sie mit Sicherheit nur die Verstoßung der einen Frau, nicht aber ohne weiteres die Ungeschichtlichkeit der Sicht. Denn sie gelangt zur bleibenden Resignation bei der Zweiheit. Damit nimmt sie die Frage nach dem Heil nicht mehr in ihrem vollen, diesseitigen, geschichtlichen Ernst, auch wenn sie von *Heils*wegen spricht.

(3) Als das Zweite Vatikanische Konzil in seiner Erklärung »Nostra Aetate« über die nichtchristlichen Religionen handelte, ging es letztlich um die Frage, ob Gott wirklich – wie frühere Generationen von Christen geglaubt hatten – jeden, der nicht das christliche Glaubensbekenntnis betet, nach seinem Tod in die Hölle verdammt. Es war dringend nötig, das zu klären. Ist das aber die eigentliche Frage zwischen Christen und Juden: wer nach seinem Tod in den Himmel kommt und wer nicht? Darf diese Frage gemeint sein, wenn zwischen Juden und Christen vom *Heils*weg geredet wird?

Gott versagt sicherlich keinem Menschen, der ihn letztlich sucht und seinem Gewissen folgt, im Jenseits seine ewige Liebe. Ja, noch mehr: Es gibt auch in diesem Leben für jeden Menschen vor Gott die Möglichkeit immer neuer Umkehr. Gottes Gnade geht jedem nach, sei er Heide, Jude oder Christ. Wer weder Jude noch Christ ist, begegnet dieser Gnade auch durchaus in den Institutionen der Religion, in die er hineingewachsen ist. Das wußte auch schon das Alte Testament. Wir alle brauchen diese Gnade immer von neuem, und sie wird uns – so vertrauen wir – nicht verweigert.

Aber innerhalb dieses Fragehorizonts wäre es fast zu aufwendig, noch einmal besondere Theorien über den theologischen Bezug von Judenheit und Christenheit zu formulieren. Warum dann überhaupt noch einmal speziell von zwei Heilswegen reden? Man müßte sofort von fast unendlich vielen Heilswegen sprechen. Und es wäre nicht schlimm, wenn Lessings Nathan mit seiner Ringparabel im Recht wäre.

Aber zumindest zwischen Juden und Christen kann es nicht um diesen Begriff des »Heils« gehen. Was er meint, ist immer mitausgesagt, selbstverständlich. Nichts davon ist zu leugnen. Nur geht es der Bibel, und zwar nicht nur dem Ersten, sondern ebenso dem Neuen Testament, wenn sie unter verschiedensten Worten den Gedanken des »Heils« entwickelt, nicht nur um das »ewige« Heil der einzelnen Seelen, sondern um die Gestalt dieser Welt, die nicht in Ordnung ist und die Gott heilen möchte.

Es geht um die Frage, ob und wie es Gott gelingt, diese so sehr von Schuld, Zwietracht und Gewalt gezeichnete Menschheitsgeschichte in das zu verwandeln, was er bei der Schöpfung eigentlich gemeint hatte. Es geht um die Frage, ob aus Gottes Schöpfung wieder einmütige Lieder des Lobes erklingen können, ob es in diesen entweihten und leergewordenen Räumen des Diesseits wieder Ehre Gottes geben könne. Das ist zumindest die biblische Gestalt der Heilsfrage. Es ist die Frage nach Himmel und Hölle schon hier, nach Heils*geschichte*. Wenn so vom »Heil« gesprochen wird, befinden sich Juden und Christen einerseits, die Welt der vielen Religionen andererseits durchaus nicht in der gleichen Position. Gott wirkt die von ihm in Gang gesetzte *Heils*geschichte, indem er sich sein Volk Israel und die Kirche Jesu Christi schafft. Hier gibt es »Erwählung«. Es mag uns Juden und Christen als eine Last erscheinen, »erwählt« zu sein. Aber wir dürfen dem nicht entfliehen, indem wir einen rein jenseitsorientierten Heilsbegriff einführen und uns mit ihm zufriedengeben.

Bei dieser allein hier in Frage kommenden Bestimmung der Heilsfrage kann man auch nicht gleichgültig bleiben, wenn die Träger und Protagonisten des einen Heils Gottes entzweit sind. Sie sind es aber faktisch, und deshalb gibt es jetzt einen »doppelten Heilsweg«.

Wenn es so ist, dann muß man auch deshalb vom »doppelten Heilsweg« sprechen, damit keiner dem anderen abspricht, von Gott als Werkzeug gebraucht zu sein. Aber die beiden faktisch vorhandenen Straßen für alle Zeit zur bleibenden Parallelität zu verdammen, und das sogar noch mit der Begründung, es gäbe ja geradezu unendlich viele parallele Straßen zum Heil, wäre Verzweiflung an der Möglichkeit wirklichen Heils dieser Welt, jenes Heils, von dem die Bibel spricht. Es liefe, so hart das klingt, auf Unglaube gegenüber Gottes biblischem Wort hinaus.

Wann und wie die endzeitliche Vision der Völkerwallfahrt zum Zion sich so erfüllt, daß gemäß Jes 66 »alles Fleisch« die Einlaßbedingungen zum Gottesreich so realisiert, daß »Gott alles in allem« (1 Kor 15,28) ist und das universale »Heil« des Gottesreichs Wirklichkeit wird, liegt in der Hand des Bundesgottes Israels, der der Schöpfer des Himmels und der Erde und der Vater Jesu Christi ist. Für Christen ist bis dahin beherzigenswert, was die Pesikta Rabbati, eine rabbinische Predigtsammlung, dazu sagt:[4]

An jedem Neumond und an jedem Sabbat wird alles Fleisch kommen, um mir zu huldigen,

---

[4]   Vgl. dazu auch Thoma, *Messiasprojekt*, 435-438.

spricht der Herr (Jes 66,23). Es heißt nicht, ganz Israel wird kommen, sondern ›alles Fleisch wird kommen‹. Rabbi Pinchas sagte: Was bedeutet ›alles Fleisch‹? Jeder, der seinen Trieb in dieser Welt unterdrückt, verdient es, das Antlitz der Schekhina zu sehen... Eine andere Auslegung: ›alles Fleisch wird kommen, um mir zu huldigen‹. Auch die Heidenvölker? Nein, nicht alle Heidenvölker, sondern nur jene, die Israel nicht geknechtet haben; nur sie empfängt der König Messias!

Ob man diesen Predigtausschnitt nicht als einen Kommentar zur Endzeitvision Jesu Mt 25,31-46 lesen kann? Vielleicht erhält angesichts dieser Perspektive die ur-jüdische und ur-christliche Gebetsbitte »Unser Vater, dein Reich komme!« eine in Vergessenheit geratene Dimension – auf die es um unser *aller* Heiles willen ankommt.

# Literaturverzeichnis (zitierte Literatur)

[Albertz, Rainer] *Schöpfung und Befreiung: Für Claus Westermann zum 80. Geburtstag* (Hg. v. R. Albertz u.a.; Stuttgart: Calwer Verlag, 1989).

Aletti, Jean-Noël, s. Trublet, Jacques

Allen, Leslie C., *Psalms 101-150* (WBC 21; Waco, Texas: Word Books, 1983).

Alonso-Schökel, Luis, und Carniti, Cecilia, *Salmos II (Salmos 73-150). Traducción, introducciones y comentario* (Nueva biblia Española; Estella: Editorial Verbo Divino, 1993).

[Altmann, Alexander] *Biblical Motifs* (Studies and Texts 3; Cambridge, MA: Harvard University Press, 1966).

Andersen, Francis I. und Forbes, A. Dean, *The Vocabulary of the Old Testament* (Rom: Editrice Pontificio Istituto Biblico, 1989).

[Angenendt, Arnold] *Sie wandern von Kraft zu Kraft. Aufbrüche, Wege, Begegnungen. Festgabe für Bischof Reinhard Lettmann* (Hg. v. A. Angenendt u. H. Vorgrimler; Kevelaer: Butzon & Bercker, 1993).

Asselt, Willem Jan van, *The Covenant Theology of Johannes Coccejus (1603-1669): An Examination of its Structure* (SHCT 58; Leiden: Brill, 1994).

Auffret, Pierre, *Hymnes d'Égypte et d'Israël: Etudes de structures littéraires* (OBO 34; Fribourg Suisse: Éditions Universitaires; Göttingen: Vandenhoeck, 1981).

Auffret, Pierre, »›Les pensées de son cœur‹: Étude structurelle du Ps 33«, *ScEs* 39 (1987) 47-69.

Auffret, Pierre, »›Allez, fils, entendez-moi!‹: Étude structurelle du psaume 34 et son rapport au psaume 33«, *EeT* 19 (1988) 5-31.

Auwers, Jean-Marie, *Le psautier hébraïque et ses éditeurs: Recherches sur une forme canonique du livre des Psaumes* (Dissertation Löwen, 1994).

Barbiero, Gianni, »*mamleket koh$^a$nîm* (Es 19,6a): I sacerdoti al potere?«, *RivB* 37 (1989) 427-446.

Barré, Michael L., »Mesopotamian Light on the Idiom *nāśā$^{\rangle}$ nepeš*«, *CBQ* 52 (1990) 46-54.

Barth, Christian, »Concatenatio im ersten Buch des Psalters 4,9«, in: Benzing (Hg.), *FS Rapp*, 30-40.

Barthélemy, Dominique, *Critique textuelle de l'Ancien Testament: 1. Josué, Juges, Ruth, Samuel, Rois, Chroniques, Esras, Néhémie, Esther: Raport final du Comité pour l'analyse textuelle de l'Ancien Testament hébreu institué par l'Alliance Biblique Universelle, établi en coopération avec Alexander R. Hulst +, Norbert Lohfink, William D. McHardy, H. Peter Rüger, coéditeur, James A. Sanders, coéditeur* (OBO 50/1; Fribourg: Editions Universitaires; Göttingen: Vandenhoeck, 1982); *2. Isaïe, Jérémie, Lamentations* (OBO 50/2; 1986).

Beaucamp, Évode, *Le Psautier: Ps 1-72* (SBi; Paris: Gabalda, 1976).

Beaucamp, Évode, *Le Psautier: Ps 73-150* (SBi; Paris: Gabalda, 1979).

Beauchamp, Paul, »Propositions sur l'alliance de l'Ancien Testament comme structure centrale«, *RSR* 58 (1970) 161-193.

[Benzing, Brigitta] *Wort und Wirklichkeit: Studien zur Afrikanistik und Orientalistik I*: Eugen Ludwig Rapp zum 7o. Geburtstag (hg. v. B. Benzing u.a.; Meisenheim am Glan: Verlag Anton Hain, 1976).

Berger, Klaus, *Theologiegeschichte des Urchristentums: Theologie des Neuen Testaments* (Tübingen/Basel: Francke, 1994).

Betz, Otto, *Jesus. Der Messias Israels. Aufsätze zur biblischen Theologie* (WUNT 42; Tübingen: Mohr, 1987).

Betz, Otto, »Jesu Lieblingspsalm. Die Bedeutung von Psalm 103 für das Werk Jesu«, in: Ders., *Jesus*, 185-201.

Beyerlin, Walter, *Weisheitlich-kultische Heilsordnung. Studien zum 15. Psalm* (BThSt 9; Neukirchen-Vluyn: Neukirchener Verlag, 1985).

Beyerlin, Walter, *Im Licht der Traditionen. Psalm LXVII und CXV. Ein Entwicklungszusammenhang* (VTS XLV; Leiden: Brill, 1992).

Blum, Erhard, »Israël à la montagne de Dieu: Remarques sur Ex 19-24; 32-34 et sur le contexte littéraire et historique de sa composition«, in: Pury (Hg.), *Le pentateuque en question*, 271-295.

Blum, Erhard, *Studien zur Komposition des Pentateuch* (BZAW 189; Berlin: de Gruyter, 1990).

[Blum, Erhard] *Die hebräische Bibel und ihre zweifache Nachgeschichte: Festschrift für Rolf Rendtorff zum 65. Geburtstag* (Hg. v. E. Blum u.a.; Neukirchen-Vluyn: Neukirchener Verlag, 1990).

Booij, Th., »Some observations on Psalm LXXXVII«, *VT* 37 (1987) 16-25.

Bos, Johanna W.H., »Psalm 87«, *Int* 47 (1993) 281-285.

Braulik, Georg, »Die Ausdrücke für ›Gesetz‹ im Buch Deuteronomium«, *Bib.* 51 (1970) 39-66; Nachdruck: Ders., *Studien*, 11-38.

Braulik, Georg, *Psalm 40 und der Gottesknecht* (FzB 18; Würzburg: Echter, 1975).

Braulik, Georg, *Die Mittel deuteronomischer Rhetorik erhoben aus Deuteronomium 4,1-40* (AnBib 68; Rom: Biblical Institute Press, 1978).

Braulik, Georg: »Gottes Ruhe — das Land oder der Tempel? Zu Psalm 95,11«, in: Haag/Hossfeld (Hg.), *FS Groß*, 33-44.

Braulik, Georg, *Studien zur Theologie des Deuteronomiums* (SBAB 2; Stuttgart: Verlag Katholisches Bibelwerk, 1988).

Braulik, Georg, »Literarkritik und die Einrahmung von Gemälden: Zur literarkritischen und redaktionsgeschichtlichen Analyse von Dtn 4,1-6,3 und 29,1-30,10 durch D. Knapp«, *RB* 96 (1989) 266-286.

Braulik, Georg, »Die Entstehung der Rechtfertigungslehre in den Bearbeitungsschichten des Buches Deuteronomium: Ein Beitrag zur Klärung der Voraussetzungen paulinischer Theologie«, *ThPh* 64 (1989) 321-333.

Braulik, Georg, *Deuteronomium II: 16,18-34,12* (NEB; Würzburg: Echter, 1992).

[Braulik, Georg] *Biblische Theologie und gesellschaftlicher Wandel: Für Norbert Lohfink* (Hg. v. G. Braulik, W. Groß, S. McEvenue; Freiburg: Herder, 1993).

Braulik, Georg, »›Weisheit‹ im Buch Deuteronomium« (im Druck).

Braulik, Georg, »Der innerbiblische Umgang mit dem ›kanonisierten‹ Buch Deuteronomium« (im Druck).

[Brekelmans, Christian] *Pentateuchal and Deuteronomistic Studies: Papers Read at the XIII$^{th}$ IOSOT Congress Leuven 1989* (Hg. v. C. Brekelmans u. J. Lust; BEThL 94; Löwen: University Press und Peeters, 1990).

Briggs, Charles Augustus und Briggs, Emilie Grace, *A Critical and Exegetical Commentary on the Book of the Psalms*, 2 Bde. (ICC; Edinburgh: Clark, 1906 u. 1907).

Brocke, Edna, »Von den ›Schriften‹ zum ›Alten Testament‹- und zurück? Jüdische Fragen zur christlichen Suche einer ›Mitte der Schrift‹«, in: Blum (Hg.), *FS Rendtorff*, 581-594.

Brockelmann, Carl, *Hebräische Syntax* (Neukirchen: Erziehungsverein, 1956).

Brueggemann, Walter, *The Message of the Psalms. A Theological Commentary* (Minneapolis: Augsburg Publishing House, 1984).

Brueggemann, Walter, »Psalm 100«, *Int* 39 (1985) 65-69.

Brunert, Gunild, *Ps 102 im Kontext des Vierten Psalmenbuchs* (Dissertation Münster, 1994).

Buber, Martin, *Der Jude und sein Judentum. Gesammelte Aufsätze und Reden* (bibliotheca judaica; Gerlingen: Schneider, $^{2}$1993).

Buber, Martin, »Kirche, Staat, Volk, Judentum«, in: Ders., *Der Jude und sein Judentum*, 544-556.

Buren, Paul M. van, *A Theology of the Jewish Christian Reality. Part 2: A Christian Theology of the People of Israel* (New York: Seabury Press, 1983).

Cazelles, Henri, Alliance de Sinaï, alliance de l'Horeb et renouvellement de l'alliance, in: Donner u.a. (Hg.), *FS Zimmerli*, 69-79 = Ders., *Autour de l'Exode*, 299-309.

Cazelles, Henri, *Autour de l'Exode* (SBi; Paris: Gabalda, 1987).

Cazelles, Henri, »Royaume de prêtres et nation consacrée« (Ex XIX,6), in: Kannengiesser/Marchasson (Hg.), *Humanisme*, 541-545 = Ders., *Autour de l'Exode*, 289-294.

Ceresko, Anthony R., »The ABCs of Wisdom in Ps xxxiv«, *VT* 35 (1985) 99-104.

Childs, Brevard S., *The Book of Exodus: A Critical Theological Commentary* (OTL; London: SCM, 1974).

*Christen und Juden II. Zur theologischen Neuorientierung im Verhältnis zum Judentum. Eine Studie der Evangelischen Kirche in Deutschland* (Gütersloh: Gütersloher Verlagshaus Gerd Mohn, 1991).

Costacurta, Bruna, »L'aggressione contro Dio. Studio del Salmo 83«, *Bib* 64 (1983) 518-541.

Craigie, Peter C., *Psalms 1-50* (WBC 19; Waco, Texas: Word Books, 1983).

Cross, Frank M., »The Divine Warrior in Israel's Early Cult«, in: Altmann (Hg.), *Biblical Motifs*, 11-30.

Crüsemann, Frank, *Studien zur Formgeschichte von Hymnus und Danklied in Israel* (WMANT 32; Neukirchen-Vluyn: Neukirchener Verlag, 1969).

[Crüsemann, Frank] *Was ist der Mensch...? Beiträge zur Anthropologie des Alten Testaments. Hans Walter Wolff zum 80. Geburtstag* (Hg. v. F. Crüsemann, C. Hardmeier u. R. Kessler; München: Kaiser, 1992).

Crüsemann, Frank, »Ihnen gehören ... die Bundesschlüsse‹ (Röm 9,4). Die alttestament-liche Bundestheologie und der christlich-jüdische Dialog«, *KuI* 9 (1994) 21-38.

Davies, Graham I., »The Destiny of the Nations in the Book of Isaiah«, in: Vermeylen (Hg.), *Book of Isaiah*, 93-120.

Deissler, Alfons, »Der anthologische Charakter des Psalmes 33 (32)«, in: *Mélanges Robert* [ohne Angabe eines Herausgebers — s. unter Robert], 225-233.

Deissler, Alfons, *Die Psalmen. II. Teil (Ps 42-89)* (KK 1/2; Düsseldorf: Patmos, 1964).

Delitzsch, Franz, *Commentar über das Buch Jesaia* (BC 3,1; Leipzig: Dörffling & Franke, ⁴1889).

Delitzsch, Franz, *Biblischer Kommentar über die Psalmen* (BC 4,1; Leipzig: Dörffling & Franke, 5. überarbeitete Auflage, hg. v. Friedrich Delitzsch, 1894).

[Delsman, W. C.] *Von Kanaan bis Kerala: Festschrift für Prof. Mag. Dr. Dr. J. P. M. van der Ploeg O.P. zur Vollendung des siebzigsten Lebensjahres am 4. Juli 1979: Überreicht von Kollegen, Freunden und Schülern* (Hg. v. W. C. Delsman u. a.; AOAT 211; Kevelaer: Butzon & Bercker; Neukirchen-Vluyn: Neukirchener Verlag, 1982).

[Dietrich, Manfried] *Mesopotamica — Ugaritica — Biblica. Festschrift für Kurt Bergerhof zur Vollendung seines 70. Lebensjahres am 7. Mai 1992* (Hg. v. M. Dietrich u. O. Loretz; AOAT 232; Neukirchen-Vluyn: Neukirchener Verlag; Kevelaer: Butzon & Bercker, 1993).

Dion, Paul E., »L'universalisme religieux dans les différentes couches rédactionelles d'Isaïe 40-55«, *Bib* 51 (1970) 161-182.

Dohmen, Christoph, »Der Sinaibund als Neuer Bund nach Ex 19-34«, in: Zenger (Hg.), *Der Neue Bund im Alten*, 51-83.

[Donner, Herbert] *Beiträge zur alttestamentlichen Theologie: Festschrift für Walter Zimmerli zum 70. Geburtstag* (Hg. v. H. Donner, R. Hanhart u. R. Smend; Göttingen: Vandenhoeck, 1977).

Donner, Herbert, »Jesaja lvi 1-7: Ein Abrogationsfall innerhalb des Kanons — Implikationen und Konsequenzen«, in: Emerton (Hg.), *Salamanca 1983*, 81-95.

Dozeman, Th. B., *God on the Mountain: A Study of Redaction, Theology and Canon in Exodus 19-24* (SBLMS 37; Atlanta: Scholars Press, 1989).

Duhm, Bernhard, *Das Buch Jesaja* (HK 3,1, Göttingen: Vandenhoeck, [1892] ⁵1968).

Duhm, Bernhard, *Die Psalmen* (KHC 14; Freiburg: Mohr, 1899).

Eichrodt, Walter, *Theologie des Alten Testaments*, 2 Bde. (Stuttgart: Klotz; Göttingen: Vandenhoeck, I ⁶1959 II ⁴1961).

Ellis, R. R., *An Examination of the Covenant Promises of Exodus 19:5-6 and Their Theological Significance for Israel* (Diss. Fort Worth SW Baptist Theol. Sem., o.J.).

[Emerton, John Adney] *Congress Volume Salamanca 1983* (Hg. v. J. A. Emerton; VT.S 36; Leiden: Brill, 1985).

Ewald, Heinrich, *Die Dichter des alten Bundes: Zweiter Theil: Die Psalmen* (Göttingen: Vandenhoeck, ²1840).

Fabry, Heinz-Josef, Art. »סוֹד *sôd*«, *ThWAT V* (1986) 775-782.

Fischer, Georg, und Lohfink, Norbert, »»Diese Worte sollst du summen‹: Dtn 6,7 *wᵉdibbartā bām* — ein verlorener Schlüssel zur meditativen Kultur in Israel«, *ThPh* 62 (1987) 59-72.

Fischer, Irmtraud, »Die Bedeutung der Tora Israels für die Völker nach dem Jesajabuch«, in: Zenger (Hg.), *Tora und Kanon* (in Vorbereitung).

[Fishbane, Michael] »Sha'arei Talmon«: *Studies in the Bible, Qumran, and the Ancient Near East Presented to Shemaryahu Talmon* (Hg. v. M. Fishbane u. E. Tov; Winona Lake: Eisenbrauns, 1992).

Focant, Camille und Wénin, André, »L'alliance ancienne et nouvelle«, *NRTh* 110 (1988) 850-866.

Forbes, A. Dean, s. Andersen, Francis I.

Freedman, David N., »Patterns in Psalms 25 an 34«, in: Ulrich u.a. (Hg.), *FS Blenkinsopp*, 125-138.

Freedman, David N., s. Cross, Frank M.

Frevel, Christian, »Die gespaltene Einheit des Gottesvolkes. Volk Gottes als biblische Kategorie im Kontext des christlich-jüdischen Gesprächs«, *BiLi 66* (1993) 80-97.

Füglister, Notker, »Die Verwendung und das Verständnis der Psalmen und des Psalters um die Zeitenwende«, in: Schreiner (Hg.), *Beiträge zur Psalmenforschung*, 319-384.

Fuhs, Hans F., »Heiliges Volk Gottes«, in: Schreiner (Hg.), *Unterwegs zur Kirche*, 143-167.

García López, Félix, Art. »תּוֹרָה«, *ThWAT VIII* (1995) [im Druck].

Gerstenberger, Erhard S., *Psalms: Part I with an Introduction to Cultic Poetry* (FOTL 14; Grand Rapids, MI: Erdmans, 1988).

Gerstenberger, Erhard S., »Der Psalter als Buch und als Sammlung«, in: Seybold/ Zenger (Hg.), *FS Beyerlin*, 3-13.

Gese, Hartmut, »Die Entstehung der Büchereinteilung des Psalters«, in: Schreiner (Hg.), *FS* Ziegler II, 57-64; Nachdruck: Ders., *Vom Sinai zum Zion*, 159-164.

[Gese, Hartmut] *Wort und Geschichte: Festschrift für Karl Elliger zum 70. Geburtstag* (Hg. v. H. Gese u. H. P. Rüger; AOAT 18; Kevelaer: Butzon & Bercker; Neukirchen-Vluyn: Neukirchener Verlag, 1973).

Gese, Hartmut, *Vom Sinai zum Zion. Alttestamentliche Beiträge zur biblischen Theologie* (BEvTh 64; München: Kaiser 1974).

Gese, Hartmut, *Zur biblischen Theologie: Alttestamentliche Vorträge* (BEvTh 78; München: Kaiser, 1977).

Girard, Marc, *Les psaumes: Analyse structurelle et interprétation: 1-50* (Recherches, NS 2; Montréal: Editions Bellarmin; Paris: Editions du Cerf, 1984).

Goldingay, John, *Songs from a Strange Land. Psalms 42-51* (The Bible Speaks Today; Downers Grove, Illinois: InterVarsity Press, 1978).

[Görg, Manfred] *Die Väter Israels. Beiträge zur Theologie der Patriarchenüberlieferungen im Alten Testament. Festschrift für Josef Scharbert zum 70. Geburtstag* (Hg. v. M. Görg u. A.R. Müller; Stuttgart: Verlag Katholisches Bibelwerk, 1989).

[Görg, Manfred] *Neues Bibellexikon: Band I: A — G* (Hg. v. M. Görg u. B. Lang; Zürich: Benziger, 1991).

Görg, Manfred, *Mythos, Glaube und Geschichte. Die Bilder des christlichen Credo und ihre Wurzeln im alten Ägypten* (Düsseldorf: Patmos, 1992).

Gosse, Bernard, »Le Psaume 2 et l'usage rédactionnel des Oracles contre les Nations à l'époque post-exilique«, *BN* 62 (1992) 18-24.

Gosse, Bernard, »Le Psaume 83, Isaïe 62,6-7 et la tradition des Oracles contre les Nations des livres d'Isaïe et d'Ezéchiel«, *BN* 70 (1993) 9-12.

Gosse, Bernard, »Les introductions des Psaumes 93-94 et Isaïe 59,15b-20«, *ZAW* 106 (1994) 303-306.

Gosse, Bernard, »Le Psaume CXLIX et la reinterprétation post-exilique de la tradition prophétique«, *VT* 54 (1994) 259-263.

Goulder, Michael D., »The Fourth Book of Psalter«, *JTS* 26 (1975) 269-289.

Goulder, Michael D., *The Psalms of the Sons of Korah* (JSOT.SS 20; Sheffield: JSOT Press, 1982).

Graetz, Heinrich, *Kritischer Commentar zu den Psalmen nebst Text und Uebersetzung*, 2 Bde. (Breslau: Schottlaender, 1882-1883).

Grieshammer, Reinhard, »Zum ›Sitz im Leben‹ des negativen Schuldbekenntnisses«, in: Voigt (Hg.), *XVIII. Orientalistentag*, 19-25.

Groß, Walter, »YHWH und die Religionen der Nicht-Israeliten«, *ThQ* 169 (1989) 34-44.

Groß, Walter, »Wer soll YHWH verehren? Der Streit um die Aufgabe und die Identität Israels in der Spannung zwischen Abgrenzung und Öffnung«, in: Vogt (Hg.), *FS Kasper*, 11-32.

[Groß, Walter] *Text, Methode und Grammatik: Wolfgang Richter zum 65. Geburtstag* (Hg. v. W. Groß, H. Irsigler u. T. Seidl; St. Ottilien: EOS, 1991).

Groß, Walter, und Kuschel, Karl-Josef, *»Ich schaffe Finsternis und Unheil!« Ist Gott verantwortlich für das Übel?* (Mainz: Grünewald, 1992).

Groß, Walter, »Israel und die Völker: Die Krise des YHWH-Volk-Konzepts im Jesajabuch«, in: Zenger (Hg.), *Der Neue Bund im Alten*, 149-167.

Gunkel, Hermann, *Die Psalmen* (HK 2,2; Göttingen: Vandenhoeck, 1926).

Gunkel, Hermann, (Zu Ende geführt von Joachim Begrich), *Einleitung in die Psalmen: Die Gattungen der religiösen Lyrik Israels* (Erste Auflage: HK II, Ergänzungsband; Göttingen: Vandenhoeck, [1933] ³1975).

Gunneweg, Antonius H.J., *Biblische Theologie des Alten Testaments. Eine Religionsgeschichte Israels in biblisch-theologischer Sicht* (Stuttgart: Kohlhammer, 1993).

[Haag, Ernst] *Freude an der Weisung des Herrn: Beiträge zur Theologie der Psalmen: Festgabe zum 70. Geburtstag von Heinrich Groß* (Hg. v. E. Haag u. F.-L. Hossfeld; Stuttgart: Katholisches Bibelwerk, 1986).

Haag, Ernst, »Gesegnet sei mein Volk Ägypten‹ (Jes 19,25): Ein Zeugnis alttestamentlicher Eschatologie«, in: Minas/Zeidler (Hg.), *FS Winter*, 139-147.

[Hahn, Ferdinand] *Zion — Ort der Begegnung: Festschrift für Laurentius Klein zur Vollendung des 65. Lebensjahres* (Hg. v. F. Hahn u.a.; BBB 90; Bodenheim: Athenäum Hain Hanstein Verlagsgesellschaft, 1993).

Hempel, Johannes, und Rost, Leonhard, (Hg.), *Von Ugarit nach Qumran* (FS Otto Eissfeldt; BZAW 77; Berlin: de Gruyter, 1958).

Hermisson, Hans-Jürgen, »Voreiliger Abschied von den Gottesknechtsliedern«, *ThR* 49 (1984) 209-222.

Hillers, Delbert R., »Bᵉrît ᶜām: ›Emancipation of the People‹«, *JBL* 97 (1978) 175-182.

Hirsch, Rabbi Samson Raphael, *The Psalms* (Jerusalem/New York: Feldheim Publishers, 1978; erstmals 1882 erschienen auf Deutsch).

Holladay, William L., »A Proposal for Reflections in the Book of Jeremiah of the Seven-Year Recitation of the Law in Deuteronomy (Deut 30,10-13)«, in: Lohfink (Hg.), *Deuteronomium*, 326-328.

Holladay, William L., *Jeremiah, 2: A Commentary on the Book of the Prophet Jeremiah Chapters 26-52* (Hermeneia; Minneapolis: Augsburg Fortress, 1989).

Hossfeld, Frank-Lothar, »Nachlese zu neueren Studien der Einzugsliturgie von Ps 15«, in: Zmijewski (Hg.), *FS Reinelt*, 135-156.

Hossfeld, Frank-Lothar, »Ps 50 und die Verkündigung des Gottesrechts«, in: Reiterer (Hg.), *FS Füglister*, 83-101.

Hossfeld, Frank-Lothar, und Zenger, Erich, »Selig, wer auf die Armen achtet‹ (Ps 41,2): Beobachtungen zur Gottesvolk-Theologie des ersten Davidpsalters«, *JBTh* 7 (1992) 21-50.

Hossfeld, Frank-Lothar, und Zenger, Erich, *Die Psalmen I: Psalm 1-50* (Die Neue Echter Bibel 29; Würzburg: Echter, 1993).

Hossfeld, Frank-Lothar, »Bund und Tora in den Psalmen«, in: Merklein u.a. (Hg.), *FS Maier*, 66-77.

Hossfeld, Frank-Lothar, und Zenger, Erich, »›Wer darf hinaufziehn zum Berg JHWHs?‹: Zur Redaktionsgeschichte und Theologie der Psalmengruppe 15-24«, in: Braulik u.a. (Hg.), *FS Lohfink*, 166-182.

Hossfeld, Frank Lothar, und Zenger, Erich, »›Von seinem Thronsitz schaut er nieder auf alle Bewohner der Erde‹ (Ps 33,14): Redaktionsgeschichte und Kompositionskritik der Psalmengruppe 25-34«, in: Kottsieper u.a. (Hg.), *FS Kaiser*, 375-388.

Hossfeld, Frank-Lothar, »Psalm 95: Gattungsgeschichtliche, kompositionskritische und bibeltheologische Anfragen«, in: Seybold/Zenger (Hg.), *FS Beyerlin*, 29-44.

Howard, David M., *The Structure of Psalms 93-100* (Ann Arbor, MI: University Microfilms, 1986).

Howard, David M., »Editorial Activity in the Psalter: A State-of-the-Field survey«, in: McCann (Hg.), *The Shape*, 52-70.

Howard, David M., »A Contextual Reading of Psalms 90-94«, in: McCann (Hg.), *The Shape*, 108-123.

Hupfeld, Hermann, *Die Psalmen*, 4 Bde. (Gotha: Perthes, 2., von Eduard Riehm herausgegebene Auflage, 1867-1871).

Illmann, Karl-Johan, *Thema und Tradition in den Asaf-Psalmen* (Publications of the Research Institute of the Abo Akademi Foundation 13; Abo, 1976).

Irsigler, Hubert, »Thronbesteigung in Psalm 93? Der Textverlauf als Prozeß syntaktischer und semantischer Interpretation«, in: Groß (Hg.), *FS Richter*, 155-190.

Janowski, Bernd, *Rettungsgewißheit und Epiphanie des Heils: Das Motiv der Hilfe Gottes »am Morgen« im Alten Orient und im Alten Testament. Band I: Alter Orient* (WMANT 59; Neukirchen-Vluyn: Neukirchener Verlag, 1989).

Janowski, Bernd, »Das Königtum Gottes in den Psalmen. Bemerkungen zu einem neuen Gesamtentwurf«, *ZThK* 86 (1989) 389-454; Nachdruck: Ders., *Gottes Gegenwart*, 148-213.

Janowski, Bernd, *Gottes Gegenwart in Israel. Beiträge zur Theologie des Alten Testaments* (Neukirchen-Vluyn: Neukirchener Verlag, 1993).

Jensen, Joseph, *The Use of the Word* tôrā *by Isaiah: His Debate with the Wisdom Tradition* (CBQ.MS 3; Washington, DC: Catholic Biblical Association, 1973).

Jeremias, Jörg, *Das Königtum Gottes in den Psalmen. Israels Begegnung mit dem kanaanäischen Mythos in den Jahwe-König-Psalmen* (FRLANT 141; Göttingen: Vandenhoeck, 1987).

Kaiser, Otto, *Das Buch des Propheten Jesaja Kapitel 1-12* (ATD 17; Göttingen: Vandenhoeck, 5., völlig neu bearbeitete Auflage 1981).

[Kannengiesser, Charles] *Humanisme et foi chrétienne: Mélanges scientifiques du centenaire de l'Institut Catholique de Paris* (Hg. v. C. Kannengiesser u. Y. Marchasson; Paris: Beauchesne, 1976).

Keel, Othmar, *Die Welt der altorientalischen Bildsymbolik und das Alte Testament. Am Beispiel der Psalmen* (Neukirchen-Vluyn: Neukirchener Verlag; Zürich: Benziger, [4]1984).

Keel, Othmar, und Uehlinger, Christoph, *Göttinnen, Götter und Gottessymbole: Neue Erkenntnisse zur Religionsgeschichte Kanaans und Israels aufgrund bislang unerschlossener ikonographischer Quellen* (QD 134; Freiburg: Herder, 1992).

Keel, Othmar, »Fern von Jerusalem. Frühe Jerusalemer Kulttraditionen und ihre Träger und Trägerinnen«, in: Hahn u.a. (Hg.), *FS Laurentius Klein*, 439-502.

Kelly, Sidney, *The Zion-Victory Songs: Psalms 46, 48 and 76. A Critical Study of Modern Methods of Psalmic Interpretation* (Dissertation Vanderbilt University, Nashville, 1968).

Kirchberg, Julie, *Theo-logie in der Anrede als Weg zur Verständigung zwischen Juden und Christen* (Innsbrucker Theologische Studien 31; Innsbruck/Wien: Herder, 1991).

Kittel, Rudolf, *Die Psalmen, übersetzt und erklärt* (KAT XIII; Leipzig: Deichert-Scholl, [5-6]1929).

Klappert, Bertold, »Eine Christologie der Völkerwallfahrt zum Zion«, in: Klappert u.a., *Jesusbekenntnis*, 65-93.

Klappert, Bertold, und Kraus, Hans-Joachim, und Marquardt, Friedrich-Wilhelm, und Stöhr, Martin, *Jesusbekenntnis und Christusnachfolge* (München: Kaiser 1992).

Knapp, Dietrich, *Deuteronomium 4: Literarische Analyse und theologische Interpretation* (Göttinger Theologische Arbeiten 35; Göttingen: Vandenhoeck, 1987).

Koch, Klaus, »Wort und Einheit des Schöpfergottes in Memphis und Jerusalem«, *ZThK* 62 (1965) 251-293; Nachdruck (mit Nachträgen und Berichtigungen): Ders., *Studien*, 61-105.

Koch, Klaus, Art. »כון, kūn«, *ThWAT* IV (1984) 95-107.

Koch, Klaus, *Studien zur alttestamentlichen und altorientalischen Religionsgeschichte* (Göttingen: Vandenhoeck, 1988).

Koch, Klaus, »Der Psalter und seine Redaktionsgeschichte«, in: Seybold/Zenger (Hg.), *FS Beyerlin*, 243-277.

Koehler, Ludwig, »Psalm 23«, *ZAW* 68 (1956) 227-234.

[Kottsieper, Ingo] *»Wer ist wie du, Herr, unter den Göttern?«: Studien zur Theologie und Religionsgeschichte Israels für Otto Kaiser zum 70. Geburtstag* (Hg. v. I. Kottsieper u.a.; Göttingen: Vandenhoeck, 1994).

Kratz, Reinhard G., *Kyros im Deuterojesaja-Buch: Redaktionsgeschichtliche Untersuchungen zu Entstehung und Theologie von Jes 40-55* (FAT 1; Tübingen: Mohr, 1991).

Kraus, Hans-Joachim, s. Klappert, Bertold

Kraus, Hans-Joachim, *Psalmen*, 2 Bde. (BK 15/1 und 15/2; Neukirchen-Vluyn: Neukirchener Verlag, 5., grundlegend überarbeitete und veränderte Auflage, 1978).

[Küchler, Max] *Jerusalem. Texte – Bilder – Steine. Zum 100. Geburtstag von Hildi und Othmar Keel-Leu* (Hg. v. M. Küchler u. Ch. Uehlinger; NTOA 6; Fribourg: Universitätsverlag; Göttingen: Vandenhoeck, 1987).

Kuschel, Karl-Josef, *Streit um Abraham. Was Juden, Christen und Muslime trennt - und was sie eint* (München: Piper, 1994).

Kuschel, Karl-Josef, s. Groß, Walter

Kutsch, Ernst, *Verheißung und Gesetz: Untersuchungen zum sogenannten »Bund« im Alten Testament* (BZAW 131; Berlin: de Gruyter, 1973).

Kutsch, Ernst, Art. »פרר«, *THAT II* (1976) 486-488.

Kutsch, Ernst, *Neues Testament — Neuer Bund? Eine Fehlübersetzung wird korrigiert* (Neukirchen-Vluyn: Neukirchener Verlag, 1978).

Lacocque, André, *But as for me: The Question of Election in the Life of God's People Today* (Atlanta: Knox, 1979).

Langer, Birgit, *Gott als »Licht« in Israel und Mesopotamien* (ÖBS 7; Klosterneuburg: Österreichisches Katholisches Bibelwerk, 1989).

Lauha, Aarre, »»Der Bund des Volkes‹: Ein Aspekt der deuterojesajanischen Missionstheologie«, in: Donner u.a. (Hg.), *FS Zimmerli*, 257-261.

Le Roux, J. H., »A Holy Nation was Elected (The Election Theology of Exodus 19.5-6)«, in: Wyk (Hg.), *Exilic Period*, 59-78.

Levin, Christoph, »Das Gebetbuch der Gerechten. Literargeschichtliche Beobachtungen am Psalter«, *ZThK* 90 (1993) 355-381.

Lohfink, Norbert, »Der Bundesschluß im Land Moab: Redaktionsgeschichtliches zu Dt 28,69-32,47«, *BZ* 6 (1962) 32-56; Nachdruck: Ders., *Studien zum Deuteronomium I*, 53-82.

Lohfink, Norbert, *Das Hauptgebot: Eine Untersuchung literarischer Einleitungsfragen zu Dtn 5-11* (AnBib 20; Rom: Pontificium Institutum Biblicum, 1963).

Lohfink, Norbert, »Über die Irrtumslosigkeit und die Einheit der Schrift«, *StZt* 174 (1964) 161-181; Nachdruck: Ders., *Studien zur biblischen Theologie*, 13-39.

Lohfink, Norbert, *Höre, Israel! Auslegung von Texten aus dem Buch Deuteronomium* (WB 18; Düsseldorf: Patmos, 1965).

Lohfink, Norbert, *Die Landverheißung als Eid: Eine Studie zu Gn 15* (SBS 28; Stuttgart: Katholisches Bibelwerk, 1967).

Lohfink, Norbert, »Dt 26,17-19 und die ›Bundesformel‹«, *ZkTh* 91 (1969) 517-553; Nachdruck: Ders., *Studien zum Deuteronomium I*, 211-261.

Lohfink, Norbert, »Beobachtungen zur Geschichte des Ausdrucks יהוה עם«, in: Wolff (Hg.), *FS von Rad*, 275-305; Nachdruck: Ders., *Studien zur biblischen Theologie*, 99-132.

Lohfink, Norbert, »Israel‹ in Jes 49,3«, in: Schreiner (Hg.), *FS Ziegler II*, 217-229.

Lohfink, Norbert »Die Abänderung der Theologie des priesterlichen Geschichtswerks im Segen des Heiligkeitsgesetzes: Zu Lev. 26,9.11-13«, in: Gese/Rüger (Hg.), *FS Elliger*, 129-136; Nachdruck: Ders., *Studien zum Pentateuch*, 157-168.

Lohfink, Norbert, *Unsere großen Wörter: Das Alte Testament zu Themen dieser Jahre* (Freiburg: Herder, 1977).

Lohfink, Norbert, »Theologie als Antwort auf Plausibilitätskrisen in aufkommenden pluralistischen Situationen, erörtert am Beispiel des deuteronomischen Gesetzes«, in: Ders., *Große Wörter*, 24-43.

Lohfink, Norbert, »Ich bin Jahwe, dein Arzt‹ (Ex 15,26): Gott, Gesellschaft und menschliche Gesundheit in einer nachexilischen Pentateuchbearbeitung (Ex 15,25b.26)«, in: Lohfink u.a., *Euer Gott*, 11-73; Nachdruck: Ders., *Studien zum Pentateuch*, 91-155.

Lohfink, Norbert, u.a., *»Ich will euer Gott werden«: Beispiele biblischen Redens von Gott* (SBS 100; Stuttgart: Verlag Katholisches Bibelwerk, 1981).

Lohfink, Norbert, Art. »יָרַשׁ *jāraš«*, *ThWAT III* (1982) 953-985.

[Lohfink, Norbert] *Deuteronomium: Entstehung, Gestalt und Botschaft* (Hg. v. N. Lohfink; BEThL 68; Löwen: University Press; Peeters, 1985).

Lohfink, Norbert, *Das Jüdische am Christentum: Die verlorene Dimension* (Freiburg: Herder, 1987).

Lohfink, Norbert, *Studien zum Pentateuch* (SBAB 4; Stuttgart: Verlag Katholisches Bibelwerk, 1988).

Lohfink, Norbert, *Der niemals gekündigte Bund: Exegetische Gedanken zum christlich-jüdischen Dialog* (Freiburg: Herder, 1989).

Lohfink, Norbert, »Der den Kriegen einen Sabbat bereitet‹. Psalm 46 – ein Beispiel alttestamentlicher Friedenslyrik«, *BiKi* 44 (1989) 148-153.

Lohfink, Norbert, »Das Deuteronomium: Jahwegesetz oder Mosegesetz? Die Subjektzuordnung bei Wörtern für ›Gesetz‹ im Dtn und in der dtr Literatur«, *ThPh* 65 (1990) 387-391.

Lohfink, Norbert, *Studien zum Deuteronomium und zur deuteronomistischen Literatur I* (SBAB 8; Stuttgart: Verlag Katholisches Bibelwerk, 1990).

Lohfink, Norbert, »Bundestheologie im Alten Testament: Zum gleichnamigen Buch von Lothar Perlitt«, in: Ders., *Studien zum Deuteronomium I*, 325-361.

Lohfink, Norbert, »Gibt es eine deuteronomistische Bearbeitung im Bundesbuch?«, in: Brekelmans/Lust (Hg.), *Pentateuchal Studies*, 91-113.

Lohfink, Norbert, »Die Universalisierung der ›Bundesformel‹ in Ps 100,3«, *ThPH* 65 (1990) 172-183.

Lohfink, Norbert, *Lobgesänge der Armen: Studien zum Magnifikat, den Hodajot von Qumran und einigen späten Psalmen* (SBS 143; Stuttgart: Verlag Katholisches Bibelwerk, 1990).

Lohfink, Norbert, »Einige Beobachtungen zu Psalm 26«, in: Reiterer (Hg.), *FS Füglister*, 189-204.

Lohfink, Norbert, »Lexeme und Lexemgruppen in Ps 25: Ein Beitrag zur Technik der Gattungsbestimmung und der Feststellung literarischer Abhängigkeiten«, in: Groß u.a. (Hg.), *FS Richter*, 271-295.

Lohfink, Norbert, Art. »Bund«, in: Görg/Lang (Hg.), *Neues Bibellexikon I*, 343-348.

Lohfink, Norbert, »Der weiße Fleck in *Dei Verbum*, Artikel 12«, *TThZ* 101 (1992) 20-35.

Lohfink, Norbert, »Psalmengebet und Psalterredaktion«, *ALW* 34 (1992) 1-22.

Lohfink, Norbert, »Deuteronomy 6:24: לְחַיֹּתֵנוּ ›to maintain us‹«, in: Fishbane/Tov (Hg.), »Sha'arei Talmon«, 111-119.

Lohfink, Norbert, *Studien zur biblischen Theologie* (SBAB 16; Stuttgart: Verlag Katholisches Bibelwerk, 1993).

Lohfink, Norbert, »Die Lieder in der Kindheitsgeschichte bei Lukas«, in: Mayer (Hg.), *FS Dautzenberg*, 383-404.

Lohfink, Norbert, »Psalmen im Neuen Testament: Die Lieder in der Kindheitsgeschichte bei Lukas«, in: Seybold/Zenger (Hg.), *FS Beyerlin*, 105-125.

Lohfink, Norbert, »Die Fabel des Deuteronomiums und der Bundesschluß« [erscheint demnächst in der *ZAW*].

Lohfink, Norbert, s. auch Fischer, Georg

[Lutz-Bachmann, Matthias], *Und dennoch ist von Gott zu reden. Festschrift für Herbert Vorgrimler* (Hg. v. M. Lutz-Bachmann; Freiburg: Herder 1994).

Marböck, Johannes, »Die ›Geschichte Israels‹ als ›Bundesgeschichte‹ nach dem Sirachbuch«, in: Zenger (Hg.), *Neuer Bund*, 177-197.

[Marcus, Marcel] *Israel und Kirche heute: Beiträge zum christlich-jüdischen Dialog: Für Ernst Ludwig Ehrlich* (Hg. v. M. Marcus u.a.; Freiburg: Herder, 1991).

Marquardt, Friedrich-Wilhelm, s. Klappert, Bertold

Marquardt, Friedrich-Wilhelm, »Entwurf zu einer christlichen Theologie des Bundes«, in: Stöhr (Hg.), *Lernen in Jerusalem*, 93-109.

Matheus, Frank, *Singt dem Herrn ein neues Lied: Die Hymnen Deuterojesajas* (SBS 141; Stuttgart: Katholisches Bibelwerk, 1990).

Mathys, Hans-Peter, *Dichter und Beter. Theologen aus spätalttestamentlicher Zeit* (OBO 132; Fribourg: Universitätsverlag; Göttingen: Vandenhoeck, 1994).

Mays, James L., *Psalms* (Interpretation. A Bible Commentary for Preaching and Teaching; Louisville: John Knox, 1994).

Mays, James L., »Worship, World and Power: An Interpretation of Psalm 100«, *Int* 23 (1969) 315-330.

[Mayer, Cornelius] *Nach den Anfängen fragen. Gerhard Dautzenberg zum 60. Geburtstag* (Hg. von C. Mayer, K. Müller u. G. Schmalenberg; Gießener Schriften zur Theologie und Religionspädagogik 8; Gießen: Selbstverlag des Fachbereichs Evangelische Theologie und Katholische Theologie, 1994).

McCann, J. Clinton, *A Theological Introduction to the Book of Psalms. The Psalms as Torah* (Nashville: Abingdon, 1993).

[McCann, J. Clinton] *The Shape and Shaping of the Psalter* (Hg. v. J. C. McCann; JSOT.SS 159; Sheffield: JSOT Press, 1993).

McCarthy, Dennis J., *Treaty and Covenant: A Study in Form in the Ancient Oriental Documents and in the Old Testament* (AnBib 21A; Rom: Biblical Institute Press 1963, [2][New edition completely rewritten] 1978).

[Merklein, Helmut] *Bibel in jüdischer und christlicher Tradition: Festschrift für Johann Maier zum 60. Geburtstag* (Hg. v. H. Merklein u.a.; BBB 88; Frankfurt a. M.: Hain, 1993).

Mettinger, Tryggve N. D., *A Farewell to the Servant Songs: A Critical Examination of an Exegetical Axiom* (Scripta Minora Regiae Societatis Humaniorum Litterarum Lundensis, 1982/83, 3; Lund: Gleerup, 1983).

Mettinger, Tryggve N. D., »Die Ebed-Jahwe-Lieder, ein fragwürdiges Axiom«, *ASThI* 11 (1977/78) 68-76.

Millard, Matthias, *Die Komposition des Psalters. Ein formgeschichtlicher Ansatz* (FAT 9; Tübingen: Mohr, 1994).

Miller, Patrick D., *Interpreting the Psalms* (Philadelphia: Fortress, 1986).

Miller, Patrick D., *They Cried to the Lord: The Form and Theology of Biblical Prayer* (Minneapolis: Augsburg Fortress, 1994).

Miller, Patrick D., »Kingship, Torah Obedience, and Prayer: The Theology of Psalms 15-24«, in: Seybold/ Zenger (Hg.), *FS Beyerlin*, 127-142.

[Minas, Martina] *Aspekte spätägyptischer Kultur: Festschrift für Erich Winter zum 65. Geburtstag* (Hg. v. M. Minas u. J. Zeidler; Aegyptiaca Treverensia 7; Mainz: Verlag Philipp von Zabern, 1994).

Möller, Hans, »Strophenbau der Psalmen«, *ZAW* 50 (1932) 240-256.

Mosis, Rudolf, »Ex 19,5b.6a: Syntaktischer Aufbau und lexikalische Semantik«, *BZ* 22 (1978) 1-25.

Mosis, Rudolf, »›Ströme erheben, Jahwe, ihr Tosen...‹ Beobachtungen zu Ps 93«, in: Reiterer (Hg.), *FS Füglister*, 223-255.

Müller, Hans-Peter, »Der 90. Psalm. Ein Paradigma exegetischer Aufgaben«, *ZThK* 81 (1984) 265-285.

Müller, Hans-Peter, »Theodizee? Anschlußerörterungen zum Buch Hiob«, *ZThK* 89 (1992) 249-279.

Muñoz León, Domingo, »Un reino de sacerdotes y una nación santa (Ex 19,6)«, *EstB* 37 (1978) 149-212.

Nasuti, Harry P., *Tradition History and the Psalms of Asaph* (SBL.DS 88; Atlanta: Scholars Press, 1988).

Niccacci, Alviero, *Un profeta tra oppressori e oppressi: Analisi exegetica del capitulo 2 di Michea nel piano generale del libro* (SBFA 27; Jerusalem: Franciscan Printing Press, 1989).

Nicholson, Ernest W., *God and His People: Covenant and Theology in the Old Testament* (Oxford: Clarendon, 1986).

Nötscher, Friedrich, *Das Buch der Psalmen* (EB 4; Würzburg: Echter, 1959).

Nowack, Petrus, »Psalm 83 in der Feier der Liturgie«, *Dienender Glaube* 68 (1992) 53-55.

Odendall, D. H., »Covenant — the Centre of the Old Testament«, *NGTT* 30 (1989) 143-151.

Oorschot, Jürgen van, »Nachkultische Psalmen und spätbiblische Rollendichtung«, *ZAW* 106 (1994) 69-86.

Otto, Eckart, »Kultus und Ethos in Jerusalemer Theologie: Ein Beitrag zur theologischen Begründung der Ethik im Alten Testament«, *ZAW* 98 (1986) 161-179.

Otto, Eckart, »Mythos und Geschichte im Alten Testament. Zur Diskussion einer neuen Arbeit von J. Jeremias«, *BN* 42 (1988) 93-102.

Otto, Eckart, Art. »צִיּוֹן, ṣijjôn«, *ThWAT* VI (1989) 994-1028.

Otto, Eckart, »Techniken der Rechtssatzredaktion israelitischer Rechtsbücher in der Redaktion des Prophetenbuches Micha«, *SJOT* (1991,2) 119-150.

[Panikkar, Raimon, und Strolz, Walter (Hg.)], *Die Verantwortung des Menschen für eine bewohnbare Welt* (Freiburg: Herder, 1985).

Pannenberg, Wolfhart, *Systematische Theologie. Band III* (Göttingen: Vandenhoeck, 1993).

Perlitt, Lothar, *Bundestheologie im Alten Testament* (WMANT 36; Neukirchen-Vluyn: Neukirchener Verlag, 1969).

[Perrot, Charles] *Études sur la première lettre de Pierre: Congrès de l'ACFÉB* (Hg. v. C. Perrot; LeDiv 102; Paris: du Cerf, 1979).

Petersen, Claus, *Mythos im Alten Testament: Bestimmung des Mythosbegriffs und Untersuchung der mythischen Elemente in den Psalmen* (BZAW 157; Berlin: de Gruyter, 1982).

Pfeiffer, E., »Eine Inversion in Psalm xxiii 1bα?«, *VT* 8 (1958) 219f.

Podella, Thomas, »Der ›Chaoskampfmythos‹ im Alten Testament. Eine Problemanzeige«, in: Dietrich u.a. (Hg.), *FS Bergerhof*, 283-329.

[Pury, Albert de] *Le Pentateuque en question: Les origines et la composition des cinq premiers livres de la Bible à la lumière des recherches récentes* (Hg. v. A. de Pury; Le monde de la Bible; Genf: Labor et fides, 1989).

Ravasi, Gianfranco, *Il libro dei Salmi: Commento e attualizzazione*, 3 Bde. (Bologna: Edizioni Dehoniane, 1986).

Reindl, Joseph, »Weisheitliche Bearbeitung von Psalmen. Ein Beitrag zum Verständnis des Psalters«, *VTS* XXXII (1981) 333-356.

[Reiterer, Friedrich V.] *Ein Gott, eine Offenbarung: Beiträge zur biblischen Exegese, Theologie und Spiritualität: Festschrift für Notker Füglister OSB zum 60. Geburtstag* (Hg. v. F. V. Reiterer; Würzburg: Echter, 1991).

Renaud, Bernard, *La théophanie du Sinaï Ex 19-24: Exégèse et théologie* (CRB 30; Paris: Gabalda, 1991).

Rendtorff, Rolf, *Das Alte Testament: Eine Einführung* (Neukirchen-Vluyn: Neukirchener Verlag, 1983).

Rendtorff, Rolf, »›Covenant‹ as a Structuring Concept in Genesis und Exodus«, *JBL* 108 (1989) 385-393.

[Rendtorff, Rolf] *Die Kirchen und das Judentum: Dokumente von 1945 bis 1985* (Hg. v. R. Rendtorff u. H. H. Henrix; Paderborn: Bonifatius-Druckerei; München: Kaiser, [2]1989).

Rendtorff, Rolf, *Hat denn Gott sein Volk verstoßen? Die evangelische Kirche und das Judentum seit 1945. Ein Kommentar* (München: Kaiser, 1989).

Reventlow, Henning Graf, *Hauptprobleme der alttestamentlichen Theologie im 20. Jahrhundert* (EdF 173; Darmstadt: Wissenschaftliche Buchgesellschaft, 1982).

Reventlow, Henning Graf, *Gebet im Alten Testament* (Stuttgart: Kohlhammer, 1986).

Ridderbos, Nicolaas H., *Die Psalmen: Stilistische Verfahren und Aufbau: Mit besonderer Berücksichtigung von Ps 1-41* (BZAW 117; Berlin: de Gruyter, 1972).

[Robert, André] *Mélanges bibliques rédigés en l'honneur de André Robert* (TICP 4; Paris: Bloud & Gay, 1957).

Rosenmüller, Ernst F.C., *Psalmi annotatione perpetua illustrati*, 3 Bde. (Scholia in Vetus Testamentum IV/1-3; Leipzig: Barth, 1821-23).

Rudolph, Wilhelm, *Micha — Nahum — Habakuk — Zephanja* (KAT 13,3; Gütersloh: Mohn, 1975).

Ruppert, Lothar, »Psalm 25 und die Grenze kultorientierter Psalmenexegese«, *ZAW* 84 (1972) 576-582.

Ruppert, Lothar, Art. »פרר«, *ThWAT* VI (1989) 773-780.

Ruppert, Lothar, »Das Heil der Völker (Heilsuniversalismus) in Deutero- und ›Trito‹-Jesaja«, *MThZ* 45 (1994) 137-159.

Sandevoir, P., »Un royaume de prêtres«, in: Perrot (Hg.), *Études*, 219-229.

Schäfer-Lichtenberger, Christa, »Vom Nebensatz zum Idealtypus: Zur Vorgeschichte des ›Antiken Judentums‹ von Max Weber«, in: Blum (Hg.), *FS Rendtorff*, 419-433.

Schelling, P., *De Asafpsalmen. Hun Samenhang en Achtergrond* (Dissertationes Neerlandicae: Series Theologica; Kampen: Kok, 1985).

Schmidt, Werner H., »›Der du die Menschen lässest sterben!‹ Exegetische Anmerkungen zu Ps 90«, in: Crüsemann, *FS Wolff*, 115-130.

Schmuttermayr, Georg, »Um Psalm 87(86),5«, *BZ* 7 (1963) 104-110.

[Schreiner, Josef] *Wort, Lied und Gottesspruch, II: Beiträge zu Psalmen und Propheten. Festschrift für Joseph Ziegler* (Hg. v. J. Schreiner; fzb 2; Würzburg: Echter, 1972).

[Schreiner, Josef] *Unterwegs zur Kirche: Alttestamentliche Konzeptionen* (QD 110; Hg. v. J. Schreiner; Freiburg: Herder, 1987).

[Schreiner, Josef] *Beiträge zur Psalmenforschung: Psalm 2 und 22* (fzb 60; Würzburg: Echter, 1988).

Schröer, Siegfried (Hg.), *Christen und Juden. Voraussetzungen für ein erneuertes Verhältnis. Mit Beiträgen von Edna Brocke, Peter Fiedler, Hubert Frankemölle, Klemens Richter, Herbert Vorgrimler, Erich Zenger* (Altenberge: Oros, 1992).

Schröten, Jutta, *Lobt JHWH. Ja, gut ist Er! Psalm 118 im Kontext des Hallel. Untersuchungen zu seiner Entstehung, Komposition und Wirkungsgeschichte* (Dissertation Münster, 1993; erscheint in der Reihe BBB).

Schweitzer, Wolfgang, *Der Jude Jesus und die Völker der Welt. Ein Gespräch mit Paul M. van Buren. Mit Beiträgen von Paul M. van Buren, Bertolt Klappert und Michael Wyschogrod* (VIKJ 19; Berlin: Institut Kirche und Judentum, 1993).

Schwienhorst-Schönberger, Ludger, »Zion — Ort der Tora: Überlegungen zu Mi 4,1-3«, in: Hahn u.a. (Hg.), *FS Laurentius Klein*, 107-125.

Scoralick, Ruth, *Trishagion und Gottesherrschaft. Psalm 99 als Neuinterpretation von Tora und Propheten* (SBS 138; Stuttgart: Verlag Katholisches Bibelwerk, 1989).

Seebaß, Horst, Art. »בחר«, *ThWAT I* (1973) 592-608.

Segal, Alan F., *The Other Judaisms of Late Antiquity* (Brown Judaic Studies 127; Atlanta, Georgia: Scholars Press, 1987).

Segal, Alan F., »Covenant in Rabbinic Writings«, in: Ders., *Other Judaisms*, 147-165; Deutsche Übersetzung: Ders., »Bund in den rabbinischen Schriften«, *KuI* 6 (1991) 147-162.

Seybold, Klaus, *Das Gebet des Kranken im Alten Testament* (BWANT 5,19; Stuttgart: Kohlhammer 1973).

Seybold, Klaus, *Die Psalmen. Eine Einführung* (Urban-Taschenbücher 382; Stuttgart: Kohlhammer, 1986).

Seybold, Klaus, »Das ›Wir‹ in den Asaph-Psalmen. Spezifische Probleme einer Psalmgruppe«, in: Seybold/Zenger (Hg.), *FS Beyerlin*, 143-155.

[Seybold, Klaus] *Neue Wege der Psalmenforschung: Für Walter Beyerlin* (Hg. v. K. Seybold u. E. Zenger; HBS 1; Freiburg: Herder, 1994).

Ska, Jean L., »Ex 19,3-8 et les parénèses deutéronomiques«, in: Braulik u.a. (Hg.), *FS Lohfink*, 307-314.

Smart, James D., »The Eschatological Interpretation of Psalm 24«, *JBL* 52 (1933) 175-180.

Smith, P. L., »The Use of the Word תורה in Isaiah, Chapters 1-39«, *AJSL* 46 (1929) 1-21.

Smith, Mark S., »*Bᵉrit ᶜam / bᵉrit ôlām*: A New Proposal for the Crux of Isa 42:6«, *JBL* 100 (1981) 241-243.

Smith, Mark S., »The Structure of Psalm LXXXVII«, *VT* 38 (1988) 357-358.

Smith, Mark S., *The Early History of God: Yahweh and the Other Deities in Ancient Israel* (San Francisco: Harper & Row, 1990).

Sorg, R., *Ecumenic Psalm 87. Original Form and Two Rereadings*. With an Appendix of Ps 110,3 (Fifield, 1969).

Sperling, Uwe, *Das theophanische Jahwe-Überlegenheitslied. Forschungsbericht und gattungskritische Untersuchung der sogenannten Zionlieder* (EHS XXIII. 426; Frankfurt: Lang, 1993).

Spieckermann, Hermann, *Heilsgegenwart: Eine Theologie der Psalmen* (FRLANT 148; Göttingen: Vandenhoeck, 1989).

Spieckermann, Hermann, »›Barmherzig und gnädig ist der Herr ...‹«, *ZAW* 102 (1990) 1-18.

Spieckermann, Hermann, »›Die ganze Erde ist seiner Herrlichkeit voll‹: Pantheismus im Alten Testament?«, *ZThK* 87 (1990) 415-436.

Spieckermann, Hermann, »Stadtgott und Gottesstadt. Beobachtungen im Alten Orient und im Alten Testament«, *Bib* 73 (1992) 1-31.

Spieckermann, Hermann, »Rede Gottes und Wort Gottes in den Psalmen«, in: Seybold/Zenger (Hg.), *FS Beyerlin,* 157-173.

Stadelmann, Andreas, »Psalm 87 (86) – Theologischer Gehalt und gesellschaftliche Wirkung«, in: Reiterer (Hg.), *FS Füglister,* 333-356.

Stamm, Johann J., »Berît ᶜam bei Deuterojesaja«, in: Wolff (Hg.), *FS von Rad,* 510-524.

Steck, Odil H., »Zion als Gelände und Gestalt. Überlegungen zur Wahrnehmung Jerusalems als Stadt und Frau im Alten Testament«, *ZThK* 86 (1989) 261-281; Nachdruck: Ders., *Gottesknecht und Zion,* 126-145.

Steck, Odil H., »Zu Eigenart und Herkunft von Ps 102«, *ZAW* 102 (1990) 357-372.

Steck, Odil H., *Der Abschluß der Prophetie im Alten Testament. Ein Versuch zur Frage der Vorgeschichte des Kanons* (BThSt 17; Neukirchen-Vluyn: Neukirchener Verlag, 1991).

Steck, Odil H., *Gottesknecht und Zion. Gesammelte Aufsätze zu Deuterojesaja* (FAT 4; Tübingen: Mohr, 1992).

Steck, Odil H., »Gottesvolk und Gottesknecht in Jes 40-66«, *JBTh* 7 (1992) 51-75.

Steck, Odil H., »Der Gottesknecht als ›Bund‹ und ›Licht‹: Beobachtungen im Zweiten Jesaja«, *ZThK* 90 (1993) 117-134.

Steingrimsson, Sigurdur Ö., *Tor der Gerechtigkeit: Eine literaturwissenschaftliche Untersuchung der sogenannten Einzugsliturgien im AT: Ps 15; 24,3-5 und Jes 33,14-16* (ATSAT 22; St. Ottilien: EOS, 1984).

Steins, Georg, *Die Chronik als kanonisches Abschlußphänomen: Studien zur Entstehung und Theologie von 1/2 Chr* (BBB 93; Frankfurt am Main: Hain, 1994).

[Stemberger, Günter] *Zum Problem des biblischen Kanons* (Hg. v. G. Stemberger u. I. Baldermann; JBTh 3; Neukirchen-Vluyn: Neukirchener Verlag, 1988).

Steymans, Hans Ulrich, *Deuteronomium 28 und die* Adê *zur Thronnachfolgeregelung Asarhaddons: Segen und Fluch im Alten Orient und in Israel* (Diss. Wien, 1994).

Stöhr, Martin, s. Klappert, Bertold

Stöhr, Martin (Hg.), *Lernen in Jerusalem – Lernen mit Jerusalem. Anstöße zur Erneuerung in Theologie und Kirche* (VIKL 20; Berlin: Institut Kirche und Judentum, 1993) .

Stolz, Fritz, *Strukturen und Figuren im Kult von Jerusalem* (BZAW 118; Berlin: de Gruyter, 1970).

Stolz, Fritz, *Psalmen im nachkultischen Raum* (ThSt 129; Zürich: Theologischer Verlag, 1983).

Strolz, Walter, s. Panikkar, Raimon

Tate, Marvin E., *Psalms 51-100* (WBC 20; Dallas, Texas: Word Books, 1990).

Taylor, J. Glen, *Yahweh and the Sun: Biblical and Archaeological Evidence for Sun Worship in Ancient Israel* (JSOT.SS 111; Sheffield: JSOT Press, 1993).

Thiel, Winfried, *Die deuteronomistische Redaktion von Jeremia 26-45: Mit einer Gesamtbeurteilung der deuteronomistischen Redaktion des Buches Jeremia* (WMANT 52; Neukirchen-Vluyn: Neukirchener Verlag, 1981).

Thoma, Clemens, *Das Messiasprojekt. Theologie Jüdisch-christlicher Begegnung* (Würzburg: Pattloch, 1994).

Tromp, Nicholas, »Jacob in Psalm 24: Apposition, Aphaereses or Apostrophe?«, in: Delsman u.a. (Hg.), *FS van der Ploeg*, 271-282.

Trublet, Jacques, und Aletti, Jean-Noël, *Approche poétique et théologique des Psaumes: Analyses et Méthodes* (»Initiations«; Paris: du Cerf, 1983).

Uehlinger, Christoph, s. Keel, Othmar

Uehlinger, Christoph, »Zeichne eine Stadt... und belagere sie!‹ Bild und Wort in einer Zeichenhandlung Ezechiels gegen Jerusalem (Ez 4f)«, in: Küchler/Uehlinger (Hg.), *FS H.u.O. Keel-Leu*, 111-200.

[Ulrich, Eugene] *Priests, Prophets and Scribes: Essays on the Formation and Heritage of Second Temple Judaism in Honour of Joseph Blenkinsopp* (Hg. v. E. Ulrich u. a.; JSOT.SS 149; Sheffield: JSOT Press, 1992).

Van Winkle, D. W., »The Relationship of the Nations to Yahweh and to Israel in Isaiah XL-LV«, *VT* 35 (1985) 446-458.

Vanoni, Gottfried, »Der Geist und der Buchstabe: Überlegungen zum Verhältnis der Testamente und Beobachtungen zu Dtn 30,1-10«, *BN* 14 (1981) 65-98.

Vejola, Timo, *Verheißung in der Krise. Studien zur Literatur und Theologie der Exilszeit anhand des 89. Psalms* (AASF B 220; Helsinki: Academia Scientiarum Fennica, 1982).

Vermes, Geza, »›The Torah is Light‹«, *VT* 8 (1958) 436-438.

[Vermeylen, Jacques] *The Book of Isaiah: Les oracles et leur relectures, unité et complexité de l'ouvrage* (BEThL 81; Löwen: University Press; Peeters, 1989).

Vincent, Jean M., »Recherches exégétiques sur le psaume xxxiii«, *VT* 28 (1978) 442-454.

[Vogt, Hermann J.] *Kirche in der Zeit: Walter Kasper zur Bischofsweihe: Gabe der Katholisch-Theologischen Fakultät Tübingen* (Hg. v. H. J. Vogt; München: Wewel, 1990).

[Voigt, Wolfgang] *XVIII. Deutscher Orientalistentag vom 1. bis 5. Oktober 1972 in Lübeck: Vorträge* (Hg. v. W. Voigt; ZDMG.Suppl 2; Wiesbaden: Steiner, 1974).

Vorgrimler, Herbert, »Israel und Kirche vor dem gemeinsamen Bundesgott«, in: Schröer (Hg.), *Christen und Juden*, 104-126.

Vriezen, Theodorus Ch., »Einige Notizen zur Übersetzung des Bindewortes *kī*«, in: Hempel-Rost (Hg.), *FS Eissfeldt*, 266-275.

Wanke, Gunther, *Die Zionstheologie der Korachiten in ihrem traditionsgeschichtlichen Zusammenhang* (BZAW 97; Berlin: de Gruyter, 1966).

Weinberg, Joel P., »Demographische Notizen zur Geschichte der nachexilischen Gemeinde in Juda«, *Klio* 54 (1972) 45-49.

Weinberg, Joel P., »Das Beit ʾAbot im 6.-4. Jahrhundert v.u.Z.«, *VT* 23 (1973) 400-414.

Weinberg, Joel P., »Die Agrarverhältnisse in der Bürger-Tempel-Gemeinde der Achämenidenzeit«, *AAH* 22 (1974) 473-486.

Weippert, Manfred, »Die ›Konfessionen‹ Deuterojesajas«, in: Albertz u.a. (Hg.), *FS Westermann 80*, 104-115.

Weiser, Artur, *Die Psalmen. Zweiter Teil: Psalm 61-150* (ATD 15; Göttingen: Vandenhoeck, 1950 ¹⁰1987).

Wellhausen, Julius, *Die kleinen Propheten, übersetzt und erklärt* (Berlin: Reimer, ³1898).

Wénin, André, s. Focant, Camille

Werbick, Jürgen, *Kirche. Ein ekklesiologischer Entwurf für Studium und Praxis* (Freiburg: Herder, 1994).

Westermann, Claus, »Die Begriffe für Fragen und Suchen im Alten Testament«, *KuD* 6 (1960) 2-30; Nachdruck: Ders., *Gesammelte Studien II*, 162-190.

Westermann, Claus, *Forschung am Alten Testament: Gesammelte Studien II: Zu seinem 65. Geburtstag am 7. Oktober 1974* (Hg. v. R. Albertz u. E. Ruprecht; ThB 55; München: Kaiser, 1974).

Wifall, Walter, »The Foreign Nations. Israel's 'Nine Bows'«, *Bulletin of Egyptological Seminar* 3 (1981) 113-124.

Wilson, Gerald H., *The Editing of the Hebrew Psalter* (SBL.DS 76; Chico, CA: Scholars Press, 1985).

Wilson, Gerald H., »Shaping the Psalter: A Consideration of Editorial Linkage in the Book of Psalms«, in: McCann, *The Shape*, 72-82.

[Wolff, Hans W.] *Probleme biblischer Theologie: Gerhard von Rad zum 70. Geburtstag* (Hg. v. H. W. Wolff; München: Kaiser, 1971).

Wolff, Hans W., *Dodekapropheton 4: Micha* (BK 14,4; Neukirchen-Vluyn: Neukirchener Verlag, 1982).

Wolff, Hans W., »Schwerter zu Pflugscharen — Mißbrauch eines Prophetenwortes? Praktische Fragen und exegetische Klärungen zu Joël 4,9-12, Jes 2,2-5 und Mi 4,1-5«, *EvTh* 44 (1984) 280-292; Nachdruck: Ders., *Studien zur Prophetie*, 93-108.

Wolff, Hans W., *Studien zur Prophetie: Probleme und Erträge* (ThB 76; München: Kaiser, 1987).

[Wyk, Wouter C. van] *The Exilic Period; Aspects of Apocalypticism* (OTWSA 25 [1982] und 26 [1983]; hg. v. W. C. van Wyk; Pretoria: University of Pretoria, 1984).

Zenger, Erich, »Ps 87,6 und die Tafeln vom Sinai«, in: Schreiner (Hg.), *FS Ziegler II*, 97-103.

Zenger, Erich, »›Dem vergänglichen Werk unserer Hände gib Du Bestand!‹ Ein theologisches Gespräch mit dem 90. Psalm«, in: Panikkar/Strolz (Hg.), *Verantwortung*, 11-36.

Zenger, Erich, »Der Gott Abrahams und die Völker. Beobachtungen zu Psalm 47«, in: Görg (Hg.), *FS Scharbert*, 413-430.

Zenger, Erich, »Israel und Kirche im einen Gottesbund? Auf der Suche nach einer für beide akzeptablen Verhältnisbestimmung«, *KuI* 6 (1991) 99-114.

Zenger, Erich, »Israel und Kirche im gemeinsamen Gottesbund: Beobachtungen zum theologischen Programm des 4. Psalmenbuchs (Ps 90-106)«, in: Marcus u.a. (Hg.), *FS Ehrlich*, 236-254.

[Zenger, Erich] *Der Neue Bund im Alten: Studien zur Bundestheologie der beiden Testamente* (Hg. v. E. Zenger; QD 146; Freiburg: Herder, 1993).

Zenger, Erich, Art. »Asaf/Asafiten«, *LThK* I (1993), 1052-1053.

Zenger, Erich, »Die Bundestheologie — ein derzeit vernachlässigtes Thema der Bibelwissenschaft und ein wichtiges Thema für das Verhältnis Israel — Kirche«, in: Zenger (Hg.), *Der Neue Bund im Alten*, 13-49.

Zenger, Erich, »›So betete David für seinen Sohn Salomo und für den König Messias‹. Überlegungen zur holistischen und kanonischen Lektüre des 72. Psalms«, *JBTh* 8 (1993) 57-72.

Zenger, Erich, »Der Psalter als Wegweiser und Wegbegleiter: Ps 1-2 als Proömium des Psalmenbuchs«, in: Angenendt/Vorgrimler (Hg.), *FS Lettmann*, 29-47.

Zenger, Erich, »Zur redaktionsgeschichtlichen Bedeutung der Korachpsalmen«, in: Seybold/Zenger (Hg.), *FS Beyerlin*, 175-198.

Zenger, Erich, »Die Gotteszeugenschaft des 83. Psalms. Anmerkungen zur pseudo-theologischen Ablehnung der sogenannten Fluchpsalmen«, in: Lutz-Bachmann (Hg.), *FS Vorgrimler*, 11-37.

Zenger, Erich, »Juden und Christen doch nicht im gemeinsamen Gottesbund? Antwort auf Frank Crüsemann«, *KuI* 9 (1994) 39-52.

Zenger, Erich, *Das Erste Testament. Die jüdische Bibel und die Christen* (Düsseldorf: Patmos ⁴1994).

Zenger, Erich, s. Hossfeld, Frank-Lothar

Zenger, Erich (Hg.), *Tora und Kanon. Studien zu ihrer Bedeutung in Judentum und Christentum* (HBS 8; in Vorbereitung).

Zimmerli, Walther, *Erkenntnis Gottes nach dem Buch Ezechiel. Eine theologische Studie* (AThANT 27; Zürich: Theologischer Verlag, 1954); Abdruck: Ders., *Gottes Offenbarung*, 41-119.

Zimmerli, Walther, »Sinaibund und Abrahambund: Ein Beitrag zum Verständnis der Priesterschrift«, *ThZ* 16 (1960) 268-280; Abdruck: Ders., *Gottes Offenbarung*, 205-216.

Zimmerli, Walther, »Das Wort des göttlichen Selbsterweises (Erweiswort), eine prophetische Gattung«, in: Ders., *Gottes Offenbarung*, 120-132.

Zimmerli, Walther, *Gottes Offenbarung: Gesammelte Aufsätze zum Alten Testament* (ThB 19; München: Kaiser, 1963).

Zimmerli, Walther, »Zwillingspsalmen«, in: Schreiner (Hg.), *FS Ziegler II*, 105-113.

[Zmijewski, Josef] *Die alttestamentliche Botschaft als Wegweisung: Festschrift für Heinz Reinelt* (Hg. v. J. Zmijewski; Stuttgart: Katholisches Bibelwerk, 1990).

Zyl, Albertus H. van, »Psalm 23«, in: [ohne Herausgeber] *Studies on the Psalms: Papers Read at 6th Meeting of Die Ou Testamenties Wergemeeskap in Suid-Afrika Held at the Potchefstroom University for C. H. E., 29-31 January, 1963* (Potchefstroom: O.T.W.S.A., 1963), 64-83.

# Autorenverzeichnis

Aletti, Jean-Noël 68
Allen, Leslie C. 11, 17, 33, 36, 37, 38, 47, 50, 52, 56, 82, 85, 91, 99, 101, 112, 121, 132, 134, 147, 150, 157, 161, 166, 178
Alonso-Schökel, Luis 122
Andersen, Francis I. 30
Asselt, Willem Jan van 26
Auwers, Jean-Marie 58
Baldermann, Ingo 28
Barbiero, Gianni 33
Barré, Michael L. 59, 60
Barth, Christian 58
Barthélemy, Dominique 47, 51, 64
Beaucamp, Évode 68, 122
Beauchamp, Paul 26
Begrich, Joachim 89, 93, 95
Berger, Klaus 39
Betz, Otto 175
Beyerlin, Walter 58, 126, 138
Blum, Erhard 34
Booij, Th. 118, 119, 124
Bos, Johanna W.H. 119
Braulik, Georg 24, 30, 33, 84, 85, 102, 108
Briggs, Charles Augustus und Emilie Grace 68, 144
Brocke, Edna 15
Brockelmann, Carl 40
Brueggemann, Walter 166
Brunert, Gunild 151, 164, 171
Buber, Martin 11
Budde, Karl 155
Cazelles, Henri 33
Ceresko, Anthony R. 67
Childs, Brevard S. 28, 33
Costacurta, Bruna 143
Craigie, Peter C. 59, 66, 130

Cross, Frank M. 61
Crüsemann, Frank 89, 93, 94, 95, 151, 161, 172, 175, 181
Davies, Graham I. 45, 55
Deissler, Alfons 86, 121, 122
Delitzsch, Franz 40, 47, 57, 67
Dion, Paul E. 47
Dohmen, Christoph 34, 80, 176
Donner, Herbert 55, 89
Dozeman, Th. B. 33
Duhm, Bernhard 50, 78, 106, 120, 144
Eichrodt, Walter 23
Ellis, R. R. 33
Ewald, Heinrich 92
Fabry, Heinz-Josef 48, 82
Fischer, Georg 61
Fischer, Irmtraud 45
Focant, Camille 26
Forbes, A. Dean 30
Freedman, David N. 66, 73
Frevel, Christian 180
Füglister, Notker 61
Fuhs, Hans F. 33, 34
García López, Félix 48
Gerstenberger, Erhard S. 27, 58, 59, 61, 64, 68, 76
Gese, Hartmut 41, 154
Girard, Marc 93
Goldingay, John 130
Görg, Manfred 150
Gosse, Bernard 142, 145, 150, 164
Goulder, Michael D. 130, 152
Graetz, Heinrich 60, 109
Grieshammer, Reinhard 59
Groß, Walter 19, 39, 43, 45, 47, 54, 55, 84, 85, 97, 137, 146, 148, 157

Gunkel, Hermann 68, 70, 89, 93, 95, 117-121, 144, 167
Gunneweg, Antonius H.J. 17, 18
Haag, Ernst 85, 137
Henrix, Hans-Hermann 11, 16, 19
Hermisson, Hans-Jürgen 48
Hillers, Delbert R. 50
Hirsch, Rabbi Samson Raphael 162
Holladay, William L. 23
Hossfeld, Frank-Lothar 58, 59, 61, 68, 73, 74, 76, 81, 85, 93, 107-109, 111-113, 115, 126, 129, 131, 135, 138, 139, 145, 159, 169
Howard, David M. 58, 156, 157, 166
Hupfeld, Hermann 92
Illmann, Karl-Johan 138
Irsigler, Hubert 158
Janowski, Bernd 42, 158, 159
Jensen, Joseph 40, 46
Jeremias, Jörg 157, 159, 160, 162-164
Kaiser, Otto 46
Keel, Othmar 42, 117, 143
Kelly, Sidney 130
Kirchberg, Julie 14
Kittel, Rudolf 121, 144
Klappert, Bertold 181
Knapp, Dietrich 32, 33, 84, 174
Koch, Klaus 86, 88, 89, 100, 101, 136, 152, 154
Kratz, Reinhard G. 45, 47, 48, 50
Kraus, Hans-Joachim 64, 89, 106, 107
Kuschel, Karl-Josef 137, 146, 180
Kutsch, Ernst 24, 29, 91
Lacocque, André 33
Langer, Birgit 42, 145
Lauha, Aarre 39, 50
Le Roux, J. H. 33

Levin, Christoph 164
Lohfink, Norbert 18, 19, 21, 23-25, 27, 31-35, 37, 38, 41, 46, 48, 50, 53, 56, 57, 58, 61, 63, 64, 74, 77, 84, 85, 92, 104, 166, 169
Marböck, Johannes 19, 31
Marquardt, Friedrich-Wilhelm 180
Matheus, Frank 108
Mathys, Hans-Peter 120, 154, 170
Mays, James L. 122, 166
McCann, J. Clinton, Jr. 166
McCarthy, Dennis J. 23
Mettinger, Tryggve N. D. 48, 51
Millard, Matthias 129, 132-135, 137, 156, 171
Miller, Patrick D. 63, 94
Möller, Hans 68
Mosis, Rudolf 33, 158
Müller, Hans-Peter 146, 153
Muñoz León, Domingo 33
Nasuti, Harry P. 138
Niccacci, Alviero 44
Nicholson, Ernest W. 22
Nötscher, Friedrich 121
Nowack, Petrus 143
Odendall, D. H. 30
Oorschot, Jürgen van 120
Otto, Eckart 24, 44, 59, 62, 133, 158
Pannenberg, Wolfhart 16
Perlitt, Lothar 23, 24
Petersen, Claus 90, 112
Pfeiffer, E. 64
Podella, Thomas 158
Ravasi, Gianfranco 64, 68, 107, 124, 141
Reindl, Joseph 156
Renaud, Bernard 34
Rendtorff, Rolf 11, 13, 14, 16, 19, 34, 35, 51
Reventlow, Henning Graf 30, 90

Ridderbos, Nicolaas H. 68, 70, 93
Rosenmüller, Ernst F.C. 68, 93
Rudolph, Wilhelm 40
Ruppert, Lothar 45, 47, 48, 50, 51, 68, 69, 91
Sandevoir, P. 33
Schäfer-Lichtenberger, Christa 22
Schelling, P. 138
Schmidt, Werner H. 11, 153
Schmuttermayr, Georg 118
Schröten, Jutta 170
Schweitzer, Wolfgang 180
Schwienhorst-Schönberger, Ludger 37, 44
Scoralick, Ruth 158-160
Seebaß, Horst 104
Segal, Alan F. 26
Seremak, Jerzy 62
Seybold, Klaus 58, 118, 138, 175
Ska, Jean L. 34
Smart, James D. 62
Smith, P. L. 46
Smith, Mark S. 42, 50, 119, 124
Sorg, R. 123, 124
Sperling, Uwe 130
Spieckermann, Hermann 63, 89, 117, 139, 158, 159, 175
Stadelmann, Andreas 119, 123, 124
Staerk, Willy 144
Stamm, Johann J. 50
Steck, Odil H. 39, 45, 47, 50, 117, 126, 163, 164
Steingrimsson, Sigurdur Ö. 60, 126, 171
Steins, Georg 30
Stemberger, Günter 28
Steymans, Hans Ulrich 32
Stolz, Fritz 41, 44, 120
Tate, Marvin E. 143, 147
Taylor, J. Glen 42
Thiel, Winfried 37

Thoma, Clemens 184
Tromp, Nicholas 59, 62
Trublet, Jacques 68
Uehlinger, Christoph 42, 126
Van Winkle, D. W. 47
Vanoni, Gottfried 33
Vejola, Timo 149
Vermes, Geza 43
Vincent, Jean M. 86, 93
Vorgrimler, Herbert 180
Vriezen, Theodorus Ch. 43
Wanke, Gunther 130, 134
Weinberg, Joel P. 126
Weippert, Manfred 48
Weiser, Artur 27, 74, 119
Wellhausen, Julius 22, 24, 44
Wénin, André 26
Werbick, Jürgen 180
Westermann, Claus 62
Wifall, Walter 143
Wilson, Gerald H. 58, 151
Wolff, Hans W. 40, 43
Zenger, Erich 18, 21, 30, 58, 61, 62, 68, 73, 74, 81, 85, 93, 107-109, 111-113, 115, 126, 128, 129, 131, 132, 135, 137, 138, 149, 151, 153, 166, 169, 176, 180
Zimmerli, Walther 25, 168, 173, 174
Zyl, Albertus H. van 64

# Schriftstellenregister

## GENESIS

| | |
|---|---|
| 2,10-14 | 125 |
| 3,19 | 154 |
| 9 | 26 |
| 12,1-3 | 149, 179, 160 |
| 12,3 | 161 |
| 15 | 21 |
| 17 | 33, 55 |
| 18,20 | 46 |
| 19,24-25 | 46 |

## EXODUS

| | |
|---|---|
| 15,23-26 | 35 |
| 17,6 | 125 |
| 19-34 | 176 |
| 19,3-6 | 33 |
| 19,5-6 | 57 |
| 31,13-17 | 55 |
| 32-34 | 81-83 |
| 32,10 | 110-111 |
| 32,12-14 | 155 |
| 33-34 | 175-177 |
| 33,13 | 81 |
| 33,19 | 81 |
| 34,5-8 | 81 |
| 34,6 | 148, 170 |
| 34,6-7 | 147 |
| 34,7 | 82 |
| 34,9 | 82, 106 |

## LEVITICUS

| | |
|---|---|
| 26 | 33 |
| 26,45 | 29 |

## DEUTERONOMIUM

| | |
|---|---|
| 4 | 33 |
| 4,6-8 | 30 |
| 7-8 | 33 |
| 9,14 | 110-111 |
| 18,15-18 | 30 |
| 26,17-19 | 32 |
| 28 | 32 |
| 28,69 | 31 |
| 29 | 32 |
| 29,22 | 46 |
| 30 | 33 |
| 30,19 | 78 |
| 31,10-13 | 23 |
| 32 | 155 |
| 32,1 | 46 |
| 32,4 | 157 |
| 32,43 | 155 |
| 33 | 155 |
| 33,29 | 106-107 |

## JOSUA

| | |
|---|---|
| 1,7-8 | 41 |
| 24,15.22 | 78 |

## RICHTER

| | |
|---|---|
| 4-8 | 143 |

## 2 SAMUEL

| | |
|---|---|
| 7,14 | 149 |

## 2 KÖNIGE

| | |
|---|---|
| 17,15 | 80 |

**1 CHRONIK**

| | |
|---|---|
| 16 | 154 |

**2 CHRONIK**

| | |
|---|---|
| 36,21-23 | 35 |

**PSALMEN**

| | |
|---|---|
| 1 | 164 |
| 2,6-7 | 150 |
| 2,7 | 149 |
| 2 | 180 |
| 2,1-9 | 151 |
| 2,10-12 | 151, 164 |
| 8,3 | 126 |
| 15 | 58-59 |
| 22 | 63-64 |
| 22-26 | 148 |
| 23 | 63-64 |
| 24 | 59-60, 61-64, 75-76 |
| 24-25 | 180 |
| 25 | 58-84 |
| 25-34 | 111-116 |
| 25,1 | 148 |
| 25,2a | 148 |
| 25,4-5 | 148 |
| 25,14a | 148 |
| 25,16 | 148 |
| 25,20 | 148 |
| 26 | 60-61 |
| 28,8-10 | 116 |
| 28,9 | 106, 114 |
| 29,11 | 114 |
| 31,8 | 113 |
| 32,1 | 103 |
| 32,8 | 77 |
| 33 | 84-116, 157, 166 |
| 34 | 73 |
| 34,23 | 114 |
| 40,4 | 108 |

| | |
|---|---|
| 41,14 | 115, 154 |
| 42-43 | 132 |
| 42-49 | 127-138 |
| 46 | 169 |
| 46,5 | 125 |
| 47 | 169 |
| 47,10 | 166 |
| 48 | 169 |
| 50 | 139, 145-146 |
| 72 | 147-148 |
| 72,17 | 149 |
| 73-83 | 137-139, 145-146 |
| 81 | 139 |
| 83 | 140-145 |
| 84-85.87-88 | 127-138 |
| 86 | 147-148, 180 |
| 87 | 117-146 |
| 89 | 149 |
| 89,51-52 | 153 |
| 90 | 152-157 |
| 90-92 | 156-157 |
| 92 | 156-157 |
| 93 | 158-159, 165 |
| 93-100 | 157-170 |
| 94 | 164-165 |
| 94,5.14 | 106 |
| 95 | 85-86, 139, 159-160 |
| 95,6-7 | 168 |
| 95,7 | 105, 106 |
| 96 | 160-162 |
| 96-98 | 166 |
| 96,1 | 109 |
| 96,6-7 | 158 |
| 97 | 109, 163-164 |
| 98 | 160-162 |
| 98,1 | 109 |
| 99 | 159-160, 166 |
| 99,4 | 158 |
| 99,7 | 158-159 |
| 100 | 85-86, 162-163, 165-170 |

| | |
|---|---|
| 100-103 | 180 |
| 100,3 | 105 |
| 100,5 | 153 |
| 101 | 171 |
| 102 | 171-172 |
| 102,25-29 | 154 |
| 103 | 172-173, 175-177 |
| 104 | 172-173, 175 |
| 105 | 173-175 |
| 106 | 152-155, 173-175 |
| 117 | 170 |
| 118 | 170 |
| 119 | 74 |
| 119,2.22.129 | 80 |
| 132,12 | 80 |
| 144,9 | 108 |
| 144,15b | 103 |
| 149 | 164 |
| 149,1 | 108 |

**SIRACH**

| | |
|---|---|
| 24,23 | 31 |
| 44-47 | 19-20 |

**JESAJA**

| | |
|---|---|
| 1 | 43-44 |
| 1,10 | 46 |
| 2,1-4 | 163 |
| 2,1-5 | 40-43, 136, 158 |
| 2,2-5 | 37, 76-77 |
| 2,3 | 46 |
| 2,4 | 161 |
| 5,24 | 47 |
| 6,1-11 | 160 |
| 8 | 47 |
| 11,1-10 | 136 |
| 11,9 | 170 |
| 11,10 | 62 |
| 19,25 | 57, 85, 166 |

| | |
|---|---|
| 30 | 47 |
| 30,9 | 47 |
| 42,1.3 | 48 |
| 42,1-4 | 180 |
| 42,1-9 | 49-50 |
| 42,4 | 48 |
| 42,10 | 108 |
| 42,21 | 47 |
| 42,24 | 47 |
| 44,23 | 162 |
| 49,1-9 | 50-51 |
| 49,13 | 162 |
| 49,22 | 126 |
| 51,4 | 47, 48-49 |
| 51,4-5 | 161, 163 |
| 51,4.7 | 180 |
| 51,7-8 | 48 |
| 51,18 | 126 |
| 52,10 | 161 |
| 54-55 | 51-54 |
| 54,1 | 126 |
| 54,1-10 | 126 |
| 55,12 | 162 |
| 56,1-7 | 40, 83 |
| 56,1-8 | 55 |
| 58,8.10 | 56 |
| 59,9 | 56 |
| 59,20-21 | 56 |
| 60 | 54 |
| 60-61 | 126 |
| 60,21 | 57 |
| 61 | 7 |
| 61,4-9 | 34 |
| 65-66 | 163 |
| 66 | 184 |
| 66,21 | 57 |
| 66,23 | 54-55, 185 |
| 66,7-14 | 126 |

**JEREMIA**

| | |
|---|---|
| 30-31 | 32 |
| 31,31-14 | 36, 37, 51, 82 |

**EZECHIEL**

| | |
|---|---|
| 47,1-12 | 125 |

**JOEL**

| | |
|---|---|
| 4,18 | 125 |

**MICHA**

| | |
|---|---|
| 2-3 | 44 |
| 4,1-4 | 37 |
| 4,1-5 | 40-43, 76-77 |

**SACHARJA**

| | |
|---|---|
| 2,14-16 | 127 |
| 13,1 | 125 |
| 14,8 | 125 |

**MALEACHI**

| | |
|---|---|
| 3,22 | 41 |

**MATHÄUS**

| | |
|---|---|
| 25,31-46 | 185 |

**RÖMER**

| | |
|---|---|
| 3,19 | 30 |
| 3,21 | 30 |
| 11,26-27 | 56 |

**2 KORINTHER**

| | |
|---|---|
| 3 | 29 |

**1 PETRUS**

| | |
|---|---|
| 3,21 | 26 |

Beachten Sie auch die teilweise bereits erschienenen
Folgebände der Reihe STUTTGARTER BIBELSTUDIEN

Jürgen Becker
**Das Urchristentum als gegliederte Epoche**
SBS 155 · ISBN 3-460-04551-5

Helmut Merklein
**Die Jesusgeschichte – synoptisch gelesen**
SBS 156 (bereits vergriffen)
Jetzt als Einzeltitel lieferbar: ISBN 3-460-33061-9

Uriel Simon
**Jona**
Ein jüdischer Kommentar
SBS 157 · ISBN 3-460-04571-X

Udo Borse
**Die Entscheidung des Propheten**
Kompositorische Erweiterung und redaktionelle
Streichung von Joh 7,50.(53)–8,11
SBS 158 · ISBN 3-460-04581-7

Gottfried Vanoni
**„Du bist doch unser Vater" (Jes 63,16)**
Zur Gottesvorstellung des Ersten Testaments
SBS 159 · ISBN 3-460-04591-4

Rolf Rendtorff
**Die „Bundesformel"**
Eine exegetisch-theologische Untersuchung
SBS 160 · ISBN 3-460-04601-5

**Die Interpretation der Bibel in der Kirche**
Das Dokument der Päpstlichen Bibelkommission
vom 23. 4. 1993 mit einer kommentierenden Einführung
von Lothar Ruppert und einer Würdigung durch Hans-Josef Klauck
SBS 161 · ISBN 3-460-04611-2

Verlag Katholisches Bibelwerk GmbH